Shole Pakravan

Wie man ein Schmetterling wird

Shole Pakravan
mit Steffi Niederzoll

Wie man ein Schmetterling wird

Das kurze, mutige Leben
meiner Tochter Reyhaneh Jabbari

BERLIN VERLAG

Mehr über unsere Autorinnen, Autoren und Bücher:
www.berlinverlag.de

Unser Versprechen für mehr Nachhaltigkeit
Klimaneutrales Produkt
FSC®-zertifiziertes Papier
Hergestellt in Deutschland

FSC
www.fsc.org
MIX
Papier | Fördert gute Waldnutzung
FSC® C014496

ISBN 978-3-8270-1370-5

Satz: Uhl + Massopust, Aalen
Gesetzt aus der Adobe Garamond
Druck und Bindung: GGP Media GmbH, Pößneck
Printed in Germany

Inhalt

Dieses Buch ist meiner Tochter Reyhaneh gewidmet
sowie den zahllosen mutigen und tapferen Frauen im Iran,
die nie aufgehört haben, ihre Stimme gegen Unterdrückung
und Ungerechtigkeit zu erheben, und ihr Leben riskieren,
indem sie rufen: *Zan, Zendegi, Azadi!* –
»Frau, Leben, Freiheit!«

Wind

Nachts gegen Viertel vor zwei klingelte mein Telefon. Es war eine Freundin, die aufgeregt rief: »Tardast hat gerade deutschen Boden betreten!«

Sofort war ich hellwach: Hassan Tardast, der Richter meiner Tochter, der Richter, der über tausend Frauen und Männer zum Tode verurteilt hat! Viele mussten trotz fadenscheiniger Beweise oder aufgrund der »Weisheit des Richters« sterben; ein Paragraf des iranischen Rechts, der zur Willkür der ausschließlich männlichen Richter einlädt.

Mehr und mehr Nachrichten erreichten mich. Mein Herz begann zu rasen. Er war also in Berlin, machte Urlaub; besuchte seine zwei Töchter, die in Deutschland lebten, sowie seinen Bruder mit Familie in den Niederlanden. Schon Jahre zuvor, als ich gerade aus dem Iran über die Türkei nach Deutschland geflohen war, hatte ich die Facebook-Profile seiner Töchter entdeckt. Ich hatte die Fotos ihres freien Lebens in Europa betrachtet, die langen Haare offen und unbedeckt, während ihr Vater im Urteil über meine Tochter Reyhaneh zwar kein Mordmotiv feststellen konnte, aber eine »Verwestlichung«. Und darüber wurde sie für ihn als »Mörderin« identifiziert.

Wenn die exil-iranische Gemeinschaft Richter Tardast auf deutschem Boden zur Rechenschaft ziehen wollte, mussten wir schnell Beweise vorlegen, um eine Verhaftung wegen Verbrechens gegen die Menschlichkeit zu erwirken.

Soeben hatte ich unsere erste kleine Wohnung in Deutschland bezogen, die ich mit Erinnerungen an den Iran und meine Familie dekoriert hatte. Wenn ich die Fenster öffnete, konnte ich die Stadtautobahn hören wie einen Strom, der Tag und Nacht am Haus vorbeifloss. In meinem Zimmer türmten sich die Dokumente, Briefe, Tagebücher und Aufzeichnungen über Reyhanehs Fall. Zahlte sich jetzt aus, dass ich all das über die Jahre so akribisch gesammelt und aufbewahrt hatte?

Immer hatte ich gehofft, darlegen zu können, dass das, was Reyhaneh und meiner Familie widerfahren war, kein Einzelfall ist. Je lauter meine Stimme wurde, die sich gegen die Ungerechtigkeit wendete, die meine Tochter hatte erleben müssen, desto mehr Anrufe bekam ich von Müttern, deren Töchter und Söhne ebenso unter die Räder des iranischen Regimes gekommen waren. Noch heute erreichen mich regelmäßig Anrufe von Müttern. Ich höre ihnen zu als eine, die weiß, wie sich dieser Schmerz, diese Hilf- und Hoffnungslosigkeit anfühlt. Ich teile mein Wissen mit ihnen, das ich nach siebeneinhalb Jahren Kampf um das Leben meiner Tochter erlangt habe.

Doch nur 24 Stunden nachdem Tardast in Deutschland gesehen worden war, verschwand er spurlos. Wieder war eine Hoffnung, meiner Tochter und all den anderen Frauen und Männern zumindest im Nachhinein Gerechtigkeit widerfahren zu lassen, enttäuscht worden.

Ich nahm einen der vielen Briefe zur Hand, die mir Reyhaneh hinterlassen hatte. Darin erhob sie ihre Stimme, die Richter Tardast damals nicht hatte hören wollen.

Ich, Reyhaneh Jabbari, bin 26 Jahre alt. Ein Seil hängt vor meinen Augen, das ich nicht fürchte. Ich schreibe, um meine Geschichte zu erzählen. Ich möchte alles erzählen, was ich vor Gericht gesagt habe und der Richter nicht verstanden hat. Und

Reyhaneh im Gerichtssaal während ihrer Verhandlung

alles, was ich unter Folter geschrien habe und nicht gehört wurde. [...] Vielleicht hört jemand auf dieser Welt meine Stimme und fühlt meinen Schmerz.

Ich möchte, dass die Menschen Kenntnis haben und urteilen, wie sie es für richtig halten. Ich möchte, dass sie mir zuhören und, wenn sie wollen, die Schlinge um meinen Hals noch fester ziehen. Ich möchte erzählen, was mir im Alter von 19 Jahren widerfahren ist und was mich den Tod nicht länger fürchten lässt. Ich erzähle, damit die Menschen erfahren, wie meine Stimme zum Schweigen gebracht wurde; wie die unglücklichen Ereignisse, infolge derer ich als Mörderin bekannt wurde, durch Verschwörung und Betrug verdreht wurden, sodass ein Urteil gefällt wurde, das ich für ungerecht halte.[1]

1 Reyhaneh Jabbari, Selbstverteidigungsbrief 1, 2014, Audioaufnahme

Einige dieser Texte hatte mir meine Tochter am Telefon vorgelesen, damit ich sie aufnehmen, später abtippen und veröffentlichen konnte. Dies war oft der einzige Weg, die Schriftstücke an der Gefängnisleitung vorbei aus der Haft zu schmuggeln. Vor allem 2014 gingen wir so vor, als Reyhaneh begann, ihre Selbstverteidigungsbriefe zu schreiben. Seit Jahren wurde über sie geschrieben, gespickt mit Halb- oder Unwahrheiten, ohne dass sie Stellung dazu hatte beziehen können. Mit dem Verfassen ihrer Verteidigungsbriefe ermächtigte sie sich selbst, indem sie den Tathergang, den Gerichtsprozess und seine Konsequenzen aus ihrer Sicht sowie ihren Alltag im Gefängnis schilderte. Sie nahm sich dabei das Recht und die Freiheit heraus, als Frau gesellschaftliche Missstände zu benennen – klarer und offener, als es außerhalb der Gefängnismauern möglich gewesen wäre. Und gleichzeitig gehören diese Aufnahmen ihrer Stimme zu dem wenigen, was mir von meiner ältesten Tochter geblieben ist.

Reyhaneh hatte mich gebeten, dass ich sie nach ihrem Tod dem Wind übergeben solle. Mein Herz wurde leichter, als ich verstand, dass ich ihr diesen letzten Wunsch erfüllen werde, indem ich unsere Geschichte niederschreibe, denn der Wind wird dieses Buch sein.

Alles begann an einem warmen Frühlingstag 2007 in Teheran, Iran.

Eisdiele

An einem Frühlingstag saß ich in einer Eisdiele. Ich telefonierte mit einem Kunden. Es ging um den Messestand, den ich für eine internationale Ausstellung entworfen hatte. Als ich aufgelegt hatte, sprach mich ein Mann mittleren Alters an, der mit seinem Freund am Nebentisch saß. Er sah aus wie ein gewöhnlicher Mann, dem man auf der Straße begegnet, der neben einem im Taxi sitzt, in einer Schlange steht oder den man in einem Park oder Restaurant antreffen kann – einer, bei dem man sich vorstellen kann, Zuflucht zu suchen, wenn man in der Öffentlichkeit belästigt wird.

Er sagte: »Ich habe zufällig Ihr Telefongespräch belauscht und erfahren, dass Sie Innenausstatterin sind.« Ich erwiderte: »Ja.« Er fuhr fort: »Ich habe ein Büro, das ich zu einer Arztpraxis umgestalten möchte. Ich bin plastischer Chirurg.«

Ich platzte innerlich vor Aufregung. Ich war damals 19 Jahre alt, den Kopf voller Träume und im Herzen die Sehnsucht nach Erfolg. […] Ich gab dem Mann meine Visitenkarte, auf der die Kontaktdaten der Firma sowie mein Name und meine Telefonnummer standen.

Das war der Tag, an dem ich Dr. Sarbandi und seinen Freund, Herrn Sheikhi, kennenlernte. Ich ahnte nicht, dass diese Begegnung mein Schicksal verändern und mich dem Tod näher bringen würde.[2]

2 Reyhaneh Jabbari, Selbstverteidigungsbrief 1, 2014

Ganz aufgeregt berichtete mir unsere Tochter von dem geplanten Treffen: »Mama, Dr. Sarbandi möchte, dass ich sein Büro in eine Schönheitsklinik umgestalte. Wenn ich einen guten Job mache, kann ich vielleicht weiter für ihn arbeiten!« Mit Freude hörte ich Reyhaneh zu, die voller jugendlichem Enthusiasmus ihre Träume verwirklichen wollte.

Sie studierte gerade in ihrem dritten Semester Computer-Software an der Basir-Abyek-Ghazvin-Universität nahe Teheran. Reyhaneh hatte schon immer großen Wert auf ihre Unabhängigkeit gelegt und wollte neben ihrem Studium unbedingt ihr eigenes Geld verdienen. Mein Mann Fereydoon und ich begrüßten das. Keine unserer drei Töchter sollte später finanziell abhängig von ihrem Mann sein. Sie sollten früh lernen, dass man hart arbeiten muss, um sich seine Träume zu erfüllen.

Durch eine deutsche Fernsehsendung hatte Reyhaneh ihr Interesse für Inneneinrichtung entdeckt, und unsere Töchter ließen keine Folge ausfallen, in der Enie van de Meiklokjes, die bei ihnen immer nur *pinky hair* hieß, Wohnungen umgestaltete. *Pinky hair's* Einrichtungsideen machten auch vor unserem Haus nicht halt. Wieder und wieder wurden die Zimmer der Mädchen ausgeräumt, die Möbel umgestellt und umdekoriert. Über einen Freund der Familie bekam Reyhaneh zu ihrer großen Freude einen Nebenjob als Designerin in einer Firma, die Stände und Broschüren für internationale Messen entwarf. Die Tätigkeit machte ihr Spaß, und sie konnte sich vorstellen, weiter in diesem Bereich zu arbeiten.

Ihr Elan erfüllte mich mit Stolz. Schon meine Mutter hatte für ihre Zukunft gekämpft. Anfang der 1950er-Jahre, unter der Regentschaft von Schah Mohammad Reza Pahlavi, wuchs sie behütet als Tochter einer traditionsbewussten kurdischen Familie nahe der iran-irakischen Grenze in

Kermānschāh auf. Bereits 1961, im Alter von 15 Jahren, wurde sie wie die meisten Frauen ihrer Generation verheiratet und zog nach Teheran, das damals ein kosmopolitischer Ort voller Kontraste war.

Während auf den Straßen einige Frauen mit toupierten Haaren und Miniröcken an eleganten Restaurants vorbeiflanierten, hüllten sich andere in ihre schwarzen Tschadors[3]. Nach europäischem Vorbild wurden rauschende freizügige Feste gefeiert, nur ein paar Straßenzüge weiter herrschte bittere Armut. Nachdem meine Mutter zwei Fehlgeburten erlitten hatte und die Nachbarsfrauen meinem Vater schon eine zweite, fruchtbarere Ehefrau vermitteln wollten, bekam sie mit 18 Jahren mich, das älteste von insgesamt drei Kindern.

Während die anderen verheirateten Frauen, wie damals üblich, ihre Schulausbildung abbrachen, um sich gänzlich der Kindererziehung und Haushaltsführung zu widmen, setzte meine Mutter bei meinem Vater durch, dass sie weiter zur Schule gehen durfte. Nach ihrem Abschluss studierte sie Literatur und arbeitete als Lehrerin. Kurz vor ihrer Pensionierung gründete sie eine Gruppe, die zeitweise bis zu 200 Mitglieder umfasste, in der sie ehrenamtlich Analphabetinnen anhand des Korans Lesen und Schreiben lehrte. Schon früh verglich ich das Leben meiner Mutter mit dem ihrer ältesten Schwester und anderer Frauen ihres Alters und stellte fest, dass sie glücklicher und zufriedener war als diejenigen, die nicht gekämpft, nicht gelernt oder studiert hatten.

Dem Vorbild meiner Mutter folgend, begann ich schon früh, als Lehrerin zu arbeiten. Bald studierte ich auch Regie

3 Der Tschador ist ein großes, meist dunkles Tuch in Form eines umsäumten Halbkreises, das im Iran als Umhang um Kopf und Körper gewunden wird und lediglich das Gesicht oder Teile davon frei lässt. In der Öffentlichkeit wird er vorwiegend von konservativen muslimischen Frauen über der Kleidung getragen.

für Puppenspiel an der Hochschule für bildende Künste an der Universität Teheran. Zu dieser Zeit verliebte ich mich in meinen späteren Ehemann Fereydoon, den ich liebevoll Fery nenne. Wir lernten uns mit 21 im Haus von Verwandten in Kermânschâh kennen. Schnell verstand ich, dass Fereydoon ein sehr gütiger und sanftmütiger Mann war, und als ich 22 Jahre alt war, heirateten wir.

Fereydoon war Kurde – genau wie meine Mutter. Allerdings spielten unsere kurdischen Wurzeln in unserem Familienleben eine untergeordnete Rolle. Die iranische Regierung diskriminiert die kurdische Minderheit seit Jahren, verwei-

Hochzeit am 20. November 1986

Fereydoon und ich, die ich mit Reyhaneh schwanger bin

gert ihr das Recht, die eigene Sprache zu studieren und ihre kurdische Identität in der Öffentlichkeit auszuleben. So sprach Fereydoon nur sehr selten Kurdisch mit unseren Töchtern, und in unserer Familie wurden nur wenige kurdische Wörter regelmäßig benutzt.

Fereydoon hatte noch nie etwas von den Gesetzen zur Einschränkung der Frauenrechte gehalten und versicherte mir am Tag unserer Hochzeit schriftlich, dass mir bestimmte Rechte zustanden, die den Frauen seitens des iranischen Gesetzes nicht gegeben wurden. Ich hatte das Recht, zu arbeiten und zu studieren, was ich wollte. Ich durfte den Aufenthalts- und Lebensort auswählen. In der Regel werden im Iran diese Dinge per Gesetz durch den Mann bestimmt. Wenn ein Mann seiner Frau das Studium nicht erlaubt, dann darf sie nicht studieren. Ebenso wenig kann sie arbeiten oder reisen, wo oder wohin sie möchte. Und nach einer Scheidung hat der Mann das alleinige Sorgerecht für die Kinder. Auch die Nationalität wird nur über den Mann an seine Kinder vererbt. Wenn eine Iranerin im Iran beispielsweise einen

Afghanen heiratet, sind ihre Kinder staatenlos, um nur einige der diskriminierenden Gesetze zu nennen. Aber Fereydoon unterstützte mich seit dem ersten Tag, an dem wir zusammenlebten, und baute gemeinsam mit mir ein Leben auf, das auf Vertrauen und Liebe basierte.

Deshalb schloss ich trotz der Geburt meiner ersten Tochter Reyhaneh mein Studium an der Hochschule für bildende Künste in Teheran ab und begann als Regisseurin und Schauspielerin am staatlichen Theater zu arbeiten. Meine zweite Tochter Sharare folgte, und erst nach der Geburt meiner dritten Tochter Shahrzad beschloss ich, die aufreibende Arbeit als Regisseurin aufzugeben. Häufig bestand sie darin, auf die Genehmigungen des Ministeriums für Kultur und islamische Führung Ershad[4] zu warten. Ich konzentrierte mich auf die Schauspielerei und nahm das Angebot an, die Leitung eines kollektiven Kulturhauses in Teheran zu übernehmen. Ich wollte meinen drei Mädchen ein gutes Vorbild sein und Familie und Beruf in Einklang bringen.

Doch die Erziehung unserer Töchter zu selbstständigen Frauen bedeutete nicht, dass es keine Grenzen für sie gab. Ich achtete auf die Einhaltung der islamischen Regeln, tolerierte aber die kleinen Freiheiten, die sich Reyhaneh und Sharare herausnahmen; etwa indem sie zu Hause auch vor männlichen Freunden der Familie ihr Haar zeigten. Eigentlich ist das *harām*, also nach islamischem Glauben verboten. Ich akzeptierte aber auch, als Shahrzad mit acht Jahren plötzlich beschloss, sogar zu Hause einen Tschador zu tragen, wie es streng konservative Frauen tun. Noch Jahre später musste

4 Das Ershad-Ministerium überwacht und zensiert Theatervorstellungen, Musikveranstaltungen, Kunst- und Kulturausstellungen, Publikationen, das Internet sowie kulturelle und zivilgesellschaftliche Organisationen.

sie sich die Neckereien ihrer Schwestern über ihren Ausflug in die Welt der Vollverschleierung anhören.

Bestärkt durch mein eigenes Leben, war ich der festen Überzeugung, dass es Iranerinnen möglich ist, ihre Träume im Einklang mit dem Islam und der persischen Tradition zu verwirklichen. Dabei registrierte ich nicht, dass ich in einer privilegierten Position lebte, die nicht allein durch den Fleiß und Kampf meiner Mutter und von mir entstanden war, sondern durch einen Glücksfall, der durch die Toleranz und Offenheit meines Vaters und meines Mannes eingetreten war. Und wie viele andere iranische Frauen war ich ahnungslos, auf welch ungeheuerliche Art und Weise die Gesetze die Rechte der Frauen systematisch missachteten. In dieser privilegierten, hoffnungsvollen Blase erzog ich meine Töchter zu starken, selbstständigen Frauen.

Kurz nach Reyhanehs Geburt

Mit meinen Töchtern Reyhaneh und Sharare

Reyhaneh mit Rucksack an ihrem ersten Schultag

Die drei Schwestern mit ihrem Vater Fereydoon

Reyhaneh und ich ein Jahr vor ihrer Verhaftung

Reyhaneh mit ihren jüngeren Schwestern

Reyhaneh bei einem Familienausflug

Familienfoto

Fruchtsaft

Ein paar Wochen nach Reyhanehs Begegnung mit Dr. Sarbandi in der Eisdiele bekam sie einen Anruf von einer Nummer, die lediglich aus Achten bestand. Zu diesem Zeitpunkt wusste ich noch nicht, dass kein normaler Bürger seine Telefonnummer auf diese Art unterdrücken oder abändern konnte. Reyhaneh verabredete sich mit ihm zu einem Geschäftstreffen. Mir war nicht wohl dabei, und ich wollte sie begleiten. Sie wehrte sich dagegen. Es sei peinlich, dass eine 19-jährige Frau mit ihrer Mutter zu einem Arbeitstreffen auftauche, aber ich bestand darauf.

Ich begleitete sie zu dem Postamt nahe der Sadr-Brücke, wartete aber auf ihr Drängen hin auf der anderen Straßenseite. Dr. Sarbandi kam nicht. Nach etwa 20 Minuten überzeugte ich Reyhaneh, wieder nach Hause zu gehen. »Was denkt er denn, wer er ist?«, schimpfte ich. »Vergiss ihn! Wir wollen so einen Job nicht.« Damit war die Sache für mich erledigt. Auf die Idee, dass er möglicherweise doch gekommen und weitergefahren war, als er mich gesehen hatte, kam ich damals nicht.

Auf dem Heimweg beschwerte sich meine Mutter wie immer. Sie sagte: »Nimm keine Anrufe mehr von dieser Nummer entgegen. Selbst wenn er sich meldet, arbeite nicht für ihn und überlasse die Aufgabe anderen in deiner Firma.« Ich wusste, dass ich das nicht tun würde. Ich wollte diesen Auftrag ganz allein annehmen, ausführen und stolz auf meine Leistung in so jungem Alter sein. Ich wollte nicht einmal, dass der Vertrag zwischen Dr. Sarbandi und der Firma geschlossen wurde. In meinem Kopf entwarf ich schon einen Vertrag zwischen Dr. Sarbandi und mir. […]

Nur ein paar Tage später erhielt ich einen weiteren Anruf von der gleichen merkwürdigen Nummer. Wieder war es Dr. Sarbandi. Wir vereinbarten ein Treffen am Abend in der Aghdasieh-Straße. Ich ging hin. Herr Sheikhi war bei ihm. […] Ständig klingelte sein Handy. Herr Sheikhi erklärte, dass Sarbandi am Abend zu einer Hochzeit eines Verwandten müsse. Dr. Sarbandi erzählte von seinem Geschäft: dem Import von Medikamenten, medizinischem Bedarfsmaterial und Geräten. Da ich zuvor in einer Firma gearbeitet hatte, die Medikamente importierte, kannte ich mich aus: Wenn wir ins Geschäft kämen, würde ich unbegrenzt Druckaufträge erhalten. Jeden Tag würde eine neue Broschüre gedruckt werden müssen, jeden Tag ein neuer Druckauftrag, täglich ein neuer Katalog.

Ich schlug vor, dass ich auch die Druckaufträge übernehmen könnte. Er schien nicht abgeneigt. Doch zunächst müsse er sehen, wie ich arbeite und seine Praxisräume gestalte. Wenn das Ergebnis zufriedenstellend sei, würde er mir die Druckaufträge geben. Er erwähnte auch jemand anderen, mit dem er verhandle, aber ich bestand darauf, dass er alle Aufträge an mich vergeben solle. Trotz meiner Kühnheit, nach Arbeit zu fragen, war ich zu schüchtern, um seine Telefonnummer zu erbitten. […] Wir verabredeten ein Treffen für Samstag[5]*, den 7. Juli 2007, um 18 Uhr.*

Dass die nächsten zwei Tage die letzten sein sollten, die ich zu Hause verbringen würde, kam mir nicht in den Sinn. […] Zwei glückliche Tage: Ich war auf den Hochzeiten meiner Freundin und meiner Cousine.[6]

5 Samstag ist im Iran der erste Arbeitstag der Woche.
6 Reyhaneh Jabbari, Selbstverteidigungsbrief 1, 2014

Die Vorbereitungen für die Vermählung von Azadeh, der Tochter meiner Cousine, gaben mir eine Vorahnung, was möglicherweise bald auf mich zukommen würde. Fast zwei Jahre zuvor hatte Reyhaneh auf einem studentischen Tagesausflug zu den Tange-Vashi-Wasserfällen den damals 20-jährigen Ehsan kennengelernt. Sie schwärmte von ihm, und ich freute mich für sie, nahm die Sache aber nicht allzu ernst. Außerhalb des familiären Kontextes ist es im Iran sehr schwer, vor dem Studium jemanden des anderen Geschlechts kennenzulernen. Erst in den Universitäten sitzen Frauen und Männer zusammen in den Klassen. Deshalb war ich mir sicher, dass Reyhaneh den Unterschied zwischen Schwärmerei und Liebe noch nicht kannte.

Ehsan war der einzige Sohn einer konservativen Familie und studierte Elektrowissenschaft. Als ich erfuhr, dass er schon mit seinen Eltern über Reyhaneh gesprochen hatte und sie heiraten wolle, war mir nicht wohl dabei. Fereydoon war gegen die Verbindung. Er war der Meinung, dass Reyhaneh erst einmal ihr Studium abschließen sollte. Sie sei viel zu jung, um sich an einen Mann zu binden. Und obwohl auch ich eine Heirat mit 19 Jahren viel zu früh fand, verstand ich meine Tochter. Sie hatte Gefühle für den jungen Mann, hatte Träume, die ich als junge Frau auch hatte. So redete ich Fereydoon zu. Nachdem Ehsan sich uns offiziell vorgestellt hatte, erlaubten wir schließlich, dass sich die beiden treffen durften, um sich besser kennenzulernen. Sie telefonierten regelmäßig und sahen sich hin und wieder, wenn ihr Studium es zeitlich zuließ – trotz des Risikos, wegen einer unehelichen Beziehung von Sittenwächtern aufgegriffen zu werden.

Im Iran ist eine uneheliche Beziehung zwischen Mann und Frau rechtlich nicht gestattet. Die Mehrheit der Iranerinnen und Iraner hält sich jedoch nicht daran. Eigentlich dürfen sich Unverheiratete noch nicht einmal allein in demselben geschlossenen Raum aufhalten. Sogar im Bus sitzen die Männer im vorderen Teil, während die Frauen hinten sitzen. Es gibt Universitäten, die nach Geschlechtern getrennte Eingänge haben. In Vorlesungen dürfen Männer und Frauen nicht direkt nebeneinandersitzen. Sie dürfen sich nicht berühren und sich nicht die Hand geben. Zusammen zu arbeiten ist möglich, allerdings ohne Nähe und ohne eine private Beziehung zu haben.

Natürlich kommt es immer wieder vor, dass die Sittenpolizei ein unverheiratetes Paar erwischt und inhaftiert. Da die Jugendlichen mit diesen Regeln aber aufgewachsen sind, können sie innerhalb weniger Sekunden von einem nahen, freundschaftlichen Verhältnis zu einem distanzierten wechseln und so die strengen Auflagen umgehen. Wir vertrauten darauf, dass Reyhaneh und Ehsan alles daransetzen würden, kein Aufsehen zu erregen und sich nicht von Sittenwächtern erwischen zu lassen.

Am Tag von Azadehs Hochzeit waren wir alle früh auf den Beinen. Reyhaneh und ihre beiden Schwestern ließen sich in einem Schönheitssalon ihre Haare und ihr Make-up machen. Es war das erste Mal in Shahrzads Leben, dass ihre Augenbrauen gezupft wurden. Obwohl es den Mädchen laut Gesetz verboten war, sich vor der Ehe die Augenbrauen zupfen zu lassen, scherten sich zu dieser Zeit die wenigsten Teenager darum. Meine älteren beiden Töchter hatten die Technik, sich eigens zurechtgeschnittene Haare auf die Augenbrauen zu kleben, perfektioniert. Nicht einmal die strengen Lehrerinnen bemerkten die Täuschung bei ihren stichprobenartigen Kontrollen.

Seit Jahren untergruben die jungen Iranerinnen den islamischen Kleiderkodex, der für die Frau ein schwarzes Kopftuch oder *hijab*[7] und einen schwarzen weiten *manto*[8] vorschrieb, um Haut und Körperformen zu verdecken. Man sah auf Teherans Straßen immer mehr Frauen mit Make-up, die Kopftücher wurden immer bunter und rutschten immer weiter hinter den Haaransatz, und die konservativen schwarzen *mantos* wurden von figurbetonteren Trenchcoats abgelöst. Auch war es bei jungen Frauen in Reyhanehs Alter üblich, ihr Kopftuch in geschlossenen Räumen nicht nur vor *mahram*[9], also männlichen nahen Verwandten, in Gänze abzunehmen. Ich beobachtete diese Veränderungen einerseits mit Nachsicht für die jungen Frauen, befolgte selbst aber weiterhin das Verschleierungsgebot.

Als meine drei Töchter von ihren Besuchen in den Schönheitssalons zurückkehrten, war ich nicht sonderlich begeistert: Sie waren alle stark geschminkt und ihre Augenbrauen nur noch Striche. Während ich noch versuchte, sie davon zu überzeugen, ihr Make-up zu reduzieren, probierten die drei schon herumalbernd ihre Kleider an.

Wir gingen auf die Hochzeit, und Reyhaneh, die nur kurz auf der Vermählung einer Freundin vorbeigeschaut hatte, stieß gut gelaunt zu uns. Ihr stilvolles Kleid betonte ihre hohe, schlanke Figur, gab aber auch nicht zu viel preis. Am Hochzeitsabend hielt ich mich für einen Moment am Rande der Festlichkeiten auf und beobachtete Reyhaneh, wie sie voller Freude mit kleinen Schritten und grazilen Bewegun-

7 *Hijab*, *hidschāb* oder *hidschab* ist ein arabischer Begriff und gleichzusetzen mit einem Kopftuch.

8 *Manto* leitet sich von dem französischen Wort für Mantel, *manteau,* ab. Er ist normalerweise weit geschnitten, um Haut und die Körperformen der Frau zu verdecken.

9 Der Begriff *mahram* oder *mehram* bezeichnet im Islam ein Verwandtschaftsverhältnis, in dem Heirat sowie Geschlechtsverkehr verboten sind.

Shahrzad, Fereydoon und Reyhaneh auf Azadehs Hochzeit

gen mit ihrem Vater tanzte. Ein unglaubliches Glücksgefühl durchströmte mich.

Als ich am Samstag mit der Arbeit begann, freute ich mich von der ersten Stunde an auf den Abend. Gegen Mittag klingelte mein Telefon. […] Dr. Sarbandi sagte, er würde mich von meinem Büro abholen, da er in der Gegend sei. Ich nahm meinen Mut zusammen und erwiderte: »Ich habe Ihre Telefonnummer nicht. Wenn etwas dazwischenkommt und mich aufhält, kann ich Sie nicht informieren.« Er nannte mir eine Telefonnummer.

Das gab mir Vertrauen in ihn. Ich rief meine Mutter an und sagte ihr, dass ich einen Termin mit Dr. Sarbandi und Herrn Sheikhi habe und später nach Hause kommen würde. Sie sagte: »Sei nicht so spät. Wir sind um 19 Uhr verabredet.« Ich versicherte ihr: »Ich werde es versuchen.« Unmittelbar danach erhielt ich eine Textnachricht von Dr. Sarbandi bezüglich des Termins: »07.07.2007«. […]

Ich schickte ihm nur ein Fragezeichen zurück. Später schickte ich ihm eine weitere Textnachricht: »Soll ich auf Sie warten, Herr Doktor?« Ich log meine Kollegen an und sagte, dass ein Freund meines Vaters mich abholen würde, da mein Vater mir ein neues Auto kaufen wolle. Ich erhielt eine weitere SMS von Dr. Sarbandi: »Ich bin draußen, wie ist die Hausnummer?« […]

Es war 18 Uhr, und ich wartete vor meinem Büro. Meine Kollegen beobachteten vom Fenster aus, wie Dr. Sarbandi allein mit dem Auto vorfuhr. Wo ist Herr Sheikhi?, fragte ich mich. In meiner Vorstellung waren die beiden Männer immer zusammen. Ich setzte mich auf den Beifahrersitz, und wir fuhren los. *[…] Wir hörten einen modernen Song. […]*

Wir unterhielten uns über die Melodie und unseren Musikgeschmack. Einige Straßen weiter hielt er an. Herr Sheikhi stieg in den Wagen. Er setzte sich auf den Rücksitz, aber ich bestand darauf, dass wir die Sitzplätze tauschten. Er weigerte sich mit der Begründung, dass er sowieso bald aussteigen müsse, was er kurz darauf auch tat. Außerhalb des Wagens unterhielten sich die beiden Männer einige Minuten lang. Ich konnte nicht hören, was sie sagten. Herr Sheikhi entfernte sich, und Dr. Sarbandi stieg wieder ins Auto.

Nun waren wir auf der Shahid-Beheshti-Straße, und er hielt wieder an. Dr. Sarbandi erklärte, er habe eine ältere Tante und müsse ihr ein paar Dinge aus der Apotheke besorgen. Einen Augenblick später kam er zurück. Er trug eine orangefarbene

Plastiktüte bei sich, aus der eine Packung Windeln schaute. Jetzt waren wir in der Mir-Emad-Straße. Er parkte vor der Landesregierung und bat den Wachmann, auf sein Auto aufzupassen. Ein plötzlicher Anflug von Furcht überkam mich: Wer war dieser Mann, dass er vor dem Gebäude der Landesregierung parken konnte? Welchen Status hatte er, dass der Sicherheitsbeamte Befehle von ihm annahm?

Ich beruhigte mich damit, dass, selbst wenn er eine einflussreiche Position in der Regierung hatte, mein Eindruck von ihm nicht bedrohlich war. […]

Wir betraten ein Gebäude und fuhren mit dem Aufzug nach oben. […] Fünfter Stock. Neben dem Fahrstuhl befand sich eine Tür. Dr. Sarbandi öffnete sie mit seinem Schlüssel. Ich war schockiert. Es war kein Büro. Es war eine heruntergekommene Wohnung voller Schmutz und Staub, gefüllt mit Chaos. Es gab keine Spur von Leben. Kein Geruch von heimischem Herd oder der Wärme eines Zuhauses. Es war ein verwaister Ort. Ich ließ die Tür angelehnt.

In der Nähe der Tür gab es einen Tisch mit ein paar Stühlen. Ich setzte mich auf den, der sich am nächsten zur Tür befand. Er forderte mich auf, es mir bequem zu machen. Aber mir war nicht wohl dabei. Er forderte mich auf, mein Kopftuch abzunehmen, doch ich hatte Angst. Der Tisch war mit verschiedenen Gegenständen zugemüllt: Papiere, Schlüssel, Handy, Gläser, Messerständer, ein Blumentopf sowie allerhand Krimskrams. Er ging um den Tisch herum in die Küche. Meine Augen erkundeten den Raum und nahmen alles in sich auf: nah und fern, alles, von der Eingangstür bis zum Fernseher, dem Sofa, dem Ventilator, der Konsole, dem Spiegel, dem Gebetsteppich, und sogar die kleinen Tischchen. Er kam mit zwei Gläsern Fruchtsaft zurück und trank eines davon sofort aus. Er beklagte sich über die Hitze und lud mich ein, zu trinken. Ich starrte auf die Eiswürfel im Glas. Sie tanzten. […]

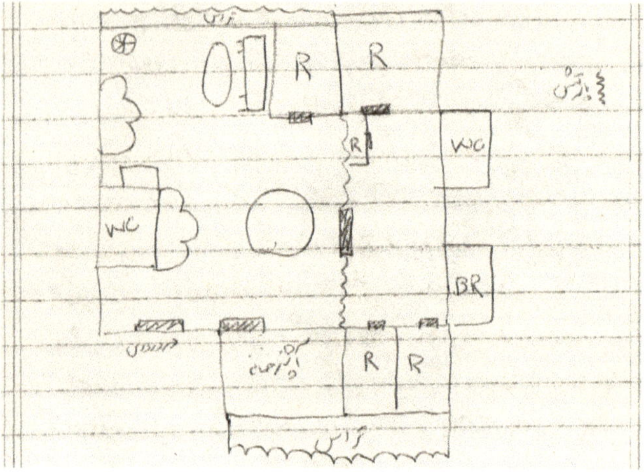

Skizze des Grundrisses der Wohnung aus Reyhanehs Tagebuch

Aber meine Kehle fühlte sich an wie zugeschnürt, und ich konnte nicht trinken. Ich sagte: »Erst die Arbeit, dann der Fruchtsaft«, stand rasch auf und inspizierte die Räume. […] Ich zeichnete den Grundriss der Wohnung auf ein Blatt Papier und machte mir Notizen.

Ich kehrte zurück. Er wandte sich vom Gebetsteppich ab und trat auf mich zu. Das Sofa war nun mit einem Bettlaken bedeckt. Mein Kopf fühlte sich ganz leer an. […] Mein Blick blieb an der Tür hängen. Sie war geschlossen. Ich setzte mich auf den Stuhl und wühlte in meinen Papieren. Er war näher gekommen, zog ein Päckchen[10] *aus der Tüte und zeigte es mir. »Weißt du, was das ist?«, fragte er. Ich wusste, was es ist, und bekam Angst. […]*

10 Laut Polizeibericht wurde eine Packung Kondome in der Wohnung gefunden.

Er kam mir viel zu nah. Ruckartig stand ich auf, rannte zur Tür, drehte am Türknopf, aber sie war verschlossen. Ich hämmerte gegen die Tür, versuchte zu schreien, aber meine Stimme versagte. Er verhöhnte mich mit seinem Blick und sagte: »Wo willst du denn hin? Du kannst hier nur weg, wenn ich will, dass du gehst.« [...] Er hob mich hoch und warf mich mit einer halben Drehung auf den Boden. Ich brachte nur ein Wimmern zustande; nichts anderes kam aus meiner Kehle. Er legte seine Arme um meinen Leib. Die Bewegung seiner Hände auf meinem Körper ekelte mich. »Du steckst jetzt fest, nicht wahr?«, sagte er. »Ich kümmere mich um dich.« Seine Stimme war so dicht an meinem Ohr. Schweiß tropfte mir vom Kopf auf den Nacken. Mit einer Hand packte er meine Hüfte, dann legte er seine Wange an meine und betonte: »Niemand ist hier... Niemand kann dich hören.« [...]

Er drückte mich auf den Boden. Ich konnte mich nicht bewegen, hatte mich ergeben wie ein kleines Lamm. Ich war wütend auf mich selbst, dass ich es nicht fertigbrachte zu schreien. [...] Plötzlich musste ich daran denken, wie verliebt ich in Ehsan war. Ich erinnerte mich, wie glücklich ich gewesen war, als meine Mutter mir gesagt hatte, dass wir bald eine Hochzeit in unserem Haus feiern würden. Wir luden viele Freunde und Verwandte ein, als mein Onkel und seine Frau uns aus Amerika besuchen kamen. An diesem Abend hatten wir eine Party, auf der Ehsan meinem Onkel offiziell vorgestellt wurde. Ich war so begeistert, als mein Onkel Ehsan als den Bräutigam der Familie bezeichnete.[11] *[...]*

Da sah ich ein Messer auf dem Tisch. Ich sagte ihm, er solle mich loslassen, und ich würde niemandem ein einziges Wort darüber sagen. Er ließ los, entfernte sich ein Stück und fragte mich: »Okay, jetzt halte ich dich nicht fest. Zeig mir, wie du

11 Reyhaneh Jabbari, Selbstverteidigungsbrief 1, 2014

abhaust!« Ich griff nach dem Messer und warnte ihn: »Ich werde Sie niederstechen, wenn Sie mich nicht gehen lassen.«[12] *»Du willst mich niederstechen? Ernsthaft? Nur zu. Tu es!« Er drehte mir den Rücken zu und verspottete mich: »Los, stich zu! Ich will sehen, wie du es machst.« […] Ich fühlte mich hilflos. Ich schaute auf das Messer. Es war zu klein, um ihn auch nur zu erschrecken. Er lachte. Ich begann durch die Küche zu rennen, die einen kleinen Balkon hatte. Er schrie: »Wir haben noch genug Zeit.« Ich öffnete die Balkontür, um zu springen. Ich schaute nach unten, stellte mir vor, wie es sein würde, aber konnte mich nicht dazu überwinden und ging wieder hinein. Er stand neben dem Fernseher, wo ein Gebetsteppich lag. Er sagte: »Was machst du?«*

Ich flehte ihn an, mich gehen zu lassen. Ich sagte ihm, er sei ein religiöser Mann, und er solle mir das nicht antun. Er sagte, ich solle aufhören, Spielchen zu spielen, und dass es nicht schlimm sei… Ich fing an zu weinen. Dann sagte er, ich würde ihn deprimieren. Ich schwor und versprach ihm, es niemandem zu erzählen, wenn er mich einfach gehen ließe. Er näherte sich mir, ich wich zurück, er kam näher, ich wich noch weiter zurück. […] Ich hatte schließlich meine Stimme wiedergefunden, ich schrie ihn an, er solle zurückgehen, er tat es nicht. Ich schrie, dass ich ihn stechen würde. Er drehte mir den Rücken zu.

»Na los, stich schon!« Ich atmete sehr flach, es war nicht genug Luft vorhanden. Ich hob meine Hand, und mit all meinen Hoffnungen und Träumen stach ich zu.

Er drehte sich schockiert um und fragte: »Du hast mich gestochen?« Ich konnte sehen, wie Blut auf seine Kleidung tropfte. Ich sagte ihm, er solle mich das Messer herausziehen lassen. Er drehte sich um und ging in die entgegengesetzte Richtung. In panischer Angst suchte ich nach dem Schlüssel, um die Wohnung zu ver-

12 Audioaufnahme Reyhaneh Jabbari über die Vorkommnisse am 07.07.2007

lassen. Er saß auf dem Boden und zog das Messer aus seinem Rücken. Das Blut spritzte auf den Spiegel und auf den Ventilator. Er lehnte an der Wand, warf das Messer nach mir, aber ich duckte mich, sodass er mich verfehlte. Ich hob das Messer auf. Dann zog er sich an einem Stuhl vom Boden hoch. Seine Hände waren blutverschmiert. Er warf den Stuhl nach mir. Er prallte auf, machte ein schrecklich lautes Geräusch und zerbrach in Stücke. […]

Er war extrem wütend. Mit blutigen Fäusten kam er auf mich zu. Ich rannte zur Tür und stach mit dem Messer auf das Schloss ein in der Hoffnung, es zu öffnen. Es blieb verschlossen. Dann hörte ich das Geräusch eines sich drehenden Schlüssels. Ich trat gegen die Tür, die sich öffnete. Es war Sheikhi, […] der Mann, der stets Sarbandis Schatten war. Er fragte, was los sei, aber ich rannte aus der Tür, denn jetzt waren sie zu zweit und würden mich sicher umbringen. […] Ich konnte hören, wie Sarbandi hinter mir herlief und schrie: »Dieb! Dieb!« Dann hörte ich, wie sich die Aufzugtür öffnete, und ich sprang hinein. Während sich die Fahrstuhltür schloss, sah ich, wie Sheikhi die Wohnung mit einigen Dokumenten in den Händen verließ. […]

Als ich auf die Straße trat, rieb ich mir die Hände an meinem schwarzen Mantel ab. Ich rief den Notarzt an und sagte, dass es einen Unfall gegeben habe. […] Ich war mir sicher, dass Dr. Sarbandi wieder gesund würde, denn das Mehrad-Krankenhaus war ganz in der Nähe; so nah, dass man, wenn man sich eine Arterie aufschnitt, dort ankommen würde, bevor man verblutet. [13] *[…]*

Ich saß in einem Taxi nach Hause mit dem Messer in meiner Handtasche.[14]

13 Die Wohnung und das Krankenhaus liegen 200 Meter voneinander entfernt.

14 Reyhaneh Jabbari, Selbstverteidigungsbrief 2, 2014

Nächtlicher Besuch

Der 7. Juli 2007 war ein heißer Tag, ein sehr heißer Tag. Das Sommersemester hatte begonnen, und meine Arbeit als Leiterin des kollektiven Kulturhauses war diesmal besonders anstrengend und aufreibend gewesen. Erschöpft kam ich nach Hause und verrichtete die noch zu erledigende Hausarbeit. Meine Töchter und ich waren verabredet, wir wollten am Abend gemeinsam durch die Straßen bummeln. Reyhaneh hatte mich kurzfristig telefonisch darüber informiert, dass sie sich mit Sarbandi und Sheikhi zur Besichtigung der umzugestaltenden Praxisräume treffen wollte. Ich war leicht verärgert, weil sie sich über meine Bedenken bezüglich Sarbandi hinweggesetzt hatte, und hatte ihr das Versprechen abgerungen, pünktlich zu Hause zu sein.

Aber Reyhaneh kam nicht zur vereinbarten Zeit. Ich schickte ihr eine SMS nach der anderen, versuchte sie telefonisch zu erreichen, aber sie antwortete nicht.

Gegen acht Uhr öffnete sich endlich die Haustür, und Reyhaneh trat ein. Hastig zog sie ihren dunklen Schal aus. Sie war blass. »Was ist geschehen?«, fragte ich besorgt.

»Ich hatte einen schlimmen Unfall mit dem Auto einer Freundin.«

»Bist du verletzt?«

»Nein. Es war nur ein Blechschaden.«

Ich musterte Reyhaneh prüfend. Sie entzog sich meinem Blick und ging schnell in ihr Zimmer. Ich brachte ihr einen Apfel und ein Glas Wasser.

Sie hielt meine Hand, schaute mir in die Augen und sagte: »Sag mir, was passiert ist. Warum bist du so unruhig?« Ich versteckte meine Augen vor ihr. Sie hat ein erstaunliches Talent, in meinem Blick zu lesen. Ich wollte nicht, dass sie erfuhr, was passiert war. […] »Mama! Ich glaube, es gab einen großen Schaden.« Sie antwortete: »Es spielt keine Rolle, wie groß der Schaden ist. Sei dankbar, dass du niemanden angefahren hast und nicht verletzt wurdest. Es wäre besser gewesen, wenn du keinen Unfall gehabt hättest, aber es ist passiert und liegt jetzt in der Vergangenheit.«

Ich beruhigte mich für ein paar Augenblicke. Sie legte sich neben mich, hielt mit ihrer Hand meinen Nacken und streichelte mein Haar. Mein Kopf lag auf ihrer Brust, und mein ganzes Wesen war erfüllt von Geborgenheit und Frieden. Ich fühlte mich frei in ihrer warmen Zärtlichkeit. Sie flüsterte in mein Ohr: »Wenn ich dich in Unruhe sehe, ist es, als ob mir jemand ins Herz sticht. Ich möchte nicht, dass du traurig bist.« Aber ich war traurig. Sie fragte: »Was ist aus deinem Geschäft mit Sarbandi und Sheikhi geworden? Hast du sie getroffen?« Ich seufzte und sagte: »Ja, habe ich.« Sie wollte wissen: »Hast du ein Geschäft mit ihm abgeschlossen?« Ich antwortete: »Nein, ich will den Job nicht.« Sie sagte: »Oh! Das ist gut. Ich hatte nie ein gutes Gefühl dabei. Wurdest du von ihnen nach Hause gefahren?« Ich erwiderte: »Ja.« Aus tiefstem Herzen wollte ich laut weinen und ihr erzählen, was geschehen war, aber ich tat es nicht.[15]

Als das Abendessen fertig war – es gab *koko sibzamini*, das iranische Pendant zu Kartoffelpuffer –, rief ich nach Reyhaneh. Sie kam nicht. Als sie nach weiteren Rufen immer noch nicht erschien, sah ich in ihr Zimmer. Sie schlief. Ich weckte sie nicht und schloss leise ihre Tür.

15 Reyhaneh Jabbari, Selbstverteidigungsbrief 3, 2014

In der Nacht wachte ich mit Nackenschmerzen auf. Ich hatte *Char Khooneh*, eine beliebte iranische Comedy-Serie, angesehen und war auf dem kühlen Steinboden vor dem Fernseher eingeschlafen. Fereydoon hatte das Programm lautlos gedreht und schlief auf dem Sofa. Es brannte kein Licht, nur das Flimmern des Fernsehapparates warf unruhige Muster an die Wände. Als ich in unser Schlafzimmer gehen wollte, stand plötzlich im dunklen Flur ein Mann vor mir. Ich erschrak. Hektisch griff ich nach einem Schal und bedeckte mich. »Was wollen Sie in meinem Haus?«

Anstatt zu antworten, legte er einen Finger auf seine Lippen, zog seinen Mantel beiseite und zeigte auf eine Waffe. Leise stieß ich hervor: »Wer sind Sie?« Hinter ihm kam Reyhaneh aus ihrem Zimmer. Sie war angezogen, trug ein Kopftuch und hatte eine Plastiktüte in der Hand, die sie sogleich dem Mann übergab. Später fand ich heraus, dass sie alle Beweismittel enthielt: das Messer, Reyhanehs blutbespritztes Kopftuch sowie die Kleidung, die sie getragen hatte.

Auf einmal sah ich, dass aus meinem Schlafzimmer, das zum Garten hinausging, ein weiterer Mann trat. Er winkte mich zu sich. Zögernd ging ich auf ihn zu. In der Dunkelheit konnte ich seine Gesichtszüge nur schwer erkennen. Mir fielen aber sofort seine buschigen schwarzen Augenbrauen auf.

»Ihre Tochter hatte einen Unfall und ist abgehauen«, erklärte er. Er müsse sie sofort mit aufs Revier nehmen. Er drückte mir eine Adresse in die Hand. Wut stieg in mir auf: »Reyhaneh, warum hast du mich angelogen? Wie konntest du jemanden anfahren und dann einfach liegen lassen? Warum hast du ihn nicht in ein Krankenhaus …?«

Der Mann schnitt mir das Wort ab. Alles würde sich auf der Abbas-Abad-Polizeistation klären, und danach könne unsere Tochter wieder nach Hause. Ich wollte etwas erwidern, aber Reyhaneh bat mich sanft, ruhig zu bleiben und keinen Streit anzufangen. Ohne zu zögern, folgte sie den Männern nach draußen, wo ein Fahrer auf sie wartete. Entgeistert sah ich ihr nach. In der Eile hatte sie nur Pantoffeln übergestreift.

Sofort weckte ich meinen Mann und erzählte ihm hastig, was vorgefallen war. Shahrzad und Sharare kamen verängstigt aus ihren Zimmern. Wir informierten sie kurz über Reyhanehs Verhaftung, wiesen sie an, unter keinen Umständen jemandem die Tür zu öffnen, solange wir nicht zu Hause seien, und stürmten aus der Wohnung.

Wenig später, gegen 2.30 Uhr, betraten wir unruhig die uns genannte Polizeidienststelle im Stadtteil Abbas-Abad. Am Empfang sagte man uns, Reyhaneh sei nicht dort. Mir knickten die Knie ein, und ich musste mich setzen. Die Zeitungen waren damals voll mit Geschichten, wie Gauner sich fälschlicherweise als Polizisten oder Beamte ausgaben, um Menschen zu betrügen und auszurauben. Welcher Polizist drang nach Mitternacht in ein Haus ein, um einen Unfall mit Fahrerflucht aufzuklären? Vielleicht war unsere Tochter vor meinen Augen gekidnappt worden, und ich hatte es einfach so geschehen lassen?

Während ich dem Wachhabenden, der sich vehement weigerte, mich in die Polizeidienststelle zu lassen, aufgeregt erzählte, dass mitten in der Nacht Männer in unser Haus eingedrungen waren und unsere Tochter entführt hatten, ging Fereydoon um das Gebäude. Er kam zurück, drückte meine Hand und flüsterte mir ins Ohr, dass das Gebäude keinen Hinterausgang habe. Wenn Reyhaneh hier sei, müsse sie irgendwann wieder aus dieser Tür kommen.

Aus einiger Entfernung konnten wir dennoch in das düstere Treppenhaus sehen, in dem ein Polizist telefonierend auf und ab ging. »Ist das der Mann, der in unserem Haus war?«, fragte Fereydoon. Ich betrachtete ihn eingehend. Er hatte einen massigen Kopf, einen schwarzen auffälligen Schnauzbart und außergewöhnlich buschige schwarze Augenbrauen. Langsam nickte ich: »Ja, ich glaube, das ist er.«

»Also bleiben wir hier«, sagte Fereydoon. »Sie können ja nicht ewig dort drinnen bleiben, oder?« Wir setzten uns auf die Stufen, den Blick auf die Eingangstür geheftet. Es begann heftig zu regnen.

Im Morgengrauen sahen wir plötzlich, wie die beiden Männer, die in unserem Haus gewesen waren, die Polizeistation verließen. Der Mann mit den buschigen Augenbrauen stellte sich als Vernehmungsbeamte Shamloo vor, Chef der Abteilung 1 des Kriminalamtes, und der andere hieß Kamali und war Beamter aus dem Büro Nr. 10 des Ermittlungsbüros Shahpour. Ich bestürmte sie: »Was ist passiert?«

Kriminalbeamter Kamali wandte sich zu mir und sagte: »Ein Mann ist gestorben, der mehr ein Hund als ein Mensch war.« Shamloo nickte bestätigend. Ich wunderte mich über seine Wortwahl, fragte deshalb weiter: »Wer war er, dass Sie so von ihm sprechen?«

»Denken Sie einfach nicht darüber nach. Die Details erfahren Sie später. Kommen Sie um elf Uhr zur Kriminalpolizei des Stadtteils Shahpour.«

Fereydoon wollte wissen, ob von dem Unfall eine Skizze angefertigt worden war. Kriminalbeamter Kamali lachte nur. Dann brachten sie Reyhaneh. Äußerlich wirkte sie sehr ruhig, aber ihre Augen wanderten nervös hin und her. Sie wollte etwas zu mir sagen, aber ich schnitt ihr das Wort ab: »Sei still! Du hast mich angelogen! Du hast gesagt, es war ein Autounfall, und niemand ist verletzt. Aber jemand ist gestorben! Schämst du dich denn nicht?« Ich war sehr wütend und enttäuscht. Bis dahin hatte unsere Tochter mich noch nie ernsthaft angelogen. Sie blieb stumm und sah mich nur an.

Man brachte sie zu einem dunklen Peugeot, der rasch wegfuhr. Fereydoon und ich blieben voller Fragen zurück.

Wieder zu Hause, fanden wir unsere beiden anderen Töchter zitternd vor. Shahrzad erzählte, dass sie wach gewesen sei, als Reyhaneh den Kriminalbeamten die Gartentür geöffnet hatte. Plötzlich habe einer der Männer vor ihr gestanden, sie streng angeblickt und ihr bedeutet, leise zu sein. Daraufhin hatte sich Shahrzad zitternd unter der Bettdecke versteckt und sich schlafend gestellt. Die ganze Zeit habe sie gebetet, dass Fereydoon oder ich aufwachen würden. Solange wir bei der Polizeidienststelle waren, hatte Sharare Shahrzad nicht mehr beruhigen können, und voller Angst hatten sie beide aneinandergeklammert im Wohnzimmer gesessen und in jedem Schatten im Garten mögliche Eindringlinge vermutet.

Fereydoon versuchte die noch immer verängstigten Kinder zu beruhigen. Ich packte schnell ein paar feste Schuhe für

Reyhaneh (Mitte) und die five kids

Reyhaneh ein sowie ein *maghnae*, ein kapuzenartiges Kopftuch, das neben dem Haar auch Hals und Kinn verdeckt und eine strengere Kopfbedeckung ist als der *hijab*, den sie beim Verlassen unseres Hauses übergestreift hatte. Wir warteten nicht bis elf Uhr, sondern brachten unsere Töchter zum Haus meiner Tante. Mit deren Kindern Maryam und Mohammad bildeten sie seit ihrer frühesten Kindheit eine Gang, die sie selbst *five kids* nannten und die eine feste Instanz in ihrem Leben war.

Sofort fuhren Fereydoon und ich weiter zum Polizeirevier Shahpour. Kurz nachdem wir dort angekommen waren, wurde Reyhaneh zur Abnahme der Fingerabdrücke geführt. Ich heftete mich an einen der Polizisten, übergab ihm Kleidung und Schuhe für unsere Tochter und wollte wissen, was als Nächstes geschehen würde. Er verwies mich auf die Beamten des Büros Nr. 10. Während ich noch versuchte, mehr Details herauszubekommen, konnte Fereydoon Reyhaneh kurz umarmen, bevor sie abgeführt wurde. Sie flüsterte ihm ins Ohr: »Papa, die versuchen, eine politische Sache daraus zu machen.«

»Was meinst du mit ›politisch‹?«

»Etwas ist geschehen, aber sie wollen etwas anderes daraus machen«, konnte Reyhaneh ihm noch zuwispern, bevor man sie abführte.

Verwirrt und ungläubig liefen wir den Gang entlang zum Büro Nr. 10. An der Tür hing ein graues Schild mit der Aufschrift »Mord«. Meine Hände wurden eiskalt. Wir setzten uns und warteten, bis wir aufgerufen wurden. Als wir endlich mit dem Vernehmungsbeamten Shamloo sprechen konnten, sagte der nur abwehrend, dass wir am nächsten Tag alles über den Vorfall aus der Zeitung erfahren würden.

Sie legten mir zum ersten Mal Handschellen an, und ich spürte das kalte und harte Metall auf meiner Haut. […] Wir gingen in einen Raum, der voller Reporter war. Ich erzählte den Vorfall noch einmal von Anfang an. Ich war ungeduldig und dachte, wie oft soll ich das noch erzählen? […] Sie brachten mich in die Haftanstalt. Die verantwortliche Person war eine hässliche Frau mit Haaren im Gesicht. Sie fragte: »Du hast deinen Freund

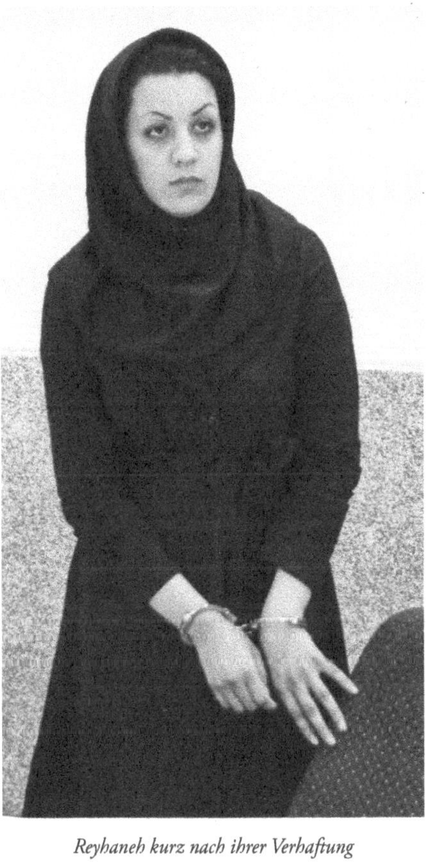

Reyhaneh kurz nach ihrer Verhaftung

getötet?« Ich sagte: »Nein.« Und sie murmelte: »Am Anfang sagt ihr alle das Gleiche. Später klärt sich alles.« [...] Sie brachte einen alten Nagelknipser und schnitt meine Nägel extrem kurz, sodass sie mir fast in die Haut schnitt. [...] Sie schickte mich in einen Raum, in dem nichts war außer einem Teppich, der den Boden bedeckte. Es waren noch ein paar andere Frauen dort. Eine von ihnen hatte an ihrem Arm seltsame Verletzungen, wie ich sie noch nie zuvor gesehen hatte. Später fand ich heraus, dass dies die Spuren von Selbstverstümmelung waren. [...]

Ich war extrem müde und hungrig. Am Abend gaben sie uns jeweils eine Kartoffel und eine Decke. [...] Ich schaffte es, mich auf den Boden zu legen und die Füße an die Wand zu stellen. Mein Platz in diesem Raum war gerade so groß wie mein Oberkörper. [...] Die Decke hatte einen üblen Geruch. Wir atmeten zu zwölft in dem kleinen Raum. Ich hatte noch nie eine Drogenabhängige gesehen, und in dieser Nacht übergab sich eine süchtige Frau ständig direkt neben mir. Trotz all dieser Unannehmlichkeiten schlief ich ein.[16]

---

16 Reyhaneh Jabbari, Selbstverteidigungsbrief 3, 2014

Pfirsichkern

Die ganze Nacht lag ich wach. Meine Gedanken drehten sich im Kreis. Wie geht es Reyhaneh? Was ist passiert? Warum hat sie mich angelogen? Jemand war gestorben! Ich versuchte mich zu beruhigen. Morgen würde sich bestimmt alles klären. Das erste Morgengrauen erlöste mich aus meiner Gedankenspirale. Ich stand auf, mein Körper fühlte sich bleiern an. In der Küche traf ich Fereydoon, der ebenfalls die ganze Nacht kein Auge zugetan hatte. Schweigend tranken wir *chai*. Nachdem wir Sharare und Shahrzad wieder bei unseren Verwandten abgesetzt hatten, machten wir uns auf den Weg zum Büro Nr. 10 der Kriminalpolizei.

Am Kreisverkehr Molavi kaufte Fereydoon die neueste Ausgabe der Tageszeitungen *Jam-e Jam Iran* und *Hamshahri*. Noch auf dem Weg in das gewaltige Gebäude des Shahpour-Polizeipräsidiums schlugen wir hastig die druckfrischen Zeitungen auf.

Über einer Aufnahme von Reyhaneh prangte die Schlagzeile: »Die Mörderin des Schönheitschirurgen ist ein Dekorationsmädchen!«

Mörderin? Fassungslos blickte ich auf Reyhanehs Foto. Ihre Augen waren verpixelt, aber natürlich erkannte ich sie sofort. Wie oft hatte ich solche Artikel schon gelesen über Menschen, von denen ich dachte, dass sie skrupellos Leben nehmen. Menschen, die außerhalb der Gesellschaft stehen, kein moralisches Gewissen haben. Und nun war dort das Bild meiner Tochter!

حوادث

ساعت ۱۹ شنبه در خیابان میر عماد تهران با چند ضربه چاقو

دختر طراح، جراح زیبایی را به قتل رساند

Erste Schlagzeile über Reyhanehs Fall

Wieder und wieder las ich folgende Zeilen: »Ein 19-jähriges Mädchen tötete einen plastischen Chirurgen bei einem schrecklichen und unbekannten Verbrechen. Laut unserem Korrespondenten vernahmen die Bewohner eines Wohnkomplexes in der Mir-Emad-Straße am Samstagabend, dem 7. Juli, die Rufe eines Mannes aus dem fünften Stock.«

»Ich war zu Hause, als ich ›Haltet den Dieb!‹ hörte«, berichtete ein Nachbar. »Ich rannte schnell hinaus, aber der Verwundete fiel im dritten Stock zu Boden und starb, bevor er etwas sagen konnte.«[17]

Was soll das heißen, »Haltet den Dieb!«? Hatte Reyhaneh etwas gestohlen? Aber warum? Sie bekam Taschengeld und verdiente in ihrem Nebenjob nicht schlecht. Und noch viel schlimmer: Unser Kind, das wir jeden Tag sahen, von dem wir meinten, es besser zu kennen als jeder andere, hatte einen Menschen getötet! Mit einem Messer? Reyhaneh? »Warum hat sie das getan?«, flüsterte Fereydoon, seine Stirn in tiefen Falten.

---

17 Artikel aus der Zeitung *Iran* von Hamideh Goodarzi vom 09.07.2007

Als wir endlich mit dem Vernehmungsbeamten Shamloo sprechen konnten, bestürmte ich ihn mit Fragen. »Wer war der Mann? Wie wurde er umgebracht? Was wurde gestohlen? Wann können wir mit unserer Tochter sprechen?«

Anstatt zu antworten, fragte er frech, was dieses Verfahren überhaupt mit mir zu tun hätte. »Ich bin ihre Mutter!«, sagte ich erstaunt. »Was hat die Mutter schon zu sagen? Sie sollten lieber zu Hause sein. Bei uns zählt nur der Vater.« Innerlich brodelnd verstummte ich. Während man mir auf Teherans Theaterbühnen applaudierte, mir in meinem kulturellen Umfeld mit Respekt begegnete, wurde ich hier zu einem unmündigen Schatten meines Mannes degradiert. Fereydoon schluckte, blieb aber sachlich und wiederholte meine Fragen.

Unsere Bitte, Reyhaneh sehen zu dürfen, wurde abgewiesen. Stattdessen erklärte man uns, dass man am Tatort zwei Mobiltelefone des Getöteten gefunden habe. Da der letzte Anruf Reyhaneh gegolten hatte, habe man sie ausfindig machen können. Auf alle weiteren Fragen Fereydoons erwiderte Shamloo nur knapp und ausweichend. Wir sollten abwarten und die Polizei ihre Arbeit erledigen lassen. Sobald es Konkretes zu berichten gäbe, würden wir es erfahren. Dass es sich bei dem Getöteten um Morteza Sarbandi handelte, erfuhren wir zunächst nicht, und es sollte noch über einen Monat dauern, bis wir es herausfanden. Wir erkundigten uns, wie wir einen Anwalt beauftragen könnten, aber das sei noch viel zu früh, hieß es. Erst nach Abschluss der Ermittlungen, wenn die Akte zum Gericht gegangen sei, dürfe man einen Anwalt beauftragen.

Die Polizei durchsuchte unsere Wohnung. Während einige der Beamten Reyhanehs Zimmer durchwühlten, ihren gesamten Kleiderschrank, das Bett zerlegten, durch alle Bücher blätterten, jede Schublade öffneten, ja sogar mein gesamtes Nähgarn aufspulten, das ich in Reyhanehs Kleider-

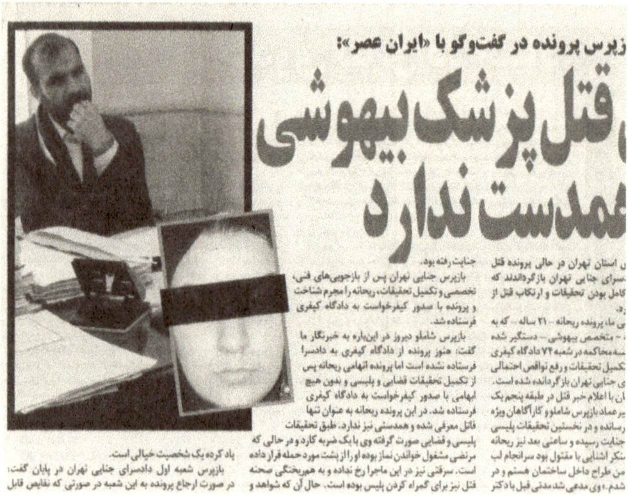

Der Vernehmungsbeamte Shamloo verhört Reyhaneh

schrank verstaut hatte, wurden wir von Kamali und Shamloo befragt. Sie erkundigten sich bei mir, ob ich den Mantel des Verstorbenen gefunden hätte; darin vermuteten sie eine große Menge Geld.

»Eine große Menge Geld?«, fragte ich ungläubig.

»Ja, Geld für den Auslöser einer Bombe«, war die Antwort. »Reyhaneh hatte politische Motive.«

Ungläubig schüttelte ich den Kopf. Was ist die Verbindung zwischen meiner Tochter und einer Bombe?, fragte ich mich. Mir war nie aufgefallen, dass Reyhaneh politisch interessiert gewesen wäre, geschweige denn aktiv. Sie hatte noch nicht einmal die Nachrichten verfolgt.

Der Kriminalbeamte Kamali machte Fereydoon und mir Vorwürfe: Wir hätten unsere Tochter zu frei und westlich erzogen, indem wir ihr erlaubten, eine SIM-Karte auf ihren eigenen Namen registrieren zu lassen, und ihre Telefonate nicht kontrollierten. »Wenn man den jungen Menschen so etwas erlaubt, kommt so etwas heraus«, beendete Shamloo die Vorhaltungen.

War ich an alldem schuld? Reyhaneh war mir immer so verantwortungsvoll und erwachsen vorgekommen. Aber egal, was ich zu ihrer Verteidigung anführte, es wurde von Shamloo mit einem Gegenargument weggewischt. Es komme häufig vor, dass Eltern ihre Kinder glorifizieren und die Realität vor ihnen verborgen bliebe. Hatte ich mich wirklich so in meiner Tochter getäuscht?

Die Polizisten fanden keine Bombe, kein Geld, keine Jacke. Sie fanden nur einen Pfirsichkern unter Reyhanehs Bett. Pfirsiche waren ihre Lieblingsfrüchte.

Als die Polizisten gingen, ließ sich deren Fahrer etwas zurückfallen und raunte Fereydoon vertraulich ins Ohr: »Passt auf, eure Wohnung ist mit Mikrofonen verwanzt.«

Von nun an fühlten wir uns in unserem eigenen Haus nicht mehr sicher. Wenn wir nach Hause kamen, entfernten wir als Erstes den Akku aus unseren Handys. Über Wichtiges sprachen wir nur noch im Bad bei laufendem Wasserhahn.

Während der täglichen Befragung verlor die Zeit für mich an Bedeutung. Manchmal wurde ich zum Strafgericht gebracht. Und als Höhepunkt beendete ein Verhör mit Shamloo den Tag. […] Ich kam gerade vom Gericht zurück, von einer der unzähligen Befragungen mit Shamloo. Den ganzen Rückweg über betete ich, in die Haftanstalt zurückkehren zu können, um ein wenig zu schlafen, auch wenn ich dabei sitzen musste. Ich wollte meinen müden Geist ausruhen und etwas Seelenfrieden finden. Aber Gott erhörte mich nicht.

Als ich in der Shahpour-Polizeidienststelle ankam, wurde ich zum Büro Nr. 10 gebracht. In einem kleinen Raum warteten drei monströse Männer auf mich. Sobald ich eintrat, fesselten sie mich an einen Stuhl und zwangen mich, auf dem Boden Platz zu nehmen. Ich war müde und erschöpft. Meinen Kopf legte ich auf die Sitzfläche des Stuhls. Ich erkannte ihre Stimmen nicht. Sie schrien nacheinander: »Du denkst, du bist sehr schlau? Stärkere Menschen als du sind hier schon zu einem Nichts gemacht worden. Du Ungeziefer, was glaubst du, wer du bist? Antworte laut auf jede Frage: Sheikhi war auch in der Wohnung, nicht wahr?«

Ich erwiderte: »Er ist auf dem Hinweg ausgestiegen, aber als ich fliehen wollte, hat er die Tür aufgeschlossen …«

Ich fühlte etwas auf meinem Rücken. Ich fühlte, wie meine Haut anschwoll. Und dann … »Ratsch!« Meine Haut platzte auf, und ich schrie aus tiefstem Herzen. Meine Ohren schmerzten von meinem eigenen Schrei. Ich hörte das Geräusch der Peitsche nicht. Es war keine Peitsche. Es war kein Kabel. Es war kein Stück Holz. Ich habe nie herausgefunden, was diese drei grausamen Drachen benutzt haben, um mich ein paar Tage lang zu verbrennen. Ich konnte nur hören, wie ich »Gott verfluche euch!« schrie. Und sie verbrannten meinen Rücken noch heftiger. Ich sackte auf dem Boden zusammen, erniedrigt und entwürdigt, in Speichel, Rotz und Tränen erstarrt. […]

Bei meiner Rückkehr ins Haftzentrum streichelten ein paar Prostituierte und Süchtige sanft meine verletzte Haut und rezitierten ein Gebet aus dem Koran, um mich zu trösten. Und zum ersten Mal in meinem Leben sah ich Zeichen von Freundlichkeit und Güte bei diesen Frauen. Frauen, die ich verpönt und nicht angesehen hätte, wenn ich ihnen auf der Straße begegnet wäre. Und eine Süchtige flüsterte mir zu: »Ich hoffe, diese Bastarde sterben alle!«[18]

18 Reyhaneh Jabbari, Selbstverteidigungsbrief 4, 2014

Von einem Tag auf den anderen war alles in unserem Haus grau geworden. Sogar die Pflanzen, die zwar immer noch gegossen wurden, schienen ihre Farbe verloren zu haben. Unser Leben blieb stehen. Sharare und Shahrzad gingen nicht mehr zur Schule und Vor-Universität, Fereydoon schloss seinen Laden für Bremsbeläge, und ich kündigte meine Stelle, was am Kulturzentrum allerdings nicht akzeptiert wurde. Man stellte mich frei, damit ich mich um meine familiären Angelegenheiten kümmern konnte.

Ich spürte keinen Hunger, keine Müdigkeit. Ich nahm nicht wahr, wenn ich schon seit 25 Stunden wach war. Kein Lachen schallte mehr durch die Zimmer, keine Musik, kein Singen. Reyhanehs Zimmerboden war immer von Klamotten, Schuhen und Krimskrams übersät gewesen; nun war das Zimmer penibel aufgeräumt und erinnerte einen daran, dass sie nicht da war. Eine drückende Stille hatte sich in unserem Haus breitgemacht. Wir hingen alle unseren Gedanken nach, und nur selten teilten wir sie miteinander.

Bis zu dem Vorfall hatten wir noch nie Kontakt mit der Polizei gehabt. Nun fuhren wir täglich zum Polizeirevier. Da wir Angst hatten, Sharare und Shahrzad allein zu Hause zu lassen, gingen wir überall zu viert hin. Wir hofften, irgendeine Information über den Stand der Ermittlung zu bekommen oder Reyhaneh zu erblicken. Doch wurde uns jeglicher Kontakt zu ihr verwehrt.

Meistens warteten wir im Innenhof des Shahpour-Polizeireviers, der voller Polizisten und Soldaten war. In jenem Sommer wurden viele Menschen verhaftet. Mit Hand- und Fußfesseln wurden sie im Hof zusammengepfercht. Sie sahen alle verängstigt und geschunden aus. Mein Mitgefühl mit diesen Menschen war groß, denn auch sie waren die Töchter und Söhne von jemandem. Als ich merkte, dass diese schrecklichen Szenen Sharare und Shahrzad ängstigten, versuchte ich meine Töchter zu überreden, zu Freundinnen oder Verwandten zu gehen. Aber ihre Sehnsucht, Reyhaneh zu sehen, war genauso groß wie die meine, und die einzige Chance gab es hier, an diesem Furcht einflößenden Ort.

Büro Nr. 10

Obwohl die Spuren des Leidens noch auf meiner Seele und meinem Körper sind, hasse ich diese Monster nicht. Ich hasse nicht einmal den bulligen Mann, der mit seinen Stahlkappenschuhen auf meine Zehen sprang und sie zerquetschte. Er ist dafür verantwortlich, dass mein Zehennagel abgebrochen und bis heute nicht wieder gerade und die Haut drum herum beschädigt ist. Ich hasse sie nicht, denn wenig später lernte ich Menschen kennen, die noch gewalttätiger waren als sie. Die Begegnung mit ihnen ist der Grund, warum ich keine langen Haare mehr haben wollte. Mir wurde klar, dass lange Haare bei Frauen eine Schwachstelle sind, wenn sie mit einem Mann, zwei Männern, mehreren Feiglingen kämpfen.

Haare, die Schönheit kreieren, können, um die Hand eines Mannes gewickelt, zu einem Seil werden, mit dem er eine Frau hinter sich herziehen kann. Sie werden zur Quelle eines Schmerzes, der in den Augen sticht, in den Ohren brennt und im Mund zu einem Schrei wird.

Allmählich wurde mir klar, dass die Arbeit bestimmter Menschen in genau diesen Handlungen besteht. Es gibt Menschen, die in Städten leben, Kinder haben, Partys besuchen, fröhliche Anlässe feiern und trauriger Ereignisse gedenken, Gebete sprechen und Gott versichern, das, was sie haben, mit ihren Nachbarn zu teilen; die einkaufen und lachen, aber ihr Einkommen damit erzielen, dass sie für andere Menschen die Hölle erschaffen.

Ich wurde in das Evin-Gefängnis verlegt und kam in Isola-

tionshaft – mit einem verletzten Körper und einer gebrochenen Seele durch die letzten Worte Shamloos: »Deine Eltern wollen dich nicht mehr. Sie haben gesagt: ›Tötet sie, wir haben so eine Tochter nie gehabt.‹«

Ich war hoffnungslos und einsam. Mein Rücken und meine Schultern waren von den Verletzungen blutverschmiert. Ich wurde in ein neun Quadratmeter großes, mit Teppich ausgelegtes Zimmer geworfen, das mit einer kniehohen Wand, einer Toilette sowie einer Dusche und einem Waschbecken ausgestattet war. Die Wände waren schmutzig und voller Inschriften. Mir wurden zwei raue und übel riechende Decken gebracht.

Das war also das Evin-Gefängnis; das Gefängnis, von dem ich bei Familienfeiern gehört hatte, wenn Ältere über die Zustände während des Schah-Regimes erzählt hatten. Ich legte mich auf den Bauch. Viele Stunden lang konnte ich die Stille nicht fassen. Die Schreie hallten immer noch in mir nach und vermischten sich mit dem unerträglichen Schmerz meines Rückens.

Oh mein Gott, wie soll ich nur diese Einsamkeit aushalten? Warum bin ich verstoßen worden? Muss ich für den Rest meines Lebens einsam sein, und werde ich meine Eltern und Schwestern je wiedersehen?

Ich wurde ohnmächtig und weiß nicht mehr, wie lange es dauerte, bis ich wieder zu mir kam.[19]

Wir versuchten mehr über den getöteten Schönheitschirurgen herauszufinden. In den Zeitungen wurde er damals nur mit seinem Vornamen genannt: Morteza. Das brachte uns nicht weiter. Jeden Tag erschienen wir wie Angestellte pünktlich um sieben Uhr im Gebäude der Staatsanwaltschaft. Gewöhnlich warteten wir dort bis 13 Uhr, denn danach wur-

19 Reyhaneh Jabbari, Selbstverteidigungsbrief 4, 2014

Heimliche Aufnahme vom Hintereingang des Evin-Gefängnisses

den keine Verhöre mehr durchgeführt. Die ganze Zeit hoffte ich, dass etwas passieren würde und wir Reyhaneh wenigstens kurz zu Gesicht bekämen. Aber wir sahen sie nie.

In unserer Verzweiflung fuhren wir deshalb jeden Tag danach zum Behesht-e-Zahra-Friedhof. Dieser Friedhof, der übersetzt »Paradies von Zahra« heißt, wurde unter der Regentschaft von Schah Mohammad Reza Pahlavi im Süden von Teheran als zentrale Begräbnisstätte angelegt. Mit seinen 424 Hektar Fläche ist er der größte Friedhof des Iran und gilt als zweitgrößter Friedhof der Welt. Hier in den Leichenhallen wurden alle Verstorbenen Teherans den rituellen Waschungen unterzogen, die den islamischen Regeln gemäß bis maximal 24 Stunden nach Eintritt des Todes stattzufinden hatten. Nur im Falle, dass der Leichnam noch obduziert werden muss, dürfen mehrere Tage zwischen Tod und Beisetzung liegen.

Fereydoon ging in die Leichenwaschhallen der Männer

und fragte das Personal nach dem Leichnam eines Mannes, der durch einen Messerstich ums Leben gekommen war. Aber keiner hatte so einen Toten gewaschen, und nach einiger Zeit erfolgloser Suche gaben wir auf.

Wir waren gerade auf dem Weg nach Hause, als ich einen Anruf des Kriminalbeamten Kamali erhielt: »Wo sind Sie?« – »Auf dem Heimweg«, antwortete ich. »Kommen Sie schnell! Wir stehen vor Ihrem Haus.«

Als wir in die ruhige Einbahnstraße im Norden Teherans einbogen, in der wir lebten, sahen wir, dass die gesamte Straße mit dunklen Autos zugeparkt war. Sieben oder acht in Zivil gekleidete Polizisten warteten ungeduldig darauf, dass wir ihnen die Tür aufschlossen. Zielstrebig gingen sie zu Reyhanehs Zimmer. Es war ein schwüler Tag, und sie baten mich, ihnen gekühltes Wasser zu bringen. So schnell ich konnte, füllte ich in der Küche eine Karaffe mit Wasser und Eis. Genau in dem Moment, als ich in Reyhanehs Zimmer kam, hob ein Polizist die Matratze von Reyhanehs Bett hoch und rief: »Die Hülle des Tatmessers wurde gefunden!«

Ungläubig blickte ich auf eine papierene Messerhülle in seiner Hand. Der Beamte steckte sie in einen Asservatenbeutel und fügte ihn Reyhanehs Akte bei. Schockiert rief ich aus: »Aber Sie haben das Zimmer doch komplett auf den Kopf gestellt! Wie konnten Sie die Hülle da übersehen? Und spätestens ich hätte doch beim Aufräumen darauf stoßen müssen. Wie hätte ich die Matratze frisch bezogen aufs Bett legen können, ohne dass die Messerhülle herausgefallen wäre?«

Anstatt auf meinen Einwand einzugehen, drehte sich Shamloo zu meiner jüngsten Tochter: »Shahrzad, du bist verhaftet.« Sie erschrak und erwiderte ängstlich: »Warum? Was habe ich getan?«

Shamloo zögert einen Moment, dann stellte er nüchtern fest: »Du bist verhaftet wegen Beihilfe zum Mord!«

Wir standen alle unter Schock. Shahrzad zitterte am ganzen Körper. »Warum? Ich habe nichts getan! Ich weiß nichts.«

Fereydoon versuchte die Männer davon abzuhalten, unsere 14-jährige Tochter abzuführen und allein im Polizeiauto zum Verhör zu bringen, aber Shamloo blieb hart. Shahrzad hatte schon den ganzen Tag Kopfschmerzen gehabt. Ich flehte die Beamten an, dass sie wenigstens warten sollten, bis das Kind eine Kopfschmerztablette bekommen habe. Schnell gab Sharare ihr einen Löffel Joghurt und eine Tablette. Sie hatten uns schon eine Tochter weggenommen, und nun nahmen sie auch noch meine Jüngste mit. Würden sie nun sukzessive alle Familienmitglieder verhaften und einsperren?

Shahrzads gesamter Körper zitterte, als sie weinend in das Polizeiauto stieg, immer den gleichen Satz wiederholend: »Was habe ich getan? Was habe ich getan?«

Sie brachten mich zu einem Verhörraum, wo ich sah, wie ein 14- oder 15-jähriges Mädchen an den Armen an der Decke aufgehängt worden war. Das Mädchen stöhnte. Es war sehr blass, und die Lippen waren von ihren Tränen aufgesprungen. Der Vernehmungsbeamte saß mir gegenüber und behauptete: »Heute oder morgen werden wir deine kleine Schwester holen.« Er nannte sie bei ihrem Spitznamen: Badook.

»Reyhaneh, wie lange, glaubst du, kann sie so an den Armen hängen?«, fragte er mich. Innerlich drehte ich durch. Er erzählte mir in allen Einzelheiten, was er mit meiner kleinen Schwester vorhatte; meiner Schwester, an deren Geburt ich mich noch gut erinnern kann; meiner Schwester, die so süß und niedlich war, sich aber immer über Hausarbeiten und die Schule beschwerte. […] Ich fing an zu weinen und flehte ihn an, sie zu verschonen. Er sagte, dass er keine andere Wahl habe. […]

Verzweifelt fragte ich ihn, was ich tun könne, um ihn davon abzubringen, meiner Schwester etwas anzutun. Er sagte: »Es ist ganz leicht. Gestehe einfach, dass du das Messer vor dem Mord gekauft hast. Was macht es für einen Unterschied, ob du das Messer gekauft oder ob du es in der Wohnung gefunden hast?«

Ich fragte ihn, warum ich überhaupt ein Messer hätte kaufen sollen. Er sagte: »Schreib einfach, das Opfer habe dir gesagt, dass du es zu deiner eigenen Sicherheit kaufen sollst…« […]

Ich schrieb, dass ich das Messer vorher gekauft hatte, unterschrieb und atmete erleichtert auf. Meine Schwester war nun in Sicherheit.[20]

Das Verhör von Shahrzad bestand aus ein paar Fragen zu dem Abend, und nach einer Stunde wurde sie wieder freigelassen. Fereydoon, der auf einer Grünfläche vor der Polizeistation gewartet hatte, nahm sie erleichtert in die Arme. Ein Mann, der augenscheinlich zur Polizeistation gehörte, kam auf sie zu. »Sie wissen es nicht von mir, aber der verstorbene Mann war früher ein ziemlich hohes Tier beim VAJA[21], dem Ministerium für Nachrichtenwesen.«

Überglücklich schloss ich Shahrzad in die Arme, als sie wieder zu Hause war. Doch die Nachricht, dass der Verstorbene Mitglied des VAJA gewesen sei, war beängstigend. Der iranische Geheimdienst deckt das komplette Spektrum nachrichtendienstlicher Tätigkeiten ab, von Spionage über psychologische Kriegsführung bis hin zu verdeckten Operationen im In- und Ausland. Niemand möchte sich mit einem Angehö-

20 Reyhaneh Jabbari, Selbstverteidigungsbrief 6, 2014

21 Das Ministerium für Nachrichtenwesen, VAJA oder MOIS oder VEVAK genannt, ist ein Geheimdienst der Islamischen Republik Iran. Es gibt verschiedene Nachrichtendienste im Iran, die stark miteinander konkurrieren. Dem VAJA wird beispielsweise das Mykonos-Attentat 1992 in Deutschland zugeschrieben.

rigen des VAJA anlegen, und nun sollte meine Tochter einen von ihnen ermordet haben.

Eine Woche später fielen Shahrzad die Haare an den Augenbrauen und der Kopfhaut aus. Ihr ganzer Körper war voller Ekzeme. Sie konnte nur noch in Fereydoons Armen schlafen. Wenn sein Arm taub wurde und er ihn bewegte, schreckte sie auf. Sie hatte Angst vor all den Mikrofonen, die angeblich im Haus versteckt waren, und dass sie wieder verhaftet werden würde. Unsere Furcht, abgehört und überwacht zu werden, wurde immer stärker. Wir bemerkten, dass ständig ein silberner Wagen vor unserem Haus stand, in dem ein junger Mann saß. Wir wurden also observiert und mussten aufpassen, was wir sagten und mit wem wir uns zu Hause trafen. Wir beschlossen umzuziehen, was wir einige Monate später auch taten. Das Gefühl, überwacht zu werden, blieb allerdings.

Wir sprachen deshalb über Reyhaneh und unsere Vermutungen zu dem Fall mit Gesten und versuchten uns im Lippenlesen. Sharare und Shahrzad entwickelten über die Zeit sogar eine eigene Code-Sprache, die nur die beiden verstanden. Immer wieder fragte ich mich, was sich die Polizei von ihrer Observierung erwartete. Dachten sie, dass wir etwas verheimlichten? Etwas versteckten?

In dieser Zeit erhielten wir auch immer wieder Anrufe dieser Art:

»Hallo, spreche ich mit Familie Jabbari?«

»Ja, bitte?«

»Ich bin eine Mitgefangene von Reyhaneh. Ihre Tochter ist eine Boxerin, nicht wahr?«

Ungläubig fragte ich: »Wer? Reyhaneh?«

»Ja, sie selbst hat mir das erzählt.«

»Nein. Sie ist keine Boxerin. Warum sollte sie Ihnen so etwas erzählen?«

Nach solchen Telefonaten begann ich mein Gedächtnis nach möglichen Indizien für die Wahrheit der Aussage zu durchsuchen. Durch die Lüge meiner Tochter über den Autounfall war mein Vertrauen in sie getrübt, und ich wusste nicht mehr, wem und was ich trauen konnte. Aber wenn ich an Reyhanehs Hände dachte, sah ich immer nur ihre schmalen, eleganten Finger vor mir, die langen Nägel lackiert. Wären die Hände einer Boxerin nicht kräftiger?, fragte ich mich, würde sie nicht kurze Fingernägel tragen?

Morteza Sarbandis ältester Sohn Jalal erzählte später vor Gericht, dass sein Vater die Männer der Quds-Einheit[22] in Verteidigung trainiert hätte. Der Name »Quds« leitet sich von dem arabischen Wort für Jerusalem ab. Die Quds-Einheit ist eine Eliteeinheit der iranischen Revolutionsgarde SEPAH[23], die für spezielle Operationen im Ausland eingesetzt wird. Sie soll dem Iran nahestehende Kräfte unterstützen. Sie wird auf der Terroristenliste der westlichen Mächte geführt und agiert in allen Kriegen, in die schiitische Milizen verwickelt sind: Syrien, Jemen, Libanon, Irak, Afghanistan. Sie war im Bosnienkrieg involviert und steht im Austausch mit der Hisbollah und den pro-iranischen Teilen der Hamas. 2020 erlangte die Quds-Einheit weltweite Aufmerksamkeit, als ihr Kommandeur Qasem Soleimani auf Befehl des damaligen US-Präsidenten Donald Trump bei einem gezielten Drohnenangriff in Bagdad getötet wurde.

Im Nachhinein weiß ich, dass alles Methode hatte. Die Polizei manipulierte uns, setzte uns immensem Druck aus, um den nervlichen Zusammenbruch herbeizuführen. Sie wollten

22 Die Quds-Einheit wird auch »Qods-Brigaden« oder »Al-Quds-Einheit« genannt.

23 SEPAH oder auch PASDARAN genannt, bildet zusammen mit der regulären Armee die Streitkräfte des Iran.

uns immer mehr von Reyhaneh entfernen, uns unsere Kraft rauben, damit wir das Offensichtliche nicht sahen: Sie versuchten mit allen Mitteln eine Geschichte zu konstruieren, die gegen unsere Tochter sprach und erklären sollte, wie ein 19-jähriges Mädchen es geschafft hatte, einen so kräftigen und kampferprobten Mann wie Morteza Sarbandi zu überwältigen.

Und sie isolierten Reyhaneh, um sie zu brechen und so Geständnisse von ihr zu bekommen. Ich lag Shamloo und seinen Mitarbeitern immer wieder in den Ohren: »Ich sterbe, wenn ich sie nicht sehe! Lassen Sie mich zu ihr. Nur mich. Ich habe nichts verbrochen!« Shamloo aber wies mein Flehen beständig zurück. Ihm war sicherlich bewusst, dass bei einem Treffen mit mir Reyhanehs Widerstand erstarken würde. Daraufhin schlug ich vor, mich in einen Raum mit verspiegeltem Glas zu bringen, von dem aus nur ich sie hätte sehen können. Aber auch darauf ging er nicht ein. Damals verstand ich nicht, was gegen ein Treffen sprach, aber später erfuhr ich, dass er Reyhaneh erzählt hatte, dass wir sie verstoßen hätten. Hätte Reyhaneh mich gesehen, hätte sie sofort verstanden, dass Shamloo sie belog.

Ich habe lange gebraucht, um die Systematik dahinter zu verstehen. Das Regime betreibt diese Irreführung bei vielen Familien in ähnlicher Situation. Sie schicken immer wieder Leute zu den Familien der Gefangenen, um ihnen entweder die Hoffnung zu nehmen oder ihnen eine falsche zu geben.

Das Erste, was Vernehmungsbeamte wie Shamloo einer Familie erzählen, ist, dass der oder die Inhaftierte korrupt sei und viele illegale sexuelle Beziehungen habe. Die Familien werden so verwirrt, dass sie vergessen, dass sie ihren Sohn oder ihre Tochter besser kennen als jeder andere Mensch. Sie suchen in ihren Erinnerungen nach Momenten, die die Anschuldigungen bestätigen könnten. Einige Inhaftierte werden daraufhin von ihren Familien verstoßen oder gar getötet.

Sepideh Gholian, eine iranische Journalistin und gewerkschaftsnahe Aktivistin, wurde erstmals während der Gewerkschaftsproteste 2018 verhaftet. Der Vernehmungsbeamte sagte ihr, dass er ihrem Bruder und Vater erzählt habe, dass sie mit vielen Männern sexuelle Beziehungen gepflegt hätte. Deshalb würde sie ohnehin von ihrem Vater oder Bruder getötet werden, die die Ehre der Familie retten wollen. Als Sepideh dann kurze Zeit später gegen Kaution freigelassen wurde, veröffentlichte sie in den sozialen Medien, wie sie mental und physisch gefoltert worden sei und welche Lügen die Vernehmungsbeamten ihrem Vater und Bruder über sie erzählt haben. Viele Menschen riefen daraufhin Sepidehs Familie an, um sie wissen zu lassen, dass all die Geschichten über sexuelle Beziehungen der Tochter erfunden seien und dies ein gängiges Vorgehen des Regimes ist.

Im Januar 2019 stürmten Polizisten Sepideh Gholians Elternhaus, nahmen sie gewaltsam fest und brachten sie in das für seine miserablen Hygienebedingungen berüchtigte Shahr-e-Rey-Gefängnis. Bis zum heutigen Tag ist sie immer noch inhaftiert.

Kugelschreiber

Als ich, Reyhaneh Jabbari, 19 Jahre alt war, musste ich jeden Tag in einer neuen Theateraufführung mitspielen. […] Jeden Tag wurde ein neues Stück geschrieben, das je nach der Person, die mich gerade verhörte, einen anderen Grad an Absurdität aufwies.

Einer sagte, ich sei während meines Studiums rekrutiert worden. […] Die Geheimdienstoffiziere behaupteten, dass ich die Mädchen-Gruppe angeführt hätte und ein Typ namens Arash die Jungen.

Ein anderer dachte sich etwas anderes aus. Er befahl mir: »Füge hinzu, dass du eine Mission in Zypern durchführen solltest. Ein Mann, der ein Restaurant auf Zypern besitzt, ist der Kopf der ganzen Operation.« Und ich schrieb alles auf. Ich schrieb, dass ich ausgebildet worden sei, um mein Gedächtnis auszulöschen; ich sei sogar geschult worden, um den Lügendetektor zu täuschen; ich sei für all dies trainiert worden; man habe mich sogar zur Spionin ausgebildet.

Als ich diese Berichte schrieb, dachte ich mir: Habe ich das wirklich alles gemacht? Als ob sie meine 24-Stunden-Tage in 100-Stunden-Tage verwandelt hätten. Wie kann das irgendjemand glauben?[24]

Es hat Jahre gedauert, bis ich die von der Justiz ausgestellten Berichte und insbesondere Reyhanehs schriftlichen Verneh-

24 Reyhaneh Jabbari, Selbstverteidigungsbrief 5, 2014

mungsprotokolle erhalten habe. Als ich die Abschriften der Verhöre, die mehr als 200 Seiten umfassten, zum ersten Mal las, durchströmten mich verschiedene Gefühle. Ich wurde wütend, dann weinte ich wieder. Einige Seiten hatte Reyhaneh mit ihrer üblichen Handschrift geschrieben, auf anderen sah ich anhand ihrer Schreibweise, unter welchen Schmerzen oder mit welcher Verzweiflung sie entstanden sein mussten. Beispielsweise antwortete sie auf die Frage »Hast du deinen Vater gehasst?« immer und immer wieder mit dem gleichen Wort: »Nein, nein, nein, nein, nein, nein …« Wie oft hatte man ihr diese Frage gestellt, bis sie zu so einer verzweifelten Antwort griff?

Reyhanehs Aussagen von den ersten drei Vernehmungstagen waren strukturiert und verständlich, aber danach begannen sich ihre Aussagen immer mehr zu widersprechen. Schon beim Lesen wurde man regelrecht verwirrt. Der Schlüssel dazu heißt Folter.

Erst später, durch Reyhanehs Erzählungen und durch die Verbreitung von Geschichten im Internet, erfuhr ich, dass Hunderte von Menschen in den iranischen Gefängnissen unter Folter sich selbst belasten. Einmal hatte mein Vater einen Teil der Verhöre gelesen und, weinend, etwas gesagt, was damals mein Herz brach: »Warum ist sie nicht standhaft geblieben?«

Ich glaube, dass wir uns nicht vorstellen können, wie es ist, gefoltert zu werden. Es ist leicht, zu richten, während man in Sicherheit ist. Aber ich glaube, dass sogar die stärksten Menschen irgendwann unter der Folter zusammenbrechen. Wie also hätte meine 19-jährige Tochter unbeugsam bleiben sollen?

Seit Reyhanehs Verhaftung besuchte uns ihr Verlobter Ehsan regelmäßig, um Neuigkeiten zu erfahren. Oftmals saß er einfach nur auf unserem Sofa, sagte nichts und starrte vor sich hin. Er wurde immer dünner. Er, der ein stattlicher und stets auf sein Äußeres bedachter junger Mann war, verwahrloste immer mehr. In seinem Gesicht konnte ich den Stress und den Druck sehen, der auf ihm lastete. Er war verwirrt und wusste nicht mehr, was er glauben sollte.

Da wir schon seit mehreren Wochen nicht mit Reyhaneh sprechen durften und nur spärliche Informationen von der Polizei erhielten, wurde es Fereydoons Aufgabe, alle Zeitungen, die täglich über den Fall berichteten, nach neuen Details und Hinweisen zu durchsuchen. Jede Information, die wir über unsere Tochter erhielten, schien uns wichtig. Es war schmerzhaft, das uns so vertraute Gesicht über den Artikeln abgedruckt zu sehen und darunter immer vielfältigere Erklärungsversuche für Reyhanehs Mordmotiv zu lesen, die mich verwirrten.

In der Zeitung *Etemad* lasen wir zum Beispiel: »Reyhaneh behauptete gegenüber den Ermittlern und der Polizei, ihn aus Notwehr angegriffen und getötet zu haben, indem sie ihm hinterrücks mit einem Messer ins Herz gestochen hatte. Laut Beweisen wurde das Opfer während seines Gebets angegriffen. Da Reyhaneh aber fliehen konnte, sind ihre Behauptungen, sich selbst verteidigt zu haben, unschlüssig. Während sie weiter an ihrem Notwehr-Szenarium festhält, wurde festgestellt, dass eine antike Elefantenstatue und ein geschnitztes Messer vom Tatort vermisst werden. Unter dem starken Verdacht, dass es sich um einen Raubüberfall handelt, wurde weiter festgestellt, dass die Angeklagte in Schwierigkeiten war und Schulden von 100 Millionen Toman hatte.[25] [...] Die Untersuchungen des Falls gehen weiter.«[26]

25 Umgerechnet etwa 100 000 Euro

26 *Etemad*-Zeitung Nr. 1449, »Frischer Hinweis beim Mordfall des Anästhesiearztes«, 23.07.2007

Reyhaneh hatte in Notwehr gehandelt? War sie angegriffen worden? Bedroht? Aber warum? Hatte sie wirklich einen Mann beim Gebet getötet? Kaltblütig, hinterrücks? Aber warum verrichtet ein Mann sein Gebet mit einer ihm nicht verwandten Frau im Raum? Ein strenggläubiger Muslim, als der das Opfer immer beschrieben wurde, würde dies nicht zulassen. Das war *harām*, nach islamischen Regeln also verboten.

Reyhaneh habe Schulden von 100 Millionen Toman, umgerechnet etwa 100 000 Euro, gehabt und einen Raubüberfall begangen? Wir machten uns Sorgen und befragten vergeblich ihre Schwestern und Freundinnen, ob sie davon gewusst hatten. Kurze Zeit später dementierte die Familie des Verstorbenen, dass etwas aus der Wohnung fehlte. Der Ausruf »Dieb! Dieb!« wurde dann von den Medien so interpretiert, dass der Verstorbene sich vor den Nachbarn geschämt habe, Frauenbesuch gehabt zu haben.

In einem anderen Artikel stand wiederum, dass unsere Tochter eine uneheliche Beziehung zu dem Verstorbenen unterhalten hätte. Sie habe ihn wegen eines Autos, das er ihr nicht geliehen habe, erstochen. Immer mehr Männer wurden genannt, die angeblich ein Verhältnis mit Reyhaneh gehabt hätten. Diese Aussagen von Männern, die entweder keinen Namen hatten oder beispielsweise Ramin, Akbar oder Masood hießen, sollten sich in den folgenden Jahren weiter fortsetzen.

Meine Welt stand kopf: Hatte meine Tochter wirklich zahllose Affären gehabt? Sie war doch glücklich mit Ehsan verlobt! Oder etwa nicht? Wie konnte sie zu all den Männern Beziehungen unterhalten haben, obwohl ihr Telefon so gut wie nie geläutet hatte?

Bei der Staatsanwaltschaft wurde uns zugeraunt, dass Reyhaneh im Irak als Agentin ausgebildet worden sei. Aber wie sollte ich das nicht mitbekommen haben? Wann hätte sie in den Irak fahren sollen, wenn sie jeden Tag in der Universität oder bei ihrem Nebenjob als Dekorateurin war?

Ich suchte nach ihrem Reisepass in der Kommode. Er lag immer noch unberührt an Ort und Stelle. Wie hatte sie ohne Pass die Grenze passieren können? Ich begann Fahrpläne zu studieren. Mein Mann hatte Reyhaneh jeden Morgen auf seinem Weg zur Arbeit an die Sadeghieh-Metro-Station gebracht und sie dort abends auf dem Heimweg abgeholt. Wie war es möglich, in zehn, elf Stunden in den Irak zu fahren, trainiert zu werden und wieder zurückzukommen?

Gierig sog ich alle Informationen in mich auf. Es war wie ein großes Puzzle, zu dem jeden Tag ein neues Teil dazukam. Aber die Teile passten nicht zusammen und ergaben keinen Sinn.

Über einen Monat nach Reyhanehs Verhaftung wurde ein Foto des getöteten Mannes ohne Balken vor den Augen veröffentlicht. Es zeigte einen einnehmenden Mann Anfang fünfzig, ein sympathisches Lachen, die ersten Anzeichen einer Glatze, wache, vertrauenswürdige Augen. Zufällig hatte Fereydoon das Foto aus der Zeitung in einem Secondhandshop hängen sehen, nahe der Haltestelle Niroo-Havayi. Es war die Einladung zu den Feierlichkeiten zum vierzigsten Tag[27] nach dem Tod von Morteza Abdolali Sarbandi.

Als ich nun den Namen Morteza Abdolali Sarbandi las, erinnerte ich mich sofort an Reyhanehs Erzählungen, wie sie von ihm in der Eisdiele angesprochen worden war, wie viel Hoffnung sie sich gemacht hatte, durch ihn eine Kar

27 Die Beerdigung nach islamischem Ritus findet normalerweise 24 Stunden nach dem Tod statt. Am dritten, am siebten und am vierzigsten Tag nach dem Tod werden Trauerfeierlichkeiten abgehalten.

هوشی را کشت

ی داشت. وی درباره
، قبل از قتل در یکی
تول و دوستش آشنا
ل خودروی مقتول با

د و قرار شد در کارهایم
وستش با من تماس
که به آنها اعتماد کرده
فشم رفتم. روز حادثه
یم، من برای احتیاط
نی دادم که در محل
ه طبقه پنجم آپارتمان
شت و همه جا را خاک
، آورد و از من خواست
.. در حالی که احساس

چاقو به طرفش حمله
کردم. همان موقع
هم دوستش وارد
آپارتمان شد و مدارکی را از روی میز برداشت بعد هم مرا
وادار به سکوت کرد و از آنجا رفتیم. به گزارش خبرنگار ما،
پس از دریافت دفاعیات متهم و دو وکیل مدافعش، قاضی

Morteza Abdolali Sarbandi in der Zeitung

riere zu beginnen, und auch an mein ungutes Gefühl, als er Reyhaneh mit dieser seltsamen Nummer, die nur aus Achten bestand, angerufen hatte. Was genau war passiert? Hätte ich es verhindern können?

Wir wollten unbedingt mehr über Dr. Sarbandi und die Verbindung zu unserer Tochter erfahren. Deshalb beschlossen wir, dass Fereydoon zu Sarbandis Trauerfeierlichkeiten gehen sollte, um möglicherweise ein paar Informationen von den Trauergästen aufzuschnappen. Fereydoon, der ein sehr ruhiger und zurückhaltender Mann ist, traute sich jedoch nicht, an den unmittelbaren Trauerfeierlichkeiten teilzunehmen, und wartete vor der Moschee, bis die Zeremonie zu Ende war. Als die Trauergäste auf den Vorplatz strömten, wusste er nicht, wie er mit jemandem ins Gespräch kommen sollte.

Eine alte Dame kam auf ihn zu, schüttelte seine Hand und fragte ihn nach seinem Verwandtschaftsverhältnis zum

Verstorbenen. Spontan gab er sich, einer inneren Eingebung folgend, als Taxifahrer aus und bot der Dame seine Dienste an. Im Iran ist es nämlich nicht ungewöhnlich, mit seinem privaten Auto Taxifahrten zu übernehmen. Er fuhr die alte Dame also nach Hause, ohne ihr Fahrtgeld anzunehmen, und erkundigte sich unverfänglich nach dem Verstorbenen und dessen Todesursache. Sie erzählte ihm lediglich, dass Morteza Sarbandi bei einem Unfall gestorben sei.

In den Zeitungen stand, unsere Tochter habe diesen Mann ermordet, und diese Frau sprach von einem Unfall? Wurden die Verwandten von Sarbandi belogen, oder hatte die Frau nur nach außen hin ihr Gesicht wahren wollen? Wir waren keinen Schritt weitergekommen.

Vergeblich schrieb ich zwanzig, dreißig Beschwerdebriefe, um Auskunft über den Verbleib meiner Tochter zu erhalten. Obwohl der Bruder meines Mannes, der in Deutschland lebt, uns immer wieder bat, auch internationale Institutionen von dem Verschwinden unserer Tochter zu informieren, hielt ich mich an iranische Organisationen. Ich glaubte noch fest daran, dass uns innerhalb des iranischen Rechtssystems Gerechtigkeit widerfahren würde.

Mittlerweile war unsere gesamte Familie von dem Vorfall unterrichtet. Sie versuchten uns, so gut es ihnen möglich war, zu unterstützen; brachten Essen vorbei, Zeitungsartikel über Reyhaneh, die sie gefunden hatten, und Ideen, was wir unternehmen könnten, um ein Treffen mit Reyhaneh zu erwirken.

Auf Dauer konnten Fereydoon und ich es uns nicht mehr leisten, beide nicht zu arbeiten. Wir beschlossen also, dass Fereydoon wieder seinen Einzelhandel mit Bremsbelägen öffnen und eine gewisse Normalität in der Familie aufrechterhalten sollte. Unsere beiden anderen Töchter konnten somit nach dem Sommer wieder zur Schule und zur Vor-

Universität gehen. Meine Arbeit als Schauspielerin und Leiterin des Kulturhauses konnte ich leichter reduzieren und mich voll auf Reyhaneh konzentrieren. Eine liebe Kollegin bot mir an, meine Aufgaben im Kulturzentrum zu übernehmen, und meine Sekretärin kam alle paar Tage zu uns nach Hause, damit ich die nötigen Unterschriften leisten konnte. Ich hatte sie nur vage eingeweiht, was meiner Familie widerfahren war, damit es nicht zu viel Gerede geben würde, wenn Reyhaneh wieder bei uns sein würde.

Mitte August teilte man uns mit, dass Reyhaneh längst ins Evin-Gefängnis verlegt worden war. Sie war also im »Evin«, dem Gefängnis, das jede Iranerin und jeder Iraner kennt und fürchtet. Es entstand 1971 in der Schah-Ära unter Mohammad Reza Pahlavi und war das Hauptgefängnis des SAVAK, dem damaligen Geheimdienst. Auch nach der Islamischen Revolution wurden Personen, die das Regime bekämpfte oder kritisierte, bis zu ihrer Gerichtsverhandlung dort inhaftiert, die meist nur ein paar Minuten dauerte und mit dem Tod endete. 1988 wurden dort Tausende Menschen in einem fünf Monate andauernden Akt der Gewalt hingerichtet. Und auch heute sind immer noch viele politische Gefangene in diesem Gefängnis interniert.

Mein Ehemann fuhr mich auf seinem Weg zur Arbeit zum Evin-Gefängnis. Es befindet sich am Fuß des Elburs-Gebirges, das über Teheran aufragt und der Stadtsilhouette ihr unverkennbares Gesicht gibt. Schon von der Autobahn aus kann man die mit Stacheldraht gesicherten Mauern und Wachtürme sehen, die über den gesamten Berg verteilt sind und einem eine Idee davon geben, wie enorm groß und gewaltig der Gefängniskomplex sein muss.

Obwohl ich auch dort keine Erlaubnis bekam, Reyhaneh zu sehen, schaute ich mich in der Wartehalle für Besucher um. Ich beobachtete die anderen Familien, die aus allen sozialen Schichten der iranischen Gesellschaft stammten. Da waren in konservative Tschadors gehüllte Frauen, verwahrloste Kinder, Frauen mit perfekt manikürten Fingernägeln und groß gemusterten Kopftüchern, daneben vom Crystal-Meth-Konsum gezeichnete Männer ohne Zähne. Es war eine kalte, bedrückende Atmosphäre.

Schnell verstand ich, dass man an einer Kasse Geld für die Inhaftierten einzahlen konnte. An diesem Tag hatte ich bar nur 20 000 Toman dabei, was damals ungefähr 24 Euro entsprach, aber ich zahlte sie sofort auf Reyhanehs Namen ein. Von diesem Moment an ging ich anstatt zur Staatsanwaltschaft täglich in den Warteraum des Evin-Gefängnisses und zahlte Geld auf Reyhanehs Karte ein, was mir ein wenig das Gefühl meiner Hilflosigkeit nahm.

Ich weiß jetzt, dass der Mensch, wenn er mit Illusionen und der Wirklichkeit kämpft, seine Kräfte verliert.

In der Einzelhaft quälen sie dich mit den rund um die Uhr eingeschalteten Leuchtstoffröhren. Das fluoreszierende Licht foltert deine Seele. Es ist dein Feind, und du weißt nicht, was du tun sollst, um die Situation zu ändern. Wann immer du nachdenken willst, wirst du vom Neonlicht abgelenkt und verlierst den Fokus. Zersplitterte und unzusammenhängende Gedanken zerstören deinen Verstand. […] Man schwebt zwischen Fantasie und Realität, zwischen Täuschung und Wahrheit.[28]

Eines Tages gab mir einer der Wärter eine Karte und sagte mir, sie sei gleichbedeutend mit einem Geldbetrag. Inzwischen waren meine Verletzungen verheilt, und ich konnte duschen. Am selben Tag kam eine alte Frau, die auch Insassin war, um meine Zelle zu reinigen. Dies war in Evin so üblich: Frauen, die allein

28 Reyhaneh Jabbari, Selbstverteidigungsbrief 5, 2014

waren und keinen Besuch erhielten, mussten arbeiten, um sich Telefonrechte zu verdienen. Indem sie ihre Telefonzeit an andere Gefangene verkauften, verdienten sie ihren Lebensunterhalt.

Ihr Name war Nessa. Sie war voller Reue und Verzweiflung. Ich gab ihr meine Geldkarte und bat sie, mir einen Stift zu kaufen und so viel Geld von der Karte zu nehmen, wie sie benötigte. Sie brachte mir den Stift zusammen mit einer kleinen Packung Saghe-Kekse.

Ich kostete den Geschmack, der mich an zu Hause und glücklichere Tage erinnerte. Jetzt hatte ich einen Stift! Shamloo hatte mir verboten, Zeitungen zu lesen, Besuch zu empfangen, Bücher zu lesen, Nachrichten zu erhalten oder den Koran zu lesen. Aber ich hatte einen Stift, der durch einige Papiere ergänzt wurde, die ich bei meinen kurzen Freigängen in Mülleimern fand. Ich steckte sie in meine Taschen und brachte sie zurück in meine Zelle. Ich begann auf die kleinen weißen Papierstücke zu schreiben, drückte dort meinen Ärger aus, beschwerte mich, wurde wütend, fluchte und gab Shamloo einen Spitznamen: »die alte Eidechse«.

Eines traurigen Nachmittags öffnete eine Frau die Klappe, um mir Essen zu geben. Ihr Name war Fakhteh. Sie sagte, sie habe den Kassenbereich der Besucherhalle gefegt, als ein Mann und eine Frau kamen, um Geld für mich einzuzahlen. Die Frau habe die Kassiererin gefragt: »Werden Sie wirklich Reyhaneh sehen, um ihr dieses Geld zu geben?« Als die Kassiererin dies bestätigte, sagte der Mann: »Sie haben Glück … Sie dürfen meine Tochter sehen.«

Ich werde nie vergessen, welches Glücksgefühl und welche Hoffnung Fakhteh in mir weckte. Ihre einfache Botschaft versicherte mir, dass Shamloo, die »alte Eidechse«, gelogen hatte, als er sagte, meine Eltern hätten mich verstoßen.

Ich gewann an Kraft, vergaß all meine Schmerzen und begann Briefe an meine Familie zu schreiben. Mir wurde klar, dass meine Eltern die Geldkarte für mich besorgt hatten, während ich keinen Besuch empfangen durfte. Der Kugelschreiber, der mich 10 000 Toman[29] *gekostet hatte, war ihr Geschenk an mich gewesen. Ich habe diesen Stift immer noch, auch wenn er nur noch ein verblasster, leerer Bic-Stift ist. [...]*

Ich hatte gelernt, nachts wach zu bleiben. In einer dieser schlaflosen Nächte lernte ich Parvaneh kennen. [...] Ich erzählte ihr, dass meine Verletzungen immer besser heilten, und sie wies mich immer wieder darauf hin, wie wichtig es sei, sich erzwungenen Geständnissen zu widersetzen. Leider kam sie zu spät in mein Leben, als ich bereits alles gestanden hatte, unter anderem, dass ich politische Motive gehabt habe, obwohl ich von Politik nichts verstand, und dass ich alle möglichen Beziehungen zu Männern unterhalte.[30]

Immer wenn das Telefon klingelte, zuckte ich zusammen, stürzte zum Apparat in der Hoffnung, am anderen Ende Reyhanehs Stimme zu hören. So war es auch an dem Tag, an dem Parvaneh Hajilou, eine politische Gefangene, deren Zelle genau gegenüber von Reyhanehs Isolationszelle gelegen hatte, anrief. Reyhaneh habe sie gebeten, nach ihrer Entlassung Kontakt mit mir aufzunehmen, um mir zu sagen, dass sie mich liebe und es ihr gut gehe. Parvaneh war sehr vorsichtig und misstrauisch, da sie befürchtete, wieder eingesperrt zu werden, wenn herauskam, dass sie sich mit mir in Verbindung setzte. Deswegen rief sie mich immer von öffentlichen Telefonzellen aus an. Unser Telefon würde sicherlich abgehört.

Parvaneh wuchs in einer politischen Arbeiterfamilie auf. Ihr Vater war einer der Arbeiterkämpfer seiner Zeit, der

29 Das entsprach 2007 ungefähr 12 Euro.
30 Reyhaneh Jabbari, Selbstverteidigungsbrief 4, 2014

während der Schah-Ära, noch vor Parvanehs Geburt, inhaftiert worden war. Er lehrte seine Tochter, für ihre Rechte zu kämpfen. Anfang der 1980er-Jahre war Parvaneh Mitglied einer sozialistischen Gruppe und wurde aus diesem Grund für vier Jahre in verschiedenen iranischen Gefängnissen gefangen gehalten. Als sie aus dem Gefängnis entlassen wurde, durfte Parvaneh nicht mehr studieren und arbeiten. Deshalb heiratete sie früh und brachte zwei Kinder zu Welt. Aber auch in ihrem Familienleben zwangen die rückständigen Gesetze der Islamischen Republik sie zum Kämpfen. Als sie sich scheiden lassen wollte, erlaubte ihr dies ihr Ehemann nicht und nahm ihr ihre Kinder weg. Aber Parvaneh kämpfte, und nach zwanzig Jahren konnte sie sich endlich scheiden lassen. Ihr ganzes Leben setzte sie sich für frauen- und arbeitsrechtliche Themen ein, weswegen sie eng mit den iranischen Gewerkschaften verbunden war.

2007 hatte man sie wieder für 14 Tage verhaftet, weil sie Mansour Osanlou, den Leiter des Gewerkschaftsverbands der Transportarbeiter in Teheran, unterstützt hatte, der ebenfalls inhaftiert worden war. Parvaneh, mit der ich mich später anfreundete und immer noch befreundet bin, ist für mich das Symbol einer iranischen Frau, die in allen Lebensbereichen zu kämpfen hat.

Die Islamische Republik Iran genießt nicht den Ruf, besonders frauenfreundlich zu sein. Was aber viele Menschen im Westen nicht wissen, ist, dass es im Iran seit langer Zeit eine starke Frauenbewegung gibt. Die ersten iranischen Frauenorganisationen wurden 1906, nach dem Sieg der Konstitutionellen Revolution (1905–1911), gegründet. Diese Organisationen eröffneten Mädchenschulen und warben in Zeitschriften und Vorträgen für die Emanzipation der Frau im privaten und öffentlichen Bereich. Bereits damals sprachen sich die Frauen gegen einen Hijab-Zwang aus.

Die darauffolgende Ära der Monarchie unter den beiden Pahlavi-Schahs (1925–1979) war eine zweischneidige für die Frauenbewegung im Iran. Während die Inanspruchnahme politischer Rechte und die Ausübung der Meinungsfreiheit brutal unterdrückt und politische Gegnerinnen und Gegner vom Geheimdienst SAVAK verfolgt, verhaftet und gefoltert wurden, wurden Männern und Frauen dieselben gesellschaftlichen Freiheiten gewährt und eine aktive, selbstverständlich regimefreundliche, politische und zivilgesellschaftliche Teilhabe von Frauen am öffentlichen Leben ermöglicht.

Mit der Machtübernahme der Geistlichkeit im Jahr 1979 wurden viele Gesetze der Schah-Ära abgeschafft, die Frauen rechtlich auf die gleiche Stufe mit den Männern stellten. Stattdessen wurde eine neue, islamische Frauenrolle propagiert, eine dem Mann deutlich untergeordnete Stellung. Aber bereits kurz nach der Revolution, nachdem der Revolutionsführer Ruhollah Chomeini per Dekret die Verschleierungspflicht verordnet hatte, gingen anlässlich des Internationalen Frauentages am 8. März 1979 in vielen Städten des Iran die Frauen auf die Straße und demonstrierten gegen den Verschleierungszwang. »Wir wollen keine Hijab-Pflicht«, riefen sie, und: »Freiheit ist weder westlich noch östlich, sondern universell!«

Die iranischen Frauen waren auch nach der Revolution nie ganz einflusslos. Wenn ihre Väter oder Ehemänner es ihnen erlaubten, waren sie nicht von Erwerbstätigkeit oder Bildung ausgeschlossen. Der Bildungsgrad der iranischen Frauen ist im internationalen Vergleich sogar überdurchschnittlich hoch, wodurch viele Frauen ökonomisch unabhängig von ihren Männern sein können. Dies ist eine wichtige Voraussetzung für die Entwicklung eines Unrechtsbewusstseins und die Forderung nach politischen Rechten. Auch wenn diese in den Anfangsjahren noch nicht sehr weit gingen, bildeten sie doch die Basis für die sich immer stärker formierende Frauenbewegung, die stetig den Wunsch nach Freiheit und Gleichberechtigung formulierte.

So zum Beispiel in der Kampagne »Eine Million Unterschriften«, die seit 2006 trotz härtester Repressalien Unterschriften gegen die Gewalt gegen Frauen und für die Gleichberechtigung der Geschlechter sammelt. Oder die wieder aufkeimenden Proteste gegen die Hijab-Pflicht seit 2017. Frauen legten hier in der Öffentlichkeit ihr Kopftuch ab und schwenkten es wie eine Fahne vor sich her, als Zeichen des Protestes. Die gnadenlose Härte des Staates gegen diese mutigen Frauen zeigt, wie sehr die Machthaber die Frauen fürchten.

Vida Movahed wurde wegen Absetzens ihres Kopftuchs in der Öffentlichkeit zu einem Symbol des Widerstands im Iran und dafür zu einem Jahr Gefängnis verurteilt. Die Begründung lautete, sie habe durch das Absetzen des Kopftuchs Menschen zu Korruption und Prostitution ermutigt. Andere Frauen haben für ihren Kampf gegen den Schleierzwang jahrzehntelange Haftstrafen erhalten, sie wurden geschlagen und gefoltert. Die prominente Menschenrechtsanwältin Nasrin Sotoudeh, die Vida Movahed und andere Frauen vertrat, die wegen ihres Widerstands gegen die Hijab-Pflicht verhaftet worden waren, wurde im Juni selbst verhaftet und befindet sich derzeit immer noch im Gefängnis. So wundert es mich also nicht, dass viele Iranerinnen und Iraner glauben, dass die einzige Gruppe, die die Unfreiheit im Iran beenden kann, die Frauen sind.

Die Straßen waren wie immer verstopft, die Luft roch nach Abgasen, heißem Asphalt und Benzin, als ich aus meinem Auto stieg. Mir stach ein riesiges Wandgemälde ins Auge. Es zeigte eine sanft lächelnde Frau, die in einen Tschador gehüllt war, unter den Worten: »Der Tschador schützt dich!«

Aufgeregt zupfte ich meinen dunkelblauen Manto und meinen auffällig gemusterten Schal zurecht und betrat den Bagh-e-Honar-Park, wo ich mich mit Parvaneh verabredet hatte. Sie hatte mir im Vorfeld gesagt, was ich anziehen sollte, damit sie mich erkennen könne. Das war eine Methode, die die politisch Aktiven schon früher angewandt hatten.

Als sie mich ansprach, prägte ich mir sofort ihr Gesicht ein. Sie hatte haselnussbraune Augen, und eine braune Locke schaute aus ihrem ansonsten streng aussehenden Hijab hervor. Nachdem wir kurz einige Höflichkeiten ausgetauscht hatten, setzten wir uns auf eine Bank. Parvaneh sagte mir, dass ich stolz auf meine Tochter sein solle. Sie habe niemanden aus Wut getötet, sondern ihre Ehre verteidigt.

Natürlich wollte ich jegliche Details wissen. Parvaneh versuchte mir, so gut sie es vermochte, alle Fragen zu beantworten. Nach einer Weile stellte ich ihr meine brennendste Frage, die mir schlaflose Nächte bereitete: »Wird Reyhaneh gefoltert?«

»Warum willst du das wissen? Die Information wird dich doch nur quälen.« Aber ich bestand darauf. Zögerlich gab sie zu: »Ja, sie ist gefoltert worden, aber nun ist es vorbei.« Parvaneh erzählte mir, wie sie Reyhaneh ein einziges Mal bei einem Freigang begegnet war. Die in Evin in Isolationshaft inhaftierten Frauen dürfen ab und an ihre Zellen verlassen, um in einem kleinen Hof an die frische Luft zu gehen. Als man Parvaneh von einem dieser Freigänge wieder zu ihrer Zelle gebracht hatte, lief sie an Reyhaneh vorbei, die ihrerseits gerade aus ihrer Zelle herausgeführt wurde.

Einen Moment lang sei die Wärterin unachtsam gewesen. Reyhaneh habe schnell reagiert und ihren Gefängnis-Tschador zur Seite geschoben, unter dem sie nur mit Unterwäsche bekleidet war. Da habe Parvaneh gesehen, dass ihre Schultern, ihre Brust, ihre Hände, ihre Arme, ihr ganzer Körper voller Wunden mit getrocknetem Blut waren.

Manchmal, wenn die Wärter schliefen, konnten sich die Gefangenen durch die Essensklappe hindurch unterhalten. Parvaneh sprach Reyhaneh auf ihre Verletzungen an, und Reyhaneh erzählte, dass sie eine Zeit lang mit einer Art Streitkolben mit Nägeln attackiert worden sei. Langsam würden die Wunden verheilen.

Die Waage der Justitia

Seit zwei Monaten hatten wir Reyhaneh nicht mehr gesehen. Mir ging es sehr schlecht, ich aß fast nichts mehr, schlief nicht und war verrückt vor Sorge um Reyhaneh. Begleitet von Shahrzad bat ich an oberster Stelle der Staatsanwaltschaft um ein Wiedersehen mit meiner Tochter. Aber auch dieses Gesuch wurde abgelehnt. Ungehalten begann ich, vor dem Gebäude der Staatsanwaltschaft meiner Wut freien Lauf zu lassen. Shahrzad versuchte, mich zu beruhigen. Sie befürchtete, dass ich die Situation durch meinen lautstarken Protest – auch für Reyhaneh – womöglich noch schlimmer machte.

Aber ich konnte nicht mehr. Während der letzten beiden Monate hatte ich versucht, mich moderat zu verhalten, nichts zu den Gemeinheiten von Shamloo, den Erniedrigungen aufgrund meines Geschlechts gesagt, obwohl man mir mein Kind entrissen hatte, mir keine genauen Auskünfte gab, meiner Tochter einen rechtlichen Beistand verweigerte sowie uns die Möglichkeit, sie zu sehen.

Langsam bildete sich um mich herum eine kleine Menge an Schaulustigen. Die Angestellten der Staatsanwaltschaft hielten sich im Hintergrund und griffen nicht ein, beobachteten mich aber. Shahrzad, die verzweifelt versuchte, mich zum Aufhören zu bewegen, wusste sich nicht mehr zu helfen und rief meine Schwester an, die mich kurze Zeit später gewaltsam von dort wegzog.

Am frühen Morgen des nächsten Tages, 58 Tage nach Reyhanehs Verhaftung, erhielt ich einen Anruf. »Hallo, spreche ich mit der Familie Jabbari[31]? Ich rufe von Herrn Shamloos Büro aus an. Reyhaneh ist gerade hergebracht worden, und wenn Sie sofort kommen, können Sie Ihre Tochter sehen.« Mein Herz begann zu rasen: »Wir kommen, so schnell wir können. Bitte halten Sie sie so lange auf!«

Sofort rannten wir alle in freudiger Erwartung aus dem Haus. Shahrzad drückte meinen Arm und sagte: »Bravo, Mama, das hast du gestern gut gemacht!«

Was für ein wunderbares Gefühl, Reyhaneh wiederzusehen! Sie saß neben einer Gefängniswärterin, ihre Hände in Handschellen, in einen blauen, mit weißen Waagen der Justitia bedruckten Gefängnis-Tschador gehüllt. Ihre Augen sahen müde aus, ihre Hände zitterten leicht. Aber sie lächelte. Während meine Töchter und Fereydoon Reyhaneh stürmisch begrüßten, suchte ich ihren Körper nach Folterspuren ab. Ihre Zähne schienen nicht gebrochen, und ihr Gesicht sah unversehrt aus. Ich küsste und umarmte sie, wobei ich ihren Körper unauffällig nach Brüchen abtastete. Besorgt fragte ich sie: »Reyhaneh, ist dein Körper unversehrt?«

»Alles ist gut«, sagte sie und zog dabei aus ihrer Hosentasche unter ihrem Tschador ein kleines Bündel zusammengefalteter Papiere heraus, die eng und klein beschrieben waren. Geschickt ließ sie diese in meine Hand gleiten. Ich freute mich so darüber, dass die Wärterin aufmerksam wurde. Entsetzt starrte mich Reyhaneh an, und sogleich bereute ich meine Unvorsichtigkeit zutiefst. Die Wärterin beschlagnahmte die Zettel umgehend und übergab sie Shamloo, der

31 Im Iran behält die Frau auch nach einer Eheschließung ihren Nachnamen, während die Kinder den Nachnamen ihres Vaters erhalten. Deswegen heiße ich mit Nachnamen Pakravan, mein Mann und meine Töchter Jabbari.

kurze Zeit später den Raum betrat. Ich protestierte: »Aber die gehören mir!«

Shamloo beschwichtigte mich. Er versprach, sie mir nach Prüfung wieder zurückzugeben. Ich sah die Briefe niemals wieder. Erschreckenderweise brachten diese Zettel Shamloo auf eine neue Theorie: Die Tatsache, dass Reyhaneh trotz strikten Verbots so viel Papier und einen Stift aufgetrieben habe, zeuge von ihrer Fähigkeit der systematischen Planung eines Mordes. Eine perfide Logik, die mein schlechtes Gewissen, die kleinen Zettel nicht besser verborgen zu haben, noch steigerte.

Shamloo wandte sich an Reyhaneh: »So, Fräulein Reyhaneh, erzähl doch mal, um deiner Mutter willen. Bist du etwa gefoltert worden? Deine Mutter hat sich nämlich über mich beschwert.«

Ich senkte den Kopf und beschloss, nichts zu erwidern, um die Situation nicht noch schlimmer zu machen. Meine Mutter wurde wütend und fragte mich, warum ich den Kopf gesenkt halte: »Warum sagst du nichts zu den Verletzungen an deinem Körper?«

Mir wurde klar, dass meine Mitgefangene Parvaneh meiner Mutter Shole davon erzählt hatte, nachdem sie entlassen worden war. Meine Mutter sagte: »Zeig doch deine Narben.«

Ich fing an zu weinen und sagte, was auch immer passiert sei, es sei jetzt vorbei. Sie erwiderte, für sie aber nicht. […] Ich wünschte, ich hätte die Entschlossenheit meiner Mutter und würde erzählen, wie das Leben aus mir herausgepresst worden war. Ich wünschte, ich könnte von den verschiedenen Verletzungen erzählen, die ich durch die Verhöre erlitten hatte. Aber ich sagte nichts. Shamloo wurde wütend, sagte, er würde sich der Sache annehmen, und bat meine Mutter zu gehen. Meine Mutter stand auf und umarmte mich so fest, dass ich keine Luft mehr bekam. Ich küsste sie wieder und wieder. Sie sagte: »Egal, was geschehen ist, schlecht oder gut, ich liebe dich. Gott hat dich mir gegeben.« Woraufhin Shamloo erwiderte: »Sie ist nicht gut.« Meine Mutter blickte ihm ins Gesicht und sagte: »Auch wenn sie schlecht sein sollte, ist sie mein. Lassen Sie mich Reyhaneh mitnehmen.« Shamloo machte sich mit gesenktem Kopf eine Notiz und erklärte das Treffen für beendet.

Sie brachten mich nach unten zum Auto. Ich konnte sehen, wie meine Eltern dem Auto hinterherliefen und versicherten, wie sehr sie mich bewunderten und liebten. Ich war überwältigt von der Gewissheit, dass meine Familie mich nicht verstoßen hatte.

Bald darauf wurde ich mit anderen Gefangenen in den Gemeinschaftstrakt des Evin-Gefängnisses verlegt.[32]

Der Frauentrakt besteht aus mehreren Abteilungen, die jeweils über ein Obergeschoss und ein Untergeschoss verfügen. Abteilung 1 ist für Drogendelikte und Süchtige; Abteilung 2 für Finanzdelikte, und im Erdgeschoss sind diejenigen untergebracht, die wegen Mordes, bewaffneter Raubüberfälle und Körperverletzung einsitzen. Abteilung 3 beherbergt Gefangene unter 21 Jahren, unabhängig von ihrer Straftat.[33]

Ich wurde Abteilung 3 zugewiesen, in der die Gefangenen ein bisschen arbeiten können. […] Ich wurde dem Zimmer 2 zugeteilt, für das Tayebeh verantwortlich war. Ich teilte mir dieses Zimmer mit 14 Frauen. Dieser Raum war 6 x 4 Meter groß und hatte Etagenbetten an den Wänden. Tayebeh führte mich herum, sagte, dass alle im Hof seien, und sie brachte mich dorthin. Der Hof war von extrem hohen Mauern mit Stacheldraht umgeben. Dort sah ich wenigstens ein paar Anzeichen von

32 Reyhaneh Jabbari, Selbstverteidigungsbrief 6, 2014
33 Reyhaneh Jabbari, Selbstverteidigungsbrief 7, 2014

Leben. Jede beschäftigte sich mit irgendetwas. Eine Frau wusch Wäsche, andere spielten mit einem Ball, und eine Frau trank ihren Chai. Tayebeh sagte, dass sie seit vier Jahren im Gefängnis sei. Ich erinnere mich, dass ich dachte: »VIER JAHRE! An ihrer Stelle würde ich sterben.« Ich hatte keine Ahnung, dass Tage, Wochen und Monate dort an mir vorbeiziehen würden.[34]

Langsam richteten wir uns in unserem neuen Leben ein, das um Reyhanehs Gefängnisalltag herum organisiert wurde. Ich fing wieder an, im Kulturzentrum zu arbeiten, und eine gute Freundin bat mich, auch wieder auf die Bühne zu gehen. Ich solle meine jahrelang aufgebaute Schauspielkarriere nicht einfach so wegwerfen. Also beschloss ich, zumindest ein Theaterstück pro Jahr zu spielen. Und da Reyhaneh jedes meiner Theaterstücke gesehen hatte, legte ich fest, dass immer ein Platz im Zuschauerraum für sie frei gehalten werden sollte, so lange, bis sie wieder bei uns sein würde. All die Jahre spielte ich für diesen leeren Platz.

Sharare und Shahrzad gingen nun wieder regelmäßig zum Unterricht, und Shahrzad, die bis dahin Schule immer gehasst hatte, war nun froh über die Stunden, in denen ihre Gedanken in andere Richtungen gelenkt wurden. Drei Minuten pro Tag konnte Reyhaneh telefonieren, und jeden Dienstag durften wir sie für 20 Minuten besuchen. Sharare verschob ihre Uni-Kurse, und ich erwirkte bei der Schuldirektorin, dass Shahrzad jeden Dienstagnachmittag dem Unterricht fernbleiben durfte.

Ich selbst hatte dienstags sowieso meinen freien Arbeitstag, und so war ich immer schon um acht Uhr morgens im Evin-Gefängnis und wartete, bis uns eine Besuchergruppe zugewiesen wurde. Wenn nur noch zwei Gruppen vor der

34 Reyhaneh Jabbari, Selbstverteidigungsbrief 6, 2014

unseren waren, rief ich Fereydoon an, dass er die beiden Kinder abholen sollte, damit sie möglichst wenig von ihrem Unterricht verpassten.

Mit mir warteten Menschen aus allen sozialen und kulturellen Schichten. Es kam vor, dass ganze Familien im Gefängnis einsaßen. Die Person, die sie besuchte, wanderte dann alle zwei Minuten von einer Besucherkabine zur nächsten, um sich mit den verschiedenen Familienmitgliedern zu unterhalten. Manchmal saßen auf den Wartebänken Kinder ohne erwachsene Begleitung, wenn ihre Eltern zum Beispiel geschieden waren und sie deshalb allein zu den Besuchszeiten gehen mussten. Oft rutschten sie unruhig und gelangweilt von der langen Wartezeit herum. Sobald Fereydoon angekommen war, begann er aus seinen Händen lustige Tiere zu formen und spielte mit ihnen. Er sagte immer, er versuche, diesen Kindern, deren Geschwister, Eltern oder andere Familienangehörige inhaftiert waren, für einen Moment Freude zu schenken. Und vielleicht schenkte er damit auch sich selbst etwas Freude.

Diese uns heiligen Besuche fanden in einer Glaskabine statt, ausgestattet mit zwei Telefonhörern, durch die man mit den Inhaftierten sprechen konnte. Vor dem Fenster hing ein grüner Vorhang, der hochgezogen wurde, wenn Reyhaneh eintrat. Nach dieser langen Zeit der Entbehrung waren wir einfach glücklich, sie sehen und mit ihr sprechen zu können. Aber wir hatten auch viele Fragen, die wir ihr nun endlich stellen konnten. Denn wer konnte besser alle Puzzleteile an die richtige Stelle legen als sie?

Durch die vielen Befragungen, Hausdurchsuchungen, Zeitungsartikel und die unterschiedlichen und sich widersprechenden Beweisführungen bezüglich des Tathergangs befanden wir uns in einem Zustand der absoluten Verunsicherung. Nichts zuvor Geglaubtes schien mehr sicher, alles

Heimliches Foto von Reyhaneh in Evin,
drei Monate nach ihrer Verhaftung

schien möglich. Sosehr ich an meiner eigenen Wahrnehmung zweifelte, so sehr zweifelte ich auch an den Aussagen von Reyhaneh.

Wenn wir sie auch über alles liebten und uns über das Wiedersehen freuten, Fereydoon und ich wollten endlich Klarheit haben. Wir begannen deshalb, sie schonungslos auszufragen: Wer war der Mann? Hattest du eine verbotene Beziehung zu ihm? Warum hast du den Mann erstochen? Warum hinterrücks beim Gebet? Hattest du Liebschaften mit deinem Chef oder den anderen Männern, die in der Zeitung genannt wurden? Warst du im Irak? Wurdest du dort ausgebildet? Bist du, unsere Tochter, eine Terroristin?

Reyhanehs Version hörte sich ganz anders an als die, die

in der Zeitung zu lesen war, und die der Vernehmungsbeamten. Aber anstatt ihr zu glauben, wiederholten wir all die Sätze und vermeintlichen Fakten, die uns Shamloo, die Polizei und Presse berichtet hatten. »Du sagst, dass es Selbstverteidigung war, aber warum wurde er dann von hinten ins Herz gestochen?«

Reyhaneh war verzweifelt: »Ich schwöre bei Gott! Ich habe seine linke Seite nicht angegriffen! Er hat mir selbst den Rücken zugedreht und gesagt: ›Zeig mir, wie du zustichst!‹ Das Messer war so klein, dass es ihm noch nicht einmal Angst gemacht hat.« Aber ich glaubte ihr nicht: »Du sagst, du lügst nicht, aber jemand, der schon einmal gelogen hat, wird es wieder tun. Du lügst auch jetzt! Sarbandi hat gebetet. Er hatte Kinder, hatte eine Schwiegertochter und einen Schwiegersohn. Wie kann ein Mann, der so alt ist wie dein Vater, ein Auge auf dich geworfen haben?«

Unser Vertrauen in sie war gebrochen, da unser Geist von all den Gerüchten und Verdächtigungen der letzten Monate vergiftet war.

Es waren Reyhanehs Schwestern, die merkten, wie sehr diese weiteren, nun »elterlichen Verhöre« sie belasteten. Wir konnten deshalb immer nur ein paar Fragen stellen, bis Sharare oder Shahrzad uns den Telefonhörer entrissen und mit Reyhaneh über Alltägliches plauderten und versuchten, sie auf andere Gedanken zu bringen. Sharare benutzte das Kabinentelefon, Shahrzad nahm das Seitentelefon, und Reyhaneh hatte beide Telefonhörer am Ohr, und alle sprachen gleichzeitig über Alltägliches und den neuesten Tratsch.

Manchmal war Reyhanehs Gesicht schon zu Beginn des Treffens voller Schatten und Kummer. Aber Shahrzad begann alltägliche Ereignisse so skurril zu erzählen, dass Reyhaneh trotzdem lachen musste. Wir nannten diese Fähigkeit *antari*. Und Shahrzad, unsere Jüngste, die Reyhaneh nie eine Frage zu dem Vorfall und ihrem Verhältnis zu Sarbandi gestellt hatte, brachte etwas Leichtigkeit in diese Treffen. Zu Hause musste sie sich dann unsere Schelte anhören. Wir waren sauer, da wir nur eine oder zwei Fragen zum Sachverhalt stellen konnten, bevor Shahrzad das Telefon geentert hatte. Immer wieder drohten wir ihr, dass wir sie zum nächsten Besuch nicht mitnehmen würden. Sie versicherte daraufhin, sich das nächste Mal zurückzuhalten. Aber am darauffolgenden Dienstag begann das Spiel wieder von vorn.

Obwohl Reyhaneh uns wieder und wieder von den Vorfällen an jenem 7. Juli 2007 erzählte, sprach sie aus Scham niemals über die expliziten sexuellen Details der versuchten Vergewaltigung. Aber sie schrieb alles auf und fand einen Weg, uns ihr Notizbuch aus dem Gefängnis zukommen zu lassen. Eine Insassin, die gerade entlassen wurde, hatte sich dazu bereit erklärt, Reyhanehs Aufzeichnungen unter ihre privaten Habseligkeiten zu mischen, und brachte sie ohne Kontrolle aus dem Evin-Gefängnis heraus.

Es war nicht leicht für mich, Reyhanehs Text zu lesen. Aber danach glaubten wir ihr mehr und mehr. Ihre Geschichte besaß eine Struktur, und im Gegensatz zu den Aussagen der Polizei und der Medien passten alle Details zusammen. Von nun an nahm mein Vertrauen in die Polizei stetig ab und in unsere Tochter langsam wieder zu.

Eines Tages verriet mir eine Wächterin, dass Reyhaneh nach jedem unserer Besuche bitterlich weinen würde. Ich war beschämt. Auf der Suche nach der Wahrheit hatten wir vergessen, auf unsere Tochter zu achten. Dies war der letzte Tag, an dem ich ihr Fragen zu den Geschehnissen rund um die Tat gestellt habe. Ich versuchte mich in sie hineinzuversetzen, mir ihre Scham vorzustellen, ihre Verwirrung danach. Sie hatte gedacht, dass Sarbandi nicht tot, sondern mit dem

Notarzt, den sie gerufen hatte, in das zwei Minuten vom Tatort entfernte Mehrad-Krankenhaus gebracht worden war. Sie ging davon aus, dass er im Krankenhaus versorgt worden war und sie ihn nie wieder würde sehen müssen. Reyhaneh war der Meinung gewesen, dass wir ihr Vorhaltungen gemacht und sie in ihrer Freiheit eingeschränkt hätten, wenn sie uns damals von dem Vorfall berichtet hätte. Und sicherlich wäre das genau unsere Reaktion gewesen.

Später beobachtete ich dieses Phänomen noch oft bei anderen Familien. Weder deren Töchter noch die Familienangehörigen wollten über die erlittenen oder versuchten Vergewaltigungen sprechen. Andernfalls hätte der Name der Tochter immer mit der Schmach des sexuellen Übergriffs in Verbindung gestanden. Die Angst, die Reputation zu verlieren, die Scham, dass die Tochter vergewaltigt wurde, lässt die Familien schweigen. Dies beginnt schon bei weniger schwerwiegenden sexuellen Übergriffen. Wenn einem Mädchen auf der Straße sexuelle Anzüglichkeiten hinterhergerufen werden, wird sie dies zu Hause nicht erzählen; denn wie soll sie das Gesagte beweisen? Der Mann würde es abstreiten. Oder wenn Mädchen oder Frauen angefasst werden, beispielsweise im Sammeltaxi[35], wo Männer manchmal sehr nah an Frauen heranrücken und sie wie zufällig berühren. Die Frau würde nicht sagen: »Ein Mann hat meinen Körper angefasst.« Denn die Antwort würde lauten: »Und was hast *du* gemacht? Vielleicht hast *du* ja mit dem Mann geflirtet?«

Schon allein die Schönheit einer Frau kann sie schuldig

35 In iranischen Großstädten gibt es überwiegend Sammeltaxis. Obwohl der öffentliche Transport ansonsten nach Geschlechtern getrennt ist, gilt dies nicht für Sammeltaxis. Dort werden auch Menschen beiderlei Geschlechts nebeneinandergesetzt.

machen. In den Freitagsgebeten[36] wird zum Beispiel gepredigt, dass die Schönheit der Frau den Mann reize, wenn sie ihren Hijab nicht korrekt trage. Oder wenn der iranische Moderator Hadi Sharifi im staatlichen Fernsehen Sätze wie diese sagt: »Die Frauen, die Make-up auf der Straße tragen, verführen damit die jungen Männer. Diese werden dadurch gereizt und können mit ihren sexuellen Bedürfnissen nicht umgehen. Somit haben sie das Recht, diese Frauen zu vergewaltigen.«[37]

Wie hatte ich erwarten können, dass meine Tochter mir den Vorfall sofort erzählen würde? Ich konnte sie nun verstehen und ihr ihre Lüge verzeihen. Eine Frau schrieb mir später: »Reyhanehs Stoß mit dem Messer war nicht nur ein Stoß gegen Sarbandi, den Mann, der sie vergewaltigen wollte. Es war die Bewegung, die wir alle hundertmal in unseren Vorstellungen machten mit den Männern, die uns vergewaltigt haben.«

36 Das Freitagsgebet ist eine im Koran verankerte religiöse Verpflichtung. Für muslimische Männer ist es vorgeschrieben und für muslimische Frauen empfohlen. Es ist das wichtigste Gebet der Woche und soll nach Möglichkeit gemeinschaftlich in der Freitagsmoschee verrichtet werden.

37 Zitat aus: Deutsche Welle, Beitrag: »Begründung und Propaganda – Vergewaltigung bei der Nachrichtenagentur der Revolutionsgarde«, 08.01.2011

Fakhteh

Wir benötigten dringend einen Rechtsbeistand, aber die Behörden wiederholten gebetsmühlenartig: »Nicht jetzt, das hat noch Zeit.« Erst nachdem ich etliche Beschwerdebriefe geschrieben hatte, bekamen wir die Genehmigung, einen Anwalt oder eine Anwältin für den Fall zu engagieren. Doch die Anwälte, die wir trafen, lehnten stets das Mandat ab, wenn sie Einsicht in die Akten genommen hatten. Fereydoon fragte einen von ihnen, wie er einen Fall wie diesen zurückweisen könne. »Ich suche keinen Ärger«, war die prompte Antwort.

Wir zahlten 500 000 Toman, damals umgerechnet etwa 550 Euro, damit ein Mittelsmann heimlich für uns eine handschriftliche Abschrift von Reyhanehs Akte anfertigte. Er übergab uns 18 beschriebene Blätter, auf denen er die 429 Seiten der Akte zusammenfasste. Dort waren Polizeiberichte, Befunde der Rechtsmedizin und Zeugenbefragungen vermerkt. Laut Obduktionsbericht verstarb Morteza Sarbandi im dritten Stock des Treppenhauses an einer Wunde von acht Zentimetern Tiefe und zwei Zentimetern Breite. Diese Verletzung habe eine tödliche Blutung verursacht. War es der Vermerk, dass Morteza Sarbandi für den Geheimdienst VAJA gearbeitet hatte, die alle Anwälte abschreckte?

Seit Reyhanehs Verhaftung hatten Fereydoon und ich uns zahllose Kommentare und Beurteilungen über unsere Erziehung gefallen lassen müssen. Vor allem Fereydoon wurde stark kritisiert, und zum ersten Mal in seinem Leben hinterfragte er, ob er nicht ein strengerer, durchgreifender Vater hätte sein sollen, wie es in traditionellen iranischen Familien immer noch üblich war.

Vor allem die Worte eines Anwalts, der Fereydoon von den Behörden empfohlen worden war, setzten sich in ihm fest: »Das Ganze ist Reyhaneh passiert, weil sie weiblich-aufreizend aufgefallen ist: ›Ihre Fingernägel waren lackiert. Ihre Haare waren heller gefärbt. Vielleicht dachte Morteza deswegen, dass sie ein leichtes Mädchen ist? Wenn sie einen Tschador getragen hätte, dann wäre ihr das nie passiert.‹« Spielten all diese Äußerlichkeiten wirklich eine so starke Rolle?

Wir ängstigten uns nun auch, dass unseren beiden anderen Töchtern ein ähnliches Schicksal wie Reyhaneh widerfahren könnte. Dauernd fragten wir sie: »Mit wem sprichst du? Was machst du? Was liest du?« Fereydoon erlaubte ihnen nicht mehr, ihre Nägel zu lackieren, ihre Augenbrauen zu zupfen und bunte, auffällige Mantos zu tragen, damit kein Mann mit unlauteren Absichten auf sie aufmerksam werden konnte. Sie durften nicht mehr allein mit Freundinnen ausgehen, keine Kurztrips mehr machen und nur auf Feiern gehen, die unter elterlicher Aufsicht standen.

Vor allem Sharare, die von Natur aus eher zurückhaltend ist und gerade im ersten Semester Lebensmitteltechnologie studierte, trafen unsere Sanktionen hart. Mehrere Freundinnen und Freunde wandten sich von ihr ab, und sie verkroch sich enttäuscht in ihre Bücher. Hilflos versuchten wir, die Kontrolle über unser Leben zurückzuerlangen.

Derweil musste Reyhaneh mit ihrem neuen Alltag im Gefängnis zurechtkommen. Sie, die Markenklamotten von Gucci und Armani liebte, die gern mit Freundinnen ausging und eine glänzende Zukunft vor sich gehabt hätte, begann in den Gefängniswerkstätten unentgeltlich Puppen zusammenzunähen, um ihren Gedankenschleifen zu entkommen. Im

Gefängnis traf sie nun auf eine ganz andere Art von Frauen, wie Rahele, die von den Zeitungen als »bösartigste Frau des Iran« betitelt wurde.

Sie war im Alter von 18 Jahren wegen schweren bewaffneten Raubüberfalls und Körperverletzung festgenommen worden und saß seit etlichen Jahren in Haft. Doch dies war nicht der Beginn ihres bewegten Lebens, wie sie mir Jahre später erzählte, als sie, schwer an Krebs erkrankt, an meinem Wohnzimmertisch saß. Dort schilderte sie mir ihre bittere Lebensgeschichte.

Sie stammte aus Isfahan, einer der schönsten, wenn nicht gar der schönsten Stadt des Iran. Als Rahele sieben Jahre alt war, sollte ihr Onkel für ein paar Tage auf sie aufpassen, da ihre Eltern unterwegs waren. Er vergewaltigte sie an jedem der Abende. Als Rahele ihre Schuldirektorin zurate zog, wurde sie geschlagen. Sie solle sich nicht wichtigmachen. Als ihr Vater und ihre Mutter wieder zurückkamen, erzählte Rahele wieder, was sie hatte erleiden müssen, aber auch ihre Eltern glaubten ihr nicht und schlugen sie. Später, als die Psychologin in Evin diese Geschichte hören wollte, nähte Rahele sich selbst ihren Mund zu. Sie hatte beschlossen, nie wieder über diese Tage zu sprechen. Erst nach jahrelanger Freundschaft erzählte sie Reyhaneh von diesen ersten Vergewaltigungen. Dabei war es jedoch nicht geblieben.

Als Jugendliche wurde sie drei Monate lang auf einer Rinderfarm gefangen gehalten und von mehreren Männern immer wieder vergewaltigt. Ihr Sohn, zu dem sie nie eine Beziehung aufbauen konnte, stammte aus dieser Zeit. Als sie mit ruiniertem Körper und zerstörter Seele endlich ihren Entführern entfliehen konnte, beschloss sie, sich an der Welt zu rächen, begann Menschen brutal zu überfallen und Drogen zu schmuggeln. Rahele wurde immer gewalttätiger, sodass sie bald im Gefängnis endete. Aber sie berichtete mir auch von ihrer Veränderung ab der Zeit, als sie von den Zeitungen als »bösartigste Frau des Iran« betitelt wurde, bis zu dem Tag, an dem sie begann, sich um 14 misshandelte Welpen in ihrem Haus in einem Dorf am Rande der Provinz Khorasan zu kümmern. Und sie betonte immer wieder, wie wichtig für diesen Prozess ihre Freundschaft mit Reyhaneh gewesen sei. Früher habe sie sich geschämt, eine Frau zu sein, da sie Weiblichkeit mit Schwäche verband. Doch inzwischen sei sie eine Frau, die ihr Schicksal selbst in die Hand nehmen möchte.

Als sie auf meinem Sofa saß, war ihr Krebs schon im fortgeschrittenen Stadium, und zwei Plastik-Drainagen, von denen eine blutig war, ragten aus ihrer Körperseite heraus. Wir verbrachten etwas mehr als 24 Stunden miteinander, und ich sah sie nie wieder. Als ich gerade aus dem Iran in die Türkei geflohen war, erhielt ich die Nachricht von ihrem Tod.

Damals in Evin war Rahele Teil einer brutalen Schlägergang. Um den anderen Gefangenen Angst einzujagen, stach sie sich selbst den Arm voller Tattoos. Zum ersten Mal begegnete sie Reyhaneh im Gefängnis-Shop, einem kleinen Kiosk, in dem die Gefangenen mit ihrer Geldkarte überteuerte Artikel des täglichen Bedarfs sowie Obst, Gemüse und Lebensmittelkonserven einkaufen konnten. Rahele sah Reyhaneh und verabscheute sie, da sie so sauber war. Saubere Menschen mochten sie und ihre Gang nicht. Damals wussten die beiden noch nicht, dass sie mehrere Jahre gemeinsam im Gefängnis verbringen und gute Freundinnen werden würden.

Zwei Monate nachdem ich in die Gemeinschaftsunterbringung von Evin verlegt worden war, entschied der Gefängnisdirektor, dass die Leiterin des Gefängnisladens ersetzt werden sollte. [...] So eine Arbeit ermöglichte persönliche Besuche, also Treffen mit der Familie ohne eine gläserne Trennwand und längere Telefonate. So ergriff ich die Chance. [...] Ich hatte große Angst, dort zu arbeiten, weil ich mich von den anderen Gefangenen abheben würde. Viele, die schon sehr lange dort waren, hielten wie eine Familie zusammen und verteidigten sich gegenseitig bis aufs Blut.

Schließlich wurde ich für diese Arbeit zugelassen. Die Gefangenen befürchteten oft, dass dem Laden die Waren ausgehen würden, und kämpften deswegen um alles. Also dachte ich mir ein paar Regeln aus, an die sich allmählich alle hielten. Auch die Gefangenen wollten wie zivilisierte Menschen einkaufen, ohne zu fluchen, zu schreien und ohne respektlos von mir oder anderen behandelt zu werden. Es kamen Frauen in den Laden, die so grob waren, dass sie mir Angst machten; aber nachdem ich eine Weile mit ihnen gesprochen und mir ihre Lebensgeschichten angehört hatte, wurde mir klar, dass sie sich diese harte Fassade nur zugelegt hatten, um im Gefängnis zu überleben.[38]

Reyhanehs Arbeit im Gefängnisladen verschaffte uns die Möglichkeit, sie in einem kleinen Raum ohne Barrieren zu treffen. Nach einer gründlichen Leibesvisitation wurde uns ein farbiges Rechteck auf den Handrücken gestempelt. Danach nahmen wir im Besucherzimmer, das sich im Keller des Evin-Gefängnisses befand, um einen Plastiktisch Platz. Dort wartete man, bis die Gefangenen aus ihren Abteilungen gebracht wurden und sich aufstellten, um einen kreisrunden Stempel zu erhalten. Wir hielten immer aufmerksam nach Reyhaneh Ausschau, und sobald wir sie erblickten, begannen wir mit Gesten zu kommunizieren, schickten ihr Luftküsse, Herzen und alberten herum.

Reyhaneh sprach damals viel von ihrer Sehnsucht nach

38 Reyhaneh Jabbari, Selbstverteidigungsbrief 7, 2014

Lieblingsspeisen, die sie sehr vermisste: Kartoffeln und Koteletts, Saubohnen und saisonale Früchte. Da die Inhaftierten in den meisten Abteilungen nicht selber kochen durften, hatten sie die Wahl zwischen den spärlichen Essensrationen im Gefängnis und dem Kauf teurer Lebensmittel wie Thunfisch-Dosen im Gefängnisladen. Die Auswirkungen des Nährstoffmangels auf Haut, Haare und Nägel der Häftlinge waren schnell offensichtlich.

Ich erkundigte mich bei Reyhaneh, ob zumindest Vitaminpillen im Kiosk angeboten würden. Die aber waren ausgegangen, und eine weitere Lieferung war nicht in Sicht. Ein paar Tage später rief Reyhaneh mich an und erklärte mir, dass sie sich bei den langjährigen Inhaftierten erkundigt hätte. Die meisten Wärterinnen, die in den Frauensektionen arbeiteten, waren viel schlechter bezahlt als ihre männlichen Kollegen. Wenn man sie finanziell angemessen entschädigte, dann würden sie Waren ins Gefängnis schmuggeln. Ohne zu zögern, fragte ich nach möglichen Ansprechpartnerinnen. Und schon bald darauf ging das erste der unzähligen Pakete auf seine Reise ins Evin-Gefängnis.

Jeglichen Wunsch versuchte ich Reyhaneh zu erfüllen. Ich kochte ihre Lieblingsgerichte, kaufte teure Shampoos, besondere Kleidung, Kosmetika, Vitaminpräparate, Honig und Schokolade und brachte diese kleinen Pakete zu verschiedenen Gefängnismitarbeiterinnen. Jedes Mal legte ich 50 000 Toman dazu, was damals ungefähr 55 Euro entsprach. Manchmal boten mir die Wärterinnen auch an, nach entsprechender Bezahlung Pizza, Kebab, Berberitzen- oder Gemüse-Pilaw (ein orientalisches Reisgericht) zu kaufen und Reyhaneh direkt ins Gefängnis zu bringen.

Bei einem unserer täglichen Telefonate erzählte mir Reyhaneh von der Geburt eines Kindes im Gefängnis. Das war nicht ungewöhnlich. Es gab sogar eine ganze Sektion für

Mütter mit ihren Kindern, aber da die Mutter jenes Kindes drogenabhängig war, litt das Neugeborene unter starken Entzugserscheinungen. Reyhaneh unterstützte die Frau und nahm sich des Kindes an, das Tag und Nacht weinte. Sie nannte es nach ihrer Lieblingsfrucht: Pfirsich. Sie massierte seine kleinen Beinchen und trug es hin und her, um es von seinen Schmerzen abzulenken.

Aber das Baby hatte nichts zum Anziehen, keine Flasche, keine Windeln. Ein paar der anderen Mütter aus dem Gefängnis halfen mit dem Nötigsten aus, sie gaben, was sie entbehren konnten. Reyhaneh bat mich um ein Kleidungsstück für das Pfirsichkind. Sofort fuhr ich los, und mit dem nächsten Paket schickte ich einen kleinen Strampler ins Gefängnis. Ich erfuhr, dass es viele Frauen und Kinder in Evin gab, denen es an Kleidung und anderen alltäglichen Dingen fehlte. Als

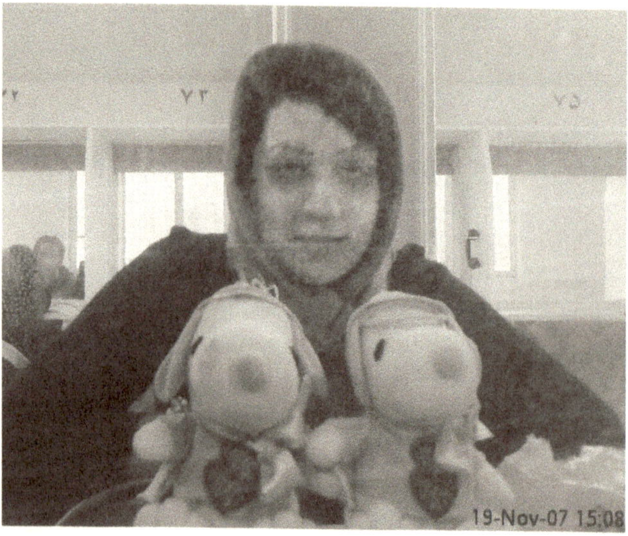

Reyhaneh im Evin-Gefängnis

ich, entsetzt von diesem Umstand, in meinem Freundeskreis berichtete, begannen alle, ihre Schränke und Kommoden zu durchforsten, und unsere Wohnung wurde zur Annahmestelle von Kleidung, Spielsachen und Toilettenartikeln.

So fingen wir an, nicht nur für Reyhaneh, sondern auch für die vielen anderen Frauen ohne Familie, die sie versorgte, Pakete zu packen. Mit der Zeit unterhielt ich richtig gute Beziehungen zu unseren Botinnen. Ich bin diesen Frauen sehr dankbar; denn auch wenn sie sich ihre Dienste bezahlen ließen, bargen sie ein erhebliches Risiko für sie. Falls man sie erwischt hätte, hätten sie ihren Job verloren.

In Evin gab es neue Chefs, die neue Regeln aufstellten. [...] Die neuen Chefs beschlossen, dass keine Gefangene mehr in einem Bereich arbeiten sollte, der mit Geld zu tun hatte. Ich verlor also meinen Job im Gefängnisladen. [...] Sie übertrugen einem der Gefängnismitarbeiter die Verantwortung für den Shop. Nachdem ich nicht mehr im Laden arbeiten durfte, wusste ich nicht, wie ich mir die Zeit vertreiben sollte. Ich begann, Bücher zu lesen; mir war egal, was.[39]

Langsam verblasste die bittere Erfahrung der Einzelhaft in der Stille meines Schlafsaals. Ich lernte, mich an meine Umgebung im Gefängnis zu gewöhnen. Ich ging umher, traf neue Gefangene und nutzte sogar die Sportgeräte, die wir zur Verfügung gestellt bekamen. Ich lernte Frauen aus verschiedenen Schichten und Lebensbereichen kennen. Ich lernte, dass alles, was man hinterlässt, der Eindruck ist, den man bei anderen erweckt; dass jede Minute anders ist als die nächste und sich alles ständig verändert.

Eines bitteren Tages brachten sie Fakhteh und sagten uns, dass wir uns vor ihrer Hinrichtung verabschieden könnten. Sie war

39 Reyhaneh Jabbari, Selbstverteidigungsbrief 8, 2014

diejenige gewesen, die während meiner Einzelhaft wieder Hoffnung in mir entfacht hatte, indem sie mich durch ihre Worte erkennen ließ, dass mein Vernehmungsbeamter in Bezug auf meine Familie gelogen hatte. Fakhteh war sehr hübsch. Aber jetzt lehnte sie kraftlos an der Hofwand. Ich ging zu ihr und umarmte sie fest. Sie stöhnte. Ich war erstaunt. Sie sagte, dass sie ausgepeitscht worden sei. Ausgepeitscht! Jetzt? Kurz vor ihrer Hinrichtung?

Ich stellte mir vor, wie ihre Familie ihre Leiche entgegennehmen und die Striemen sehen würde. Warum war es notwendig, sie kurz vor ihrer Hinrichtung auszupeitschen? Ich lernte, nie wieder jemanden im Gefängnis zu umarmen, da ihre Körper von den Peitschenhieben eines brutalen, wütenden Mannes verletzt worden sein könnten. Fakhteh wurde in Einzelhaft gebracht, wie es oft in der Nacht vor der Hinrichtung gemacht wird. Unter Tränen verabschiedete sie sich von allen.[40]

An diesem Abend erzählte mir Reyhaneh aufgewühlt am Telefon, dass man Fakhteh gerade in die Einzelhaft gebracht hatte. Das war so üblich, damit sich die zum Tode Verurteilten kurz vor der Hinrichtung keine (Selbst-)Verletzungen zufügen konnten. Absurderweise darf nach islamischem Recht nur ein unversehrter Körper hingerichtet werden. Reyhaneh weinte so sehr, dass mir auch die Tränen herunterliefen. Warum musste unsere Tochter sich mit solchen schweren Schicksalen auseinandersetzen?

Ich wollte sie davor schützen und versuchte, sie zu trösten, indem ich ihr Hoffnung machte: »Vielleicht wird Fakhteh in letzter Sekunde begnadigt und kehrt morgen zurück.« Ich hoffte fest darauf, aber Fakhteh kam am nächsten Tag nicht wieder.

40 Reyhaneh Jabbari, Selbstverteidigungsbrief 7, 2014

Natürlich wusste ich, dass in der Islamischen Republik Iran Menschen hingerichtet wurden wegen Mordes oder bewaffneten Raubüberfalls, Drogenhandels oder Verleugnung und Beleidigung des Propheten des Islam, Sodomie, Homosexualität oder Zugehörigkeit zu bestimmten politischen Parteien und Gruppen; aber tiefer hatte ich mich mit diesem Thema nie beschäftigt. In der Zeitung las ich über Hinrichtungen meist nur die Überschrift: »Heute Morgen wurden zehn Menschen hingerichtet.« Hinter der Ziffer »zehn« hatte ich mir bis dahin keine einzelnen Schicksale vorgestellt. Fakhteh war die erste Person, die ich durch Reyhanehs Erzählungen kannte, die hingerichtet worden war.

In den darauffolgenden Monaten wurden weitere Frauen hingerichtet, die ich in den Besuchskabinen gesehen hatte. Es war immer sehr traurig und deprimierend. Inständig betete ich: »Gott, bitte bring Reyhaneh bald zurück nach Hause.«

Spaghetti

Langsam nahm ich eine Veränderung bei Reyhaneh wahr, die mich sehr überraschte: Sie wurde zunehmend religiös. Früher hatte sie mich, die ich schon immer eine gläubige Frau war, beschuldigt, abergläubisch zu sein, wenn ich bestimmte islamische Riten durchgeführt hatte. Ich hatte zum Beispiel Pilgerfahrten unternommen, und wenn ich an der Stadt Qom vorbeikam, besuchte ich immer den heiligen Schrein. Qom ist nach Mashhad das zweite bedeutende religiöse Zentrum der Schiiten im Iran und ein bedeutender Wallfahrtsort. Dort befindet sich die Hawza, die wichtigste schiitische Universität des Landes. Außerdem beherbergt die Stadt den Schrein der Fatima Masuma, einer im Westen weniger bekannten wichtigen weiblichen Figur im schiitischen Islam. Fatima Masuma gilt für die Schiiten nach Fatima, der Tochter des Propheten Mohammed, als wichtigste Frauenfigur. Jedes Jahr reisen Tausende von Muslimen nach Qom, um sie zu ehren und ihren Segen zu erbitten. Der Schrein von Fatima Masuma erfüllte mich immer mit Ehrfurcht und berührte mein Herz. Als Reyhaneh sieben Jahre alt war, nahm ich sie mit nach Qom, um ihr diesen wunderbaren heiligen Ort zu zeigen.

Sie trug ihr Haar noch unbedeckt, da sie das sogenannte Reifefest, das nach der Islamischen Revolution eingeführt worden war, noch nicht gefeiert hatte. Zum Entsetzen vieler Iranerinnen und Iraner setzte Ruhollah Chomeini damals das heiratsfähige Alter bei Frauen von 18 Jahren auf neun

Jahre herab. Seitdem wird jedes iranische Mädchen im Alter von neun Jahren offiziell zur Frau und muss spätestens ab diesem Zeitpunkt den islamischen Kleidervorschriften folgen. Wie viele andere aufgeklärte iranische Familien konnten wir uns diesem Ritual, das in den Schulen abgehalten wurde, nicht entziehen. Den kinderfeindlichen Gedanken dahinter, dass Mädchen schon so früh im heiratsfähigen Alter seien, lehnten wir aber strikt ab.

Ich zeigte Reyhaneh gerade das Heiligtum mit seinen beeindruckenden Fayencen[41], als ein alter Kleriker mit erhobenem Stock auf sie zurannte und rief: »Ich zünde dich an! Warum trägst du keinen Hijab?« Reyhaneh versteckte sich rasch hinter mir, und der spitze Stock des Mannes traf schmerzhaft meinen Bauch. Seit diesem Moment hatte Reyhaneh nie wieder einen Fuß nach Qom gesetzt. Wenn wir auf der Durchreise waren und ich zum Heiligtum ging, blieb sie im Auto sitzen.

Reyhaneh bildete in ihrer Generation keine Ausnahme, denn ausgerechnet in der Islamischen Republik Iran lebt der größte Teil der Jugend fern der Religion. Das liegt daran, dass ihr gesamtes Leben stark von der dogmatischen regierungstreuen Islam-Interpretation geprägt ist. Alle Entbehrungen und Repressionen, die sie ertragen müssen, werden damit legitimiert. Es verwundert also nicht, dass sich die iranische Jugend von der Religion abgewandt hat.

Doch im Gefängnis begann Reyhaneh, innig zu beten, und meine Eltern, die selbst sehr religiös sind, bestärkten sie darin. Sie lehrten sie spezielle Bittgebete, die man 40 Tage lang zu einer bestimmten Uhrzeit und an einem bestimmten

41 Fayence ist eine spezielle Art der glasierten Keramik und nimmt einen besonderen Platz beim Flächendekor in der iranischen Architektur ein.

Ort verrichten muss. Reyhaneh begann auch zu fasten, was mir missfiel. Wie konnte sie nur in einer Situation, in der sie sowieso nicht genug zu essen bekam, auch noch fasten? Ich machte mir Sorgen um ihre Gesundheit, aber meine Bitten konnten ihr starkes Bedürfnis nach dem Zwiegespräch mit Gott nicht mindern.

Reyhanehs plötzliche Zuwendung zur Religion wurde sicherlich durch die täglichen obligatorischen Gebetsrunden hervorgerufen, die von Geistlichen geleitet wurden. Dort mussten die Inhaftierten beten und bezeugen, dass sie Sünderinnen sind und Buße bei Gott tun müssen. Diese tägliche Wiederholung wirkte wie eine Gehirnwäsche, und Reyhaneh begann mehr und mehr zu glauben, dass sie wirklich ein sündiges und schmutziges Wesen sei. So verbrachte sie viel Zeit damit, Gott um Vergebung zu bitten. Vielleicht halfen diese Gebete Reyhaneh aber auch, sich von den anderen Gefangenen zurückziehen zu können und langsam zu akzeptieren, was sie alles verloren hatte und noch verlieren sollte.

Ich erfuhr, dass sie Ehsan vorgeladen hatten. Er war der Mann, den ich heiraten, mit dem ich mein Leben teilen und eine Zukunft aufbauen wollte. Verwirrt und verängstigt war er mit meiner Mutter zum Kriminalbüro gegangen. Shamloo hatte ihn verhört, und als er bemerkte, dass er nicht allein gekommen war, drohte er, ihn zu verhaften. Wie absurd! Ich stellte mir vor, wie Ehsan bei Haftantritt seine Straftat in ein Formular eintragen muss: »Meine zukünftige Schwiegermutter hat mich zum Kriminalbüro begleitet.«

Shamloo hatte sein Bestes gegeben, um Ehsan einzuschüchtern. Er hatte ihn der Beihilfe zum Mord beschuldigt. Ehsan hatte alles abgestritten, woraufhin das Ganze lediglich als einfaches Verhör protokolliert wurde. […] Ehsan, der geliebte und einzige Sohn seiner Familie, war depressiv geworden, nachdem unsere Beziehung so abrupt unterbrochen worden war.[42]

Da Reyhaneh nur von ihren Eltern und Schwestern besucht werden durfte, telefonierte sie lediglich mit Ehsan. Traurige Telefonate, die meistens mit Tränen endeten. Mittlerweile war uns klar geworden, dass Reyhaneh bis zu ihrer Gerichtsverhandlung im Gefängnis bleiben musste. Deswegen versuchte ich sie wiederholt davon zu überzeugen, sich von Ehsan zu trennen. »Reyhaneh, rette diesen armen Jungen. Du musst ihn loslassen!«, redete ich ihr zu.

Nach sechs, sieben Monaten einer reinen Telefonbeziehung löste Reyhaneh ihre Verbindung mit ihm auf. Es fiel ihr nicht leicht, ihren Traum von einer Ehe mit ihm zu beenden. Von diesem Moment an habe ich Ehsan nie wiedergesehen. Später fand ich am Rande eines von Reyhanehs Tagebüchern den Satz: »Von heute an gehört mein Herz niemandem mehr. Das war das Beste, was mir passieren konnte, denn ich bin an niemanden mehr gebunden und kann deshalb für mich selbst kämpfen.«

Ich wurde aufgefordert, um neun Uhr im Büro der Staatsanwaltschaft zu erscheinen. Mir wurde klar, dass ich zu einem Gerichtsprozess geschickt wurde. 1159 Prozesskammer. Sie haben mir 30 Peitschenhiebe verpasst. Ich weinte nicht. Ich schrie nicht. Ich bettelte nicht. Ich war gedemütigt. Mein Herz war gebrochen. Ist es gerecht, dass ich ausgepeitscht und verletzt werde?[43]

Reyhaneh wurde ohne Vorwarnung und ohne Rechtsvertretung zur Staatsanwaltschaft zitiert und wegen *rabete ye*

42 Reyhaneh Jabbari, Selbstverteidigungsbrief 9, 2014
43 Tagebuch, Reyhaneh Jabbari, Eintrag vom 14.06.2008

namashrooe doone zinā, einer »außerehelichen Beziehung ohne Geschlechtsverkehr«, verurteilt. Ich kannte selbstverständlich das Gesetz, das besagte, dass man bei *zinā*, also Ehebruch, mit einer sogenannten Hadd-Strafe bestraft wird. Dies ist laut Koran, Sure 24, 2–3, bei Unverheirateten mit 100 Peitschenhieben zu ahnden, für Verheiratete wird eine Steinigung gefordert, was nur in seltenen Fällen durchgeführt wird. Was mich besonders schockierte, war die Tatsache, dass sogar eine vergewaltigte Frau wegen außerehelichen Geschlechtsverkehrs verurteilt wird. Eine Vergewaltigung in der Ehe ist im Iran kein juristischer Tatbestand, da die Ehemänner »das Recht« auf die sexuelle Verfügbarkeit der Ehefrau haben und dieses auch mit Gewalt durchsetzen dürfen.[44]

Da Reyhaneh keinen Geschlechtsverkehr hatte, wurde sie zu »lediglich« 30 Peitschenhieben verurteilt, die sofort vor Ort vollstreckt wurden. Wie ist das möglich? Sie hatte noch nicht einmal einen Rechtsbeistand. Sarbandi hat versucht, sie zu vergewaltigen, und Reyhaneh wird dafür bestraft?

In meinem Herzen wuchs ein Hass, den ich nicht mochte, dessen Anwesenheit ich aber immer mehr spürte. Dieses Gefühl erkannte ich an dem Tag, an dem Fariba, eine Insassin der Abteilung »Mütter mit Kindern«, mir einen kleinen Teller Spaghetti brachte. Ich aß sie mit einer seltsamen Freude und Gier. Ich hätte nie gedacht, dass ich mich so sehr nach Essen sehnen könnte, aber dieses verdammte Essen brachte mich dazu, mein neues »Ich« zu erkennen. Ich war immer stolz gewesen und verachtete Geiz. Ich habe immer weniger erhalten, als ich anderen gegeben habe. Ich folgte den Regeln, die mir seit meiner Kind-

44 In Deutschland wird die Vergewaltigung in der Ehe erst seit dem 15. Mai 1997 als Verbrechen geahndet.

heit eingeimpft worden sind. Aber ich habe diese verdammten Spaghetti mit niemandem geteilt. Ich habe jeden kleinen Bissen immer und immer wieder gekaut. Ich wollte nicht, dass der Teller leer wird. Viele Stunden nach dem letzten Bissen kämpfte ich immer noch mit mir selbst. Ständig dachte ich: Wie konnte ich nur alles zerstören? Wie konnte ich mich von allem, was mir wichtig war, abwenden?

Meine innere Suche ließ mich erkennen, dass die Ursache für all die Leere und Sinnlosigkeit das Ereignis war, das mich ins Gefängnis gebracht hatte. Das Vertrauen, das ich einem frommen Gesicht geschenkt hatte. Diese Erkenntnis war ein plötzlicher und seltsamer Schock.[45]

Ich hasste Sarbandi. Er hatte ein Jahr meines Lebens geraubt. Nach dem ersten Jahrestag von Sarbandis Tod, der durch einen von mir herbeigeführten Messerstoß verursacht wurde, führte ich mit einem unsichtbaren Messer eine Operation an meinem Herzen und meiner Seele durch. In mir herrschte Aufruhr, während ich schwieg und meine Tränen unterdrückte. Ich entblätterte die verborgenen Winkel meiner Seele. Ich hatte ein fragmentiertes Bild von mir selbst. Um ein klares und glattes Bild von mir zu erhalten, musste ich immer wieder im Stillen schreien. […]

Mir selbst war jedoch nicht klar, dass ich eine Transformation durchmachte, meine nackte Seele beobachtete und mich selbst wieder kennenlernte. Die schwersten Tage meiner inneren Reise begannen im Sommer 2008, als ich mich tief in meinen Kokon zurückzog und stiller wurde als zuvor. Meine Familie bemerkte diese Veränderung und dachte, ich sei immer noch depressiv. Mein unkonzentrierter Geist quälte mich, und ich war erschöpft vom Umgang mit anderen. Ich fühlte mich tausend Jahre alt, und mein Wesen war erfüllt vom Tod. Ich spürte, dass mein Gesicht faltig und mein Rücken krumm geworden

45 Reyhaneh Jabbari, Selbstverteidigungsbrief 10, 2014

war, ohne zu wissen, dass meine gealterte Seele mein ganzes Leben beeinflussen würde.

Ich bedauerte das verlorene Leben zutiefst, das Glück, das ich besessen und das in einem Augenblick vernichtet worden war. Ich sehnte mich danach, in den grenzenlosen Himmel zu fliegen. Ich umgab mich mit einer Mauer innerhalb der Gefängnismauern von Evin und übte mich im Sterben. In meiner Fantasie starb ich wieder und wieder. Ich weinte, ohne eine einzige Träne zu vergießen. In meiner Seele und unter meiner Haut wuchsen Samen. Niemand außer mir wusste, dass ich im Begriff war, wiedergeboren zu werden.[46]

Reyhanehs Teller und Besteck aus dem Gefängnis

46 Reyhaneh Jabbari, Selbstverteidigungsbrief 9, 2014

Erste Beweise

Zahllose Visitenkarten von Juristinnen und Juristen stapelten sich auf meinem Schreibtisch. Unermüdlich waren wir auf der Suche nach einem Rechtsbeistand. Es gab Tage, an denen wir drei, vier Erstgesprächstermine hatten, aber weiterhin nahm sich niemand Reyhanehs Fall an.

Den Namen Mohammad Mostafaei hörten wir zum ersten Mal durch die aufsehenerregenden Verfahren von Behnoud Shojaee und Ali Mahin Torabi. Es handelte sich dabei um zwei junge Männer, die, obwohl sie bei ihrer Verhaftung minderjährig gewesen waren, zum Tode verurteilt wurden. Die Richter hatten das auch im Iran geltende Völkerrecht ignoriert, das die Anwendung der Todesstrafe gegen Minderjährige strikt und ausnahmslos verbietet.

Mostafaei hatte als 14-Jähriger der öffentlichen Hinrichtung eines Jungen in seinem Alter beiwohnen müssen. Dieses Erlebnis war so schockierend für ihn gewesen, dass sein Entsetzen der Motor wurde, trotz der bescheidenen familiären Verhältnisse, aus denen er kam, Jura zu studieren und mit rechtlichen Mitteln gegen die Todesstrafe zu kämpfen. Mit enormer Kraft und Raffinesse setzte er sich für seine beiden Mandanten ein und schaffte es, zumindest Ali Mahin Torabi vor der Hinrichtung zu bewahren.

Meine Schwester hatte mir seine Telefonnummer beschafft, doch als ich um ein Treffen bat, wimmelte mich seine Sekretärin ab mit der Begründung, dass die Kanzlei keine Kapazität für weitere Fälle habe. Schließlich meldete Mostafaei sich persönlich bei uns und erzählte, dass er Reyhanehs Fall schon seit geraumer Zeit in den Medien verfolge und sich freuen würde, den Fall zu übernehmen. Endlich hatten wir einen Anwalt für Reyhanehs Verteidigung gefunden.

Ich erinnere mich noch lebhaft an den Tag, an dem ich zu einem ersten Treffen mit Mohammad Mostafaei gerufen wurde. Meine Mutter hatte mir ausführlich erzählt, wie er in anderen Mordprozessen Teenager unter 18 Jahren verteidigt hatte. Zum Zeitpunkt des Vorfalls war ich nur ein Jahr älter gewesen. Da das Treffen persönlich stattfand, wollte ich etwas zum Bewirten für ihn mitbringen. Nur mit Mühe fand ich einen Pfirsichsaft, der als Dankeschön für meine Verteidigung ausreichen musste.

Mostafaei war in Begleitung einer großen, schlanken Frau gekommen, die einen grauen, gestreiften Anzug trug. Sie war offenbar seine Mitarbeiterin. Ich stellte den Saft auf den Tisch. Die Mitarbeiterin wollte keinen, und er bat mich, ihn selbst zu trinken. Wir unterhielten uns etwa eine halbe Stunde lang, und ich unterschrieb drei Blätter und setzte meinen Fingerabdruck darunter. Er fragte mich nach den Haftbedingungen und sagte, ich solle emotional stark bleiben. Innerlich lachte ich leise. Ich war seit über einem Jahr im Gefängnis, aber es fühlte sich an, als hätte ich schon mehrere Jahre der Härte hinter mir.[47]

Mostafaeis Büro lag in einer Sackgasse in einem Viertel, in dem es kaum einen Parkplatz gab. Da wir sehr häufig zu Besprechungen dorthin gingen, wurde Fereydoon ein wahrer Spezialist darin, unser Auto in kleinste Lücken zu zwängen.

Mostafaei hatte Reyhanehs Akte zusammen mit der Anwältin Shadi Sadr, die ihm bei diesem Fall half, gründlich durchgearbeitet und war auf viele Unstimmigkeiten und

47 Reyhaneh Jabbari, Selbstverteidigungsbrief 9, 2014

Fragezeichen gestoßen. Jedes Mal, wenn wir sein Büro verlassen hatten, standen Fereydoon und ich rauchend am Ende der Straße und analysierten seine Aussagen, um fehlende Puzzleteile besser ausfindig machen zu können.

Mostafaei fragte uns zum Beispiel, warum wir so sicher seien, dass Sarbandi für den Geheimdienst VAJA gearbeitet hatte. In der Akte sei darüber nichts vermerkt. Dank der handschriftlichen Abschrift, die wir anfangs von Reyhanehs Akte hatten anfertigen lassen, fanden wir heraus, dass einige Seiten entfernt worden waren, unter anderem die Seiten, in denen Sarbandis Verbindung mit dem Geheimdienst dokumentiert worden war. Mostafaei mahnte dieses Fehlen bei dem Gericht an, und wenig später tauchten die Seiten auf wundersame Weise wieder auf. Auch der Bericht über die Hülle des Tatmessers enthielt widersprüchliche Angaben über den Fundort. Einmal sei die Hülle unter der Matratze, einmal unter dem Laken entdeckt worden.

Laut Akte ereignete sich der Vorfall zwischen 18.30 und 18.45 Uhr. Um 19.00 Uhr war die Polizei vor Ort. Wenn Reyhaneh Dr. Sarbandi wirklich hätte töten wollen, warum hatte sie dann nicht versucht, sein Herz zu treffen? Warum hatte sie nur einmal zugestochen und nicht mehrmals? Warum hatte sie dann einen Krankenwagen gerufen? Der Krankenwagen war noch vor der Polizei eingetroffen, was auch in dem Polizeibericht vermerkt war, aber in der Akte gab es keinen Bericht eines Notarztes. Warum? Warum hatte Morteza Sarbandi nicht überlebt? Sein Herz musste unverletzt gewesen sein, da Reyhaneh in seine rechte Körperhälfte gestochen hatte. Warum starb Dr. Sarbandi? Hatte man ihm Medikamente verabreicht? Eine Bluttransfusion?

Dem Polizeibericht konnte man entnehmen, dass zwei Mobiltelefone von Morteza Sarbandi am Tatort gefunden worden waren. Von Reyhanehs Telefon gab es eine komplette Auflistung mit sämtlichen SMS, die sie mit Morteza Sarbandi und ihren Freundinnen und Freunden hin- und hergeschickt hatte, sowie allen Verbindungsnachweisen der letzten Wochen. Aber kein einziger Anruf, keine SMS von Sarbandis Telefonen war vermerkt. Wo waren diese Daten? Warum waren sie nicht in der Akte?

Doch es gab auch einiges an Beweisen vom Tatort, die für Reyhaneh sprachen. Das Auffinden der Packung mit Kondomen wie auch das ausgerollte Laken auf der Couch zeigten, dass der Verstorbene die Absicht gehabt hatte, mit Reyhaneh einen sexuellen Kontakt herzustellen.

Durch die Blutspritzer auf Reyhanehs Kopftuch konnte man feststellen, dass sie dieses nicht abgelegt hatte, obwohl laut Reyhanehs Erzählung Sarbandi sie dazu aufgefordert hatte. Bei einer streng traditionellen islamischen Familie hätte das Ablegen des Kopftuches vor einem Mann, der nicht zur nahen Familie gehörte, einen Regelverstoß bedeutet. Reyhaneh war, wie die meisten Mädchen ihrer Generation, modern und nahm ihr Kopftuch ab, wenn sie sich in einem privaten Umfeld befand. Aber an jenem Abend hatte sie ihr Kopftuch anbehalten, da sie sich augenscheinlich in Morteza Sarbandis Anwesenheit nicht wohlfühlte, geschweige denn ein freundschaftliches oder gar intimes Verhältnis zu ihm hatte.

Auch der sehr spärliche SMS-Verlauf zwischen Reyhaneh und Morteza Sarbandi, in dem es lediglich darum geht, wann ihr Treffen stattfindet und wo er sie abholt, lässt schwerlich auf ein intimes Verhältnis schließen.

Sarbandi: 07.07.2007
Reyhaneh: ?
Reyhaneh: Soll ich auf Sie warten, Doktor?
Sarbandi: Ich bin draußen, vor dem Gebäude. Nummer 6?

Ein weiteres Indiz bestärkte Reyhanehs Version der versuchten Vergewaltigung. In dem Polizeibericht stand, dass die Beamten ein leeres und ein mit Fruchtsaft gefülltes Glas mit Eiswürfeln auf dem Tisch entdeckt hatten. In den Zeitungen behauptete Jalal Sarbandi, der Sohn des Verstorbenen, dies sei ein klares Zeichen, dass Reyhaneh die Anwesenheit eines unbekannten Dritten in der Wohnung verschweige, da sein Vater immer nur den Gästen etwas zu trinken angeboten habe. So wurden die Gläser zur Gerichtsmedizin geschickt, wobei festgestellt wurde, dass sich an dem ausgetrunkenen Glas Speichel von Morteza Sarbandi befand. In dem unbenutzten gefüllten Glas wurde ein Muskelrelaxans nachgewiesen.

Diese die Muskeln entspannenden Medikamente sind meist verschreibungspflichtige Beruhigungsmittel, die auf das zentrale Nervensystem wirken. In diesem Fall war es Diphenoxylat, ein Opiat, das auch gegen Durchfall hilft. Warum bietet ein Mann einer jungen Frau ein Glas mit solch einem Medikament an?

Die Antwort kam Jahre später von Jalal Sarbandi. Die Wohnung gehöre seiner pflegebedürftigen Tante, die zur Tatzeit im Krankenhaus war. Bei dem gefundenen Medikament handele es sich um Rückstände aus dem Glas, in dem seine Tante sich ihr Medikament gegen Durchfall angerührt habe.

Als ich, Reyhaneh Jabbari, 20 Jahre alt war, lernte ich nach und nach Verfahrenstechniken. Ich lernte, dass eine Angeklagte schon vor der Verhandlung und der Verurteilung schuldig ist. Ich lernte, dass jeder, der mit dem Rechtssystem in Berührung kommt, schuldig ist, bis das Gegenteil bewiesen wird.[48]

Ich hatte die Hoffnung, dass der Richter die Probleme in die-

48 Reyhaneh Jabbari, Selbstverteidigungsbrief 9, 2014

sem Fall bemerken würde. Zum Beispiel, dass die Beamten die Papphülle des Messers, die sie nach Sekunden ihrer Durchsuchung fanden, unter meine Matratze legten. Sicherlich würde der Richter erkennen, dass niemand die Hülle des Messers zurücklassen würde, wenn er vorhat, einen Mord zu begehen.[49]

Shamloo, der seine ganze Autorität an zwei Vernehmungsbeamte des Informationsministeriums verloren hatte und ständig über die Meinung eines gewissen Shabani sprach, verlor allmählich den Verstand. […] Einige Zeitungen veröffentlichten Interviews mit ihm. Er sprach von meiner Verhaftung als einem großen Sieg, als hätte ein Held einen mächtigen Feind in einem erbitterten Krieg gefangen genommen. Diese Interviews wurden einige Jahre lang fortgesetzt, und jedes Mal wurde ein neues Detail hinzugefügt. […]

Eine seiner bemerkenswerten Wahnvorstellungen war die folgende: Wir haben Sheikhi nicht finden können. Wir haben in deinem Telefonbuch jemanden namens Akhoundi gefunden. Ist das dieselbe Person? Sheikhi[50]*, Akhound*[51]*. Sie hatten den armen Kerl vorgeladen und verhört. Bei mehreren anderen Gelegenheiten war ich gezwungen, Personen zu identifizieren, in der Hoffnung, dass Sheikhi gefunden würde. Shamloo hatte nur wenige Männer mit dem Namen Sheikhi ermittelt, die im Standesamt registriert waren. Einer der Letzten war ein Mann aus dem Süden des Iran. Als ich angab, ihn nicht zu kennen, war der Mann überglücklich und sagte, er sei froh, mich nicht zu kennen, aber erfreut, mich kennenzulernen. Er ging, so schnell er konnte.*

In seinem Wahn entwickelte der bedauernswerte Shamloo eine neue Theorie. Er sagte: »Reyhaneh, du hast einen kreativen

---

49 Reyhaneh Jabbari, Selbstverteidigungsbrief 6, 2014

50 *Sheykh* ist ein persisches Wort für »Mullah«.

51 *Akhound* ist ein persisches Wort für »Mullah«.

Geist. Sheikhi war möglicherweise eine Schöpfung deiner Einbildung und Fantasie.« Er machte sich selbst etwas vor. Zu diesem Zeitpunkt wusste ich bereits, wo Sarbandi gearbeitet hatte und mit welcher gefürchteten Organisation er verbunden gewesen war. Sogar während meiner grausamen Verhöre und als ich aufschrieb, was mir diktiert wurde, merkte ich, dass eine seltsame Geschichte erfunden worden war.[52]

Fereydoon und ich fragten uns, warum Sheihki eigentlich den Schlüssel zu der Wohnung von Sarbandis Tante besessen und, ohne zu klingeln, die Tür aufgeschlossen hatte. Wir kamen zu der Vermutung, dass Sarbandi Sheikhi einen Zweitschlüssel gegeben hatte, als er mit ihm vor dem Auto sprach. Nachdem Sarbandi sein »Vergnügen« mit unserer Tochter gehabt hätte, sollte dann Sheikhi Reyhaneh übernehmen …

Reyhaneh erzählte uns, dass direkt nach ihrer Verhaftung mit ihrer Hilfe ein Phantombild von Sheikhi erstellt worden war. Wir waren voller Hoffnung, ihn mit diesem Bild finden zu können, und gingen mit unserem Anliegen zur Polizei. Aber die Beamten sagten: »Es ist nicht eure Aufgabe, Sheikhi zu finden.« Wir fragten nach, aber weder Mostafaei noch einer der anderen Anwälte, die Einsicht in die Akten gehabt hatten, hatte jemals dieses Phantombild gesehen. Es war verschwunden.

Wir hofften, man könnte Sheikhi auf den Videos der Kameras entdecken, die die Landesregierung überwachten. Der Tatort lag direkt daneben. Aber auf unsere Nachfrage hin wurde uns mitgeteilt, dass genau an diesem Tag die Überwachungskameras ausgefallen seien. Reyhaneh beschrieb uns daraufhin Sheikhi: Er sei durchschnittlich groß gewe-

52 Reyhaneh Jabbari, Selbstverteidigungsbrief 9, 2014

sen, hatte schütteres Haar, und an der Schläfe wellte sich das Haar nach innen. Sein Hals sei dick gewesen und sein Körperbau kräftig wie von einem Mann, der in einem Zurchaneh, einem traditionellen persischen Kraftraum, trainiere. Doch wie sollten wir mit dieser Beschreibung den Mann ausfindig machen in einer Stadt wie Teheran, die damals schon staatlichen Medien zufolge mehr als 13 Millionen Einwohner zählte? Das war ein Ding der Unmöglichkeit. Wie konnte jemand, den Reyhaneh jedes Mal, wenn sie Morteza Sarbandi traf, auch gesehen hatte, einfach verschwinden und niemandem bekannt sein? Wir hofften, dass, wenn wir mehr Informationen über Sarbandi bekämen, wir vielleicht auf Sheikhi stoßen würden.

Die erste Schlagzeile über den Fall von Reyhaneh hieß: »Die Mörderin des Schönheitschirurgen ist ein Dekorationsmädchen«. Doch wo hatte Dr. Sarbandi seine Praxis? Wo hatte er praktiziert? Ich suchte nach der Adresse, fand aber unter den etwa 3000 plastischen Chirurgen, die sich zu dieser Zeit in Teheran niedergelassen hatten, keinen Eintrag. Das Geschäft mit der Schönheit florierte damals im Iran; in keinem Land der Welt wurden mehr Nasen operiert als dort – jährlich zwischen 60 000 und 70 000. Der Verband der iranischen Schönheitschirurgen dementierte, dass Dr. Sarbandi ein eingeschriebener Schönheitschirurg war. Er hatte unsere Tochter also angelogen. Warum? Dachte er, »Schönheitschirurg« klingt reich oder vertrauenswürdig? Dachte er, dass sein Ansehen bei einer jungen Frau steigt, wenn er sich als plastischer Chirurg ausgebe?

Kurze Zeit nach der Richtigstellung des Verbandes der iranischen Schönheitschirurgen wurde ein Zertifikat veröffentlicht, das besagte, Dr. Sarbandi praktiziere nicht als plastischer Chirurg, sondern als Anästhesist. Unser Anwalt Mostafaei sprach diesem Umstand deshalb eine Bedeutung zu, weil in Reyhanehs Glas Medikamente gefunden worden waren. Allerdings wurde auch diese Berufsbezeichnung geändert, und schließlich wurde Morteza Sarbandi als Hausarzt auf der offiziellen Internetseite des iranischen Gesundheitssystems registriert.

Viel später erzählte mir ein Aktivist, der Arzt war, dass er bezweifle, dass Sarbandi wirklich Arzt gewesen sei. Denn ein Mediziner hätte sich niemals selbst das Messer aus dem Rücken gezogen. Aber zu diesem Zeitpunkt hinterfragte ich diese Information nicht, sondern sog alles in mich auf.

Eines Tages rief Reyhanehs Anwalt Mostafaei an: Er habe herausgefunden, dass Sarbandi eine weitere geheime Wohnung im luxuriösen Norden Teherans in der Yakhchal-Straße besaß. Auf dem Weg zu der Adresse versperrten immer wieder vielstöckige Apartmenthäuser den Blick auf die gewaltigen schneebedeckten Gipfel des Damävand. Wir fuhren an großen Wandmalereien vorbei, wo Rosen aus Maschinenpistolen sprossen, freudig strahlende Märtyrer auf einen herabblickten, und überall thronte das Konterfei von Chomeini, dem Gründer der Islamischen Republik Iran.

Im Eingangsbereich des niedrigen Mehrfamilienhauses trafen wir auf eine Frau, die gerade Blumen goss. Als wir sie auf Sarbandi ansprachen, sagte sie: »Jemand hat uns von diesem Mann befreit und ihn umgebracht.« Wir fragten weiter: »Wovon wurden Sie befreit?« Die Frau antwortete, dass Sarbandi ständig wechselnde Frauen in seine Wohnung gebracht und so den Ruf des Hauses gefährdet hätte. Ihr Sohn sei mit Sarbandi deswegen im Treppenhaus in einen Streit geraten, aber nun habe ihn jemand getötet. Ohne zu zögern, versprach die Frau, dies vor Gericht auszusagen, doch als wir sie zur Gerichtsverhandlung einluden, wollte sie nicht mehr aussagen. Das ganze Haus sei nun voller Mitarbeiter der iranischen Revolutionsgarde SEPAH, sagte sie.

Nach Monaten des inneren Kampfes änderte sich plötzlich Reyhanehs Stimmung. Sie nahm sich vor, die Zeit im Gefängnis nicht nutzlos verstreichen zu lassen, und begann als Sekretärin für die Chefin der Frauenabteilung in Evin zu arbeiten, Frau Rezaie. Insgesamt saßen in Evin sehr viele politische Gefangene ein, die meist äußerst gebildet und intellektuell waren. Doch sie versuchten möglichst wenig mit den anderen, unpolitischen, kriminellen Gefangenen zu tun zu haben, die oftmals keinen Zugang zu Bildung genossen hatten. Für diese Insassinnen aber, mit denen sie zusammenlebte, begann Reyhaneh sich einzusetzen, damit sie eine schulische Ausbildung erhielten.

Sie selbst gab Unterricht in Mathematik. Reyhaneh verschaffte sich bei den Mitinsassinnen Respekt, weil sie sich selbst respektierte und sich selbst wertschätzte. Das war für viele Gefangene neu. Sie kannten hauptsächlich Gewalt und Ausbeutung. Sogar Rahele, die »bösartigste Frau des Iran«, gestand Reyhaneh, dass sie nicht einmal die siebte Klasse abgeschlossen hatte. Reyhaneh tat so, als würde sie zum Spaß den Lernstoff der siebten Klasse noch einmal wiederholen, damit sich Rahele anschließen konnte, ohne vor ihrer Gang als Lügnerin dazustehen. Das vergaß Rahele ihr nie.

Die Monate vergingen, ohne dass sich etwas in Reyhanehs Fall bewegte. Auch wenn Reyhaneh überzeugt war, dass sie keine andere Wahl gehabt hatte, als sich gegen die Vergewaltigung zu wehren, quälte sie der Gedanke, dass durch ihr Handeln ein Mensch sein Leben verloren hatte. Sie wollte unbedingt ihr Mitgefühl für den Verlust des Ehemanns und Vaters ausdrücken. Aus ihrer Akte entnahm Reyhaneh die Telefonnummer von Jalal Sarbandi, rief ihn an und sprach ihr Beileid aus. Nach dem Telefonat erzählte sie mir, dass Jalal ihr ruhig zugehört hatte und ausgesprochen höflich geblieben war.

Auch Fereydoon und ich wollten der Familie Sarbandi offiziell unser Beileid für ihren Verlust aussprechen. In Reyhanehs Fall-Akten stand, dass der Rechtsanwalt der Familie Sarbandi ein gewisser Ghasem Shabani sei. Ich kontaktierte ihn und erklärte ihm mein Anliegen. Ghasem Shabani stimmte einem Treffen zu und versprach, Jalal Sarbandi ebenfalls dazuzubitten.

Erst viel später wurde mir klar, wer Ghasem Shabani war. Er war ein Sicherheitsanwalt für den Geheimdienst. Das heißt, dass er ausschließlich Fälle übernahm, in denen das Ministerium für Nachrichtendienst involviert war. Er war zum Beispiel der Anwalt des Geheimdienstagenten Mohammad Reza Aghdam Ahmadi, der beschuldigt worden war, Zahra Kazemi mit einem Schlag auf den Kopf getötet zu haben.

Zahra Kazemi, eine kanadische Fotojournalistin iranischer Herkunft, war am 23. Juni 2003 in Teheran festgenommen und inhaftiert worden, weil sie eine Demonstration gegen die Inhaftierung von Studenten vor dem Evin-Gefängnis fotografiert hatte. Während ihrer Haft wurde sie gefoltert und vergewaltigt. Sie starb an ihren Verletzungen. Der Agent Mohammad Reza Aghdam Ahmadi wurde zwar als Mörder benannt, mit der Hilfe von Shabani aber trotzdem freigesprochen.

Am 7. Oktober 2008 fuhren Fereydoon und ich am frühen Abend in den neunten Stock des Sarv-e-Saee Tower, einer exklusiven Adresse, wo Shabani seine Anwaltskanzlei betrieb. Ein Mann mittleren Alters, mit einem dünnen Bart, auffällig unterbrochenen Augenbrauen und mit einer unislamischen zitronenfarbenen Cordhose bekleidet, kam auf uns zu und stellte sich als Anwalt Ghasem Shabani vor. Er entschuldigte sich, dass er nicht sofort Zeit für uns habe, und ließ uns im Wartezimmer Platz nehmen.

Eine halbe Stunde später klingelte es an der Tür, und zwei Männer traten ein. Der eine war jung, etwa Anfang zwanzig, hatte einen buschigen schwarzen Bart, wie regierungstreue Männer ihn im Iran tragen, war mit einem dunklen Anzug und Hemd bekleidet und trug einen religiösen Ring: Jalal Sarbandi, der älteste Sohn von Morteza Sarbandi. Der zweite Mann war glatt rasiert, mittleren Alters und schien Jalal zu begleiten, wurde aber von Shabani, der wieder zu uns gestoßen war, in ein anderes Zimmer gebeten. Jalal, der uns keines Blickes würdigte, wandte sich an seinen Anwalt und betonte, dass er in keiner guten Verfassung sei und erwarte, dass das Treffen kurz gehalten werde.

Gemeinsam betraten wir Shabanis Büro, in dem mir sofort ein Foto auffiel, auf dem der junge Shabani neben Ruhollah Chomeini zu sehen war, dem politischen und religiösen Führer der Islamischen Revolution von 1979 und späteren Staatsoberhaupt. Dieses Foto stammte aus der Anfangszeit der Revolution und wurde in Neauphle-le-Château, Frankreich, aufgenommen. Shabani stand der Regierung sehr nah und musste sehr mächtig sein, schoss es mir durch den Kopf.

Schnell begriff ich, dass unsere Sichtweise, dass Reyhaneh aus Notwehr gehandelt hatte, keineswegs der Perspektive von Jalal und Shabani entsprach. Während ich als gläubige Schiitin es als meine Pflicht empfand, der Familie Sarbandi mein Mitgefühl über den Verlust zu zeigen und Jalal für die Seele meiner Tochter um Vergebung zu bitten, begann Shabani anscheinend seine Theorie zu untermauern, dass wir eine unmoralische Familie waren.

Vor Shabani lag der Einzelverbindungsnachweis von Reyhanehs Telefon. Er notierte sich etwas und las eine Handynummer von der Liste vor. Ob wir diese Nummer kennen würden, wollte er von uns wissen. Wir verneinten. Er beteuerte, dass er unbedingt herausfinden müsse, wem diese Nummer gehöre. Er könne sich an die Telefongesellschaft wenden, schlug ich vor. Aber er erwiderte, dass auch die den Besitzer dieser Nummer nicht hätten ausfindig machen können. Ob wir ihm nicht behilflich sein könnten, wollte er wissen. Er schlug vor, eine junge Frau aus unserer Familie könne vortäuschen, mit dieser Nummer Nachrichten zu tauschen, um herauszufinden, wer es war. Natürlich müsse man da etwas flirten und Avancen machen.

Empört entgegnete ich, dass wir niemals jemanden um so etwas bitten würden. Darauf schlug Shabani vor, dass ich es selber machen könne. Entrüstet erinnerte ich ihn daran, dass so ein Verhalten gegen die Scharia verstoße. Eine verheiratete Frau, die mit einem Mann vertrauliche, sexuell konnotierte Nachrichten austausche, könne im schlimmsten Fall zur Steinigung verurteilt werden. Er verteidigte sich und meinte, dass nichts daran falsch sei, etwas Illegales zu tun, um die Wahrheit herauszufinden.

Dann sollen halt die Polizistinnen oder die eigenen Kolleginnen diese Nachrichten schreiben, konterte ich. Shabani war sichtlich unzufrieden mit meinem Widerstand. Er betonte, dass am Ende Jalal das letzte Wort in Reyhanehs Fall habe, auch wenn er persönlich gegen die Todesstrafe sei.

Warum begann er plötzlich von einer möglichen Todesstrafe für Reyhaneh zu sprechen?

Wir waren vollkommen irritiert.

Shabani wollte wissen, wer Reyhaneh rechtlich vertrete. Da Fereydoon Mostafaeis Namen nicht preisgeben wollte, blieb er vage. Daraufhin empfahl uns Shabani, keinen Anwalt zu engagieren, da es ausreiche, wenn Reyhaneh vor Gericht das Geschehene schildere. Ich konnte diese Unverfrorenheit nicht fassen. Kurz zuvor hatte er noch von der Todesstrafe gesprochen, und jetzt sollte Reyhaneh keinen Anwalt an ihrer Seite haben?

Jalal, der sich größtenteils aus dem Gespräch herausgehalten hatte, aber sichtlich nervös war, verlor die Geduld. Er stand auf und meinte, dass für ihn das Treffen nun beendet sei.

Schnell erhoben wir uns, und Fereydoon überreichte einen Koran, in dem ein handgeschriebener Entschuldigungsbrief von Reyhaneh steckte, mit der Bitte, den Koran als Geste unserer und Reyhanehs Entschuldigung anzunehmen.

Im Vorfeld hatte ich lange nach einer passenden, schönen Ausgabe des Korans mit aufwendig gestaltetem Einband gesucht, und Reyhaneh hatte mit ihrer sauberen Handschrift einen Brief geschrieben, in dem sie in ausgesuchten Worten ihr Beileid ausdrückte, dass Jalal und seine Geschwister ohne ihren Vater aufwachsen müssten.

Aber Jalal weigerte sich, den Koran anzunehmen, was im Iran einem Affront gleichkommt. Shabani begann auf Jalal einzureden, es sei nicht klug, den Koran zurückzuweisen. Jalal müsse ihn entgegennehmen und sich im Vergeben üben. Zögernd griff Jalal nach dem heiligen Buch, zog Reyhanehs Brief heraus und überflog ihre Zeilen. Leise bedankte er sich und gab Shabani den Brief. Mit fester Stimme sagte er, er sei religiös, aber die Annahme des Korans bedeute nicht, dass er Reyhanehs Entschuldigung akzeptiere. Erhobenen Hauptes verließ er die Kanzlei.

Als Fereydoon und ich wieder in unserem Auto saßen, nahm ich sofort einen Stift und mein Notizbuch zur Hand und schrieb alle Details des Treffens auf. Ich wollte nichts vergessen. Erst als ich diese Notizen jetzt noch einmal las, wurde mir bewusst, welches Spiel damals mit uns gespielt wurde.

Ghasem Shabani hatte versucht, meine mütterlichen Gefühle zu nutzen, um mich zu einer Straftat zu überreden. Sicherlich hätte er das zu meinen und Reyhanehs Ungunsten

Reyhaneh feiert ihren neunten Geburtstag – von links: Sharare, eine Freundin, Shahrzad und Reyhaneh

ausgelegt. Er hatte uns getestet, wie weit wir gehen würden, wie moralisch wir waren, und er hatte uns indirekt mit der Todesstrafe für Reyhaneh gedroht.

Um meinen Ängsten zu entfliehen, feierte ich meinen Geburtstag. Ich wurde am 6. November 2008 21 Jahre alt. Es war das zweite Jahr, in dem meine Mutter meinen Geburtstag allein, ohne mich, feierte. […] Ich veranstaltete eine große Party in meiner Abteilung. Ich bestellte einen Kuchen, der ein Mehrfaches des eigentlichen Preises kostete, aber ich genoss ihn trotzdem.

Ich, Reyhaneh Jabbari, 21 Jahre alt, verbrachte einen der schönsten Tage meines Lebens unter den am stärksten unterdrückten, verzweifelten Frauen. Frauen, die ihr ganzes Leben entweder im Gefängnis oder in Pappkartons auf der Straße verbracht haben. Menschen, die nie Besuch hatten und nie etwas Gutes zu essen bekamen, brachten mir Geschenke. Frau Rezaie hatte uns erlaubt, einen Kassettenrekorder aus dem Büro zu leihen, um einen vergnüglichen Nachmittag zu verbringen. Auch hatte sie den Nachtwächter angewiesen, uns bis Mitternacht aufbleiben zu lassen.

Die Freude auf unserer Station war mit Worten nicht zu beschreiben. Tanz, in allen erdenklichen Variationen, herumalbern, endloses Lachen und spontane Glücksgefühle. Wir benutzten den Kassettenspieler des Büros bis 22 Uhr. Danach nahmen wir Löffel, Teller, Töpfe, Eimer und alles, womit man Lärm machen konnte, und trommelten damit bis kurz nach Mitternacht. Das gemeinsame Kuchenessen sorgte für eine schöne Geschichte an diesem Abend. Mit dieser Geburtstagsfeier zahlte ich meine Schuld zurück und wurde von der schweren Last befreit, diese verdammten Spaghetti allein aufgegessen zu haben.[53]

53 Reyhaneh Jabbari, Selbstverteidigungsbrief 10, 2014

»Hotel« Evin

Die Nachricht über meinen Gerichtstermin wurde am 13. Dezember 2008 in der Zeitung Etemad *veröffentlicht. Am nächsten Tag sollte er stattfinden. Aber ich fühlte mich nicht gut. Ich hatte Angst und war besorgt. Ich wünschte, der Tag wäre nicht gekommen. […] In dieser Nacht tröstete mich mein Vater mit den Worten: »Mein Schatz, geh heute früher ins Bett, und mach dir keine Gedanken. Alles wird sich zum Guten wenden. Gott ist groß.«*

Immer wieder hatte ich mit meinen Mitgefangenen Shahla, Tayebeh, Azam und vielen anderen über meinen Prozess gesprochen. […] Shahla und einige andere sagten: »Es hat keinen Zweck, du musst wiederholen, was du gestanden hast, sonst bringst du dich in größere Schwierigkeiten. Sie verhören dich dann wieder…« Ich hatte jedoch beschlossen, alle Leute, die mich gefoltert hatten, zu entlarven: Sobald ich vor dem Richter stehe, werde ich ihm sagen, dass er nur das berücksichtigen solle, was ich bis zum dritten Tag meiner Haft ausgesagt habe. […] Ich werde meine widersprüchlichen Geständnisse persönlich erklären. Der Richter wird meine Logik nicht ignorieren können. Gute Tage warten auf mich.[54]

Eineinhalb Jahre nach der Tat, am 14. Dezember 2008, begann endlich Reyhanehs Gerichtsprozess. Meine Schwester, Fereydoon und ich stiegen die Stufen des ehrwürdigen Gerichtsgebäudes hinauf. Die Flagge der Islamischen Republik flatterte

54 Reyhaneh Jabbari, Selbstverteidigungsbrief 10, 2014

im schneidenden Wind des Teheraner Winters. Es war ein kalter, aber sonniger Tag. Die Reliefs, die noch aus Schah-Zeiten stammten, hatten die Revolution überdauert. Nur die Brüste der Justitia-Statue waren entweder der Witterung oder einem religiösen Fanatiker zum Opfer gefallen und abgeschliffen.

Ich war freudig erregt, denn ich war mir sicher, dass das Gericht Reyhaneh wegen Notwehr freisprechen würde. Die negativen Gedanken, die mich manchmal nachts beschlichen, verbannte ich und konzentrierte mich auf eine nahe glückliche Zukunft.

Reyhaneh hatte uns im Vorfeld gebeten, dem Verhandlungssaal fernzubleiben, da es ihr unangenehm war, uns zu sehen, während sie die Details der versuchten Vergewaltigung beschrieb. Wir hatten dafür Verständnis und akzeptierten ihre Bitte. So beobachteten wir vom Korridor aus, wie sich der Gerichtssaal langsam mit Journalisten füllte. Das öffentliche Interesse war so groß, dass die Menschen nicht alle Platz fanden und die Verhandlung in einen größeren Saal verlegt werden musste.

Ich erblickte die Aktivistin Parvaneh Hajilou, die zur gleichen Zeit wie Reyhaneh in Einzelhaft gewesen war und mir nach ihrer Entlassung von Reyhanehs Zustand berichtet hatte. Mittlerweile waren wir befreundet, und ich hatte sie gebeten, die Verhandlung zu verfolgen. Aus der Ferne nickte ich ihr dankbar zu, bevor sie im Anhörungssaal verschwand. Von zwei Beamten begleitet, wurde Reyhaneh in Handschellen den Gang entlang auf uns zu geführt. Wie stolz und ernst sie aussah. Nachdem wir sie umarmt hatten, flüsterte ich ihr liebevoll ins Ohr: »Alles wird gut, *azizam*, mein Schatz. Bald kommst du nach Hause.«

Wir waren so überzeugt von Reyhanehs Unschuld und einer entsprechenden Rechtsprechung, dass wir den Gerichtstermin als einen zusätzlichen Besuchskontakt mit Reyhaneh wahrnahmen, an dem wir sie umarmen und ihr mit kleinen Leckereien eine Freude machen konnten. Wie naiv wir damals nur waren!

Am Abend zuvor hatte ich bei Sindbad, einem von Reyhanehs Lieblingsrestaurants, eine große Portion frittierte Hähnchenflügel mit gebratenen Pilzen gekauft, die ich ihr nun anbot, damit sie gut gestärkt in die Verhandlung gehen konnte. Da die Wächter uns kannten und wussten, dass wir ihr kein Messer oder Drogen übergaben, erlaubten sie uns, Reyhaneh den Pappkarton mit dem Essen zu übergeben. Sie hatte noch keinen Bissen genommen, als sie plötzlich erstarrte. Ganz blass drehte sie sich immer wieder zur Saaltür um. Ihre Hände zitterten.

»Was ist passiert, mein Schatz?«, fragte ich. »Nichts, nichts ist passiert.« Erst viel später erzählte sie mir, was sie damals gesehen hatte. Reyhaneh war hauptsächlich von zwei Vernehmungsbeamten gefoltert worden; und während wir auf den Beginn der Verhandlung warteten, sah sie einen ihrer Folterer zwischen den Zuhörern sitzen. Er erhob sich und lenkte ihren Blick auf das Ende des Korridors. Dort stand ihr zweiter Peiniger. Reyhaneh bekam Angst.

Er war einer der Männer, die meinen Rücken verbrannt hatten. Als ich am Boden lag und mich vor Schmerzen zusammenkrümmte, trat er mir mit seinem Stahlkappenschuh gegen den Kopf. Derselbe Mann hat mir in den Bauch getreten. Unsere Augen trafen sich. […] Mein Herz raste. Ich wusste: Wenn ich ein Wort über die Folter sagte, musste ich es wieder mit ihnen aufnehmen. Meine Hand begann zu zittern.[55]

55 Reyhaneh Jabbari, Selbstverteidigungsbrief II, Audioaufnahme, 2014

Voller Nervosität wartete ich im Korridor. […] Mehr und mehr Menschen strömten in den Gerichtssaal, Journalisten und Rechtsanwälte. […] Was habe ich getan? Ich hatte so viele wunderschöne Träume. Ach, lieber Gott! Mama war besorgt, Papa war ermutigend, meine Tante war hoffnungsvoll. Meine Anwälte Mostafaei und Shadi Sadr kamen. Sie gaben mir die schriftlich verfasste Verteidigung zu lesen. Sie war gut. Ein Hoffnungsschimmer. Gott, was würde passieren, wenn ich bald wieder ein normales Leben führen dürfte?

Ich sah Morteza Sarbandis Frau, seine Kinder, darunter auch den ältesten Sohn. Die Frauen zogen ihre Tschadors so stark ins Gesicht, dass sie beängstigend, steif und hart aussahen. Als sie an mir vorbeigingen, zischten sie mir Bösartigkeiten zu, dreckig, leise und voller Hass. Dann wurden wir alle in den Gerichtssaal gebeten. Mein Herz zitterte. Meine Knie wurden schwach, und meine Beine trugen mich nicht mehr.[56]

Zwei Beamte führten Reyhaneh in Handschellen in den Saal. Wie versprochen widerstand ich meinem Bedürfnis, bei meiner Tochter zu sein, und wartete gemeinsam mit Fereydoon und meiner Schwester im Vorraum des Gerichts. Die Verhandlung wurde dort per Lautsprecher übertragen.

Richter Kohkamari begann mit der Verhandlung und verlas die Anklageschrift. Die Staatsanwaltschaft forderte eine Bestrafung wegen vorsätzlichen Mordes. Nach islamischem Recht wird eine Person, die eine andere ermordet oder deren Körper absichtlich verletzt hat, zur *qisās*, »Blutrache«, verurteilt. Qisās bedeutet, dass der oder die Täterin das gleiche Schicksal erleiden muss wie das Opfer, nach dem Vergeltungsprinzip »Auge um Auge, Zahn um Zahn«. Da Sha-

56 Reyhaneh Jabbari, Tagebuch vom 27.12.2008

Reyhaneh zwischen ihren Anwälten Sadr und Mostafaei

bani, der Anwalt der Familie Sarbandi, auf seinem Flug von Mekka am Flughafen feststeckte, beantragte Jalal, als erstgeborener Sohn, im Namen seiner Familie die Höchststrafe, Blutrache durch Erhängen.

Reyhaneh wurde in den Zeugenstand gerufen. Als sie zu sprechen begann, merkte ich, wie sehr die Zeit im Gefängnis sie verändert hatte. Sie war so erwachsen geworden, wählte ihre Worte mit Bedacht und schilderte eindringlich den Tag, der ihr Leben verändert hatte. Während ich zuhörte, liefen mir unablässig Tränen die Wangen hinunter. Ich konnte nicht mehr ruhig auf der Bank sitzen. Meiner Schwester ging es genauso. Sie lief zum Eingang des Verhandlungsraums und winkte mich heran.

Ob ich denn nicht wenigstens einen Blick in den Gerichtssaal werfen möchte, wollte sie wissen. Niemand könne mich sehen, bekräftigte sie. Zögernd trat ich heran. Von einer Säule verdeckt, konnte man in der Tat ungesehen den ganzen Saal überblicken. Reyhaneh erzählte gerade, wie Sarbandi

Reyhaneh verteidigt sich. Rechts sieht man Jalal Sarbandi, hinter ihm seine Schwester und seine Mutter

sie angefasst hatte, als Jalal Sarbandi wütend aufsprang und schrie: »Sie redet kompletten Unsinn! Mein Vater hat diesem Land einen großen Dienst erwiesen und sich in der islamischen Revolutionsgarde sehr verdient gemacht!«

Scharf wies Richter Kohkamari Jalal zurecht. Wenn er noch einmal die Verhandlung unterbrechen würde, müsse er ihn des Saales verweisen. Er dürfe nur sprechen, wenn man ihm die Erlaubnis dazu erteile. Der Richter schien bestens vertraut mit der Akte, hörte Reyhaneh und den Zeugen aufmerksam zu und wertete die Beweisstücke, die Mostafaei in seiner Verteidigung aufgezeigt hatte, als mögliche Zeichen einer versuchten Vergewaltigung. Die Familie Sarbandi war in Rage. Wüst beschimpften sie Reyhaneh als Hure und Mörderin.

Jalal verteidigte seinen Vater. Sein Vater sei ein strenggläubiger Mann gewesen, der immer seine *tasbih*, seine Gebetskette, bei sich getragen habe. Daraufhin fragte ihn der Richter, was diese Aussage mit dem Thema zu tun habe. Dass sein Vater gläubig gewesen sei, sei ihm klar. Jalal führte an, dass sein Vater mehrere Firmen in Teheran besessen habe, in denen viele junge Frauen, attraktiver als Reyhaneh, seinem Vater unterstellt gewesen seien. Sein Vater hätte es überhaupt nicht nötig gehabt, sich Reyhaneh auszusuchen und mit ihr eine Beziehung anzufangen. Außerdem sei sein Vater das halbe Jahr über im Ausland gewesen und hätte auch da viele Frauen haben können. Aber so sei er nicht gewesen, sondern Jalals Mutter treu geblieben. Wenn Reyhaneh gestehe, dass sie auf seinen Vater ein Attentat habe verüben wollen, würde er ihr vergeben, aber wenn sie von Vergewaltigung spreche, dann könne er ihr nie verzeihen.

Richter Kohkamari warf wichtige Fragen zur Glaubwürdigkeit der Ermittlungen auf. Vor denjenigen, die mich der Grausamkeit beschuldigt hatten, sagte der Richter mit starkem türkisch-iranischen Akzent: »Nehmen wir an, dieses Mädchen war jung und naiv und ließ sich von seinem Äußeren täuschen; nehmen wir sogar an, dass sie eine schlechte Muslima ist: Warum hat sich Sarbandi, ein gläubiger Muslim mittleren Alters, in eine Situation begeben, in der er allein mit einer fremden Frau an einem Ort war, der ihm gehörte?«

Und die Antwort war Schweigen. Der Richter fuhr fort: »Sprechen Sie in diesem Gericht nicht mehr in einer unethischen Weise.«

Ich wusste, dass dieser Richter die Wahrheit über alles, was mir widerfahren war, herausfinden konnte.[57]

57 Reyhaneh Jabbari, Selbstverteidigungsbrief 5, 2014

Reyhaneh steht vor Richter Kohkamari, rechts neben ihm sitzt Tardast

Fast die gesamte Verhandlung verlief zu unseren Gunsten. [...] Der Prozess sollte am 16.12.2008 fortgesetzt werden. Bei der Unterzeichnung des Verhandlungsprotokolls rief seine [Sarbandis] Tochter mir zu: »Schau mich an. Ich bin seine Tochter. Ich bin genauso alt wie du, aber ich habe mich nicht so hergegeben wie du.« Als sie wütend auf mich zulief, halfen mir die Wärter wegzulaufen, um dem Angriff zu entfliehen. Wir entkamen durch die Hintertür und kehrten ins Gefängnis zurück.[58]

Die Menschen strömten aus dem Verhandlungssaal nach draußen, nur Reyhaneh kam nicht. Parvaneh ging an uns vorbei, ohne uns eines Blickes zu würdigen, während sie mir zuflüsterte: »Kommt nicht in meine Nähe!« Sie wurde von einer Gruppe verfolgt, die anscheinend zur Familie Sarbandi gehörte und glaubte, dass Parvaneh Reyhanehs Mutter oder Tante sei. Doch Parvaneh hatte sich vorbereitet, wechselte schnell ihr Kopftuch und tauchte in der Menschenmenge unter. Als wir gemeinsam mit ihr das Gerichtsgebäude ver-

58 Reyhaneh Jabbari, Tagebuch vom 27.12.2008

ließen, wurden wir von ein paar Männern und Frauen, die anscheinend auf uns gewartet hatten, verbal angegriffen. Fereydoon wollte die Beleidigungen erwidern. Schnell hielt ich ihn am Arm fest und bat ihn, nichts zu unternehmen. Die Situation durfte nicht eskalieren. Er besann sich und winkte ein Taxi heran.

In einem Restaurant bestätigte Parvaneh unseren Eindruck, dass die Verhandlung sehr positiv verlaufen war. Und obwohl Reyhaneh kein Wort über ihre unter Folter erzwungenen Geständnisse verloren hatte, standen die Chancen auf einen Freispruch gut. Richter Kohkamari hatte uns mit seiner Menschlichkeit und seinem Scharfsinn beeindruckt. Er hatte Reyhaneh ein faires Verfahren ermöglicht und die Inkonsistenzen in der Ermittlung angemahnt.

Abends erzählte uns Reyhaneh mit erschöpfter Stimme, dass der Verhandlungstag sie stark mitgenommen habe. Sie hatte übereilt das Gericht durch den Hinterausgang verlassen müssen, aber trotzdem die Hähnchenflügel mitnehmen können und sie dann mit ihren Freundinnen im Gefängnis gemeinsam gegessen. Eine der Frauen habe geweint, nachdem sie einen Hähnchenflügel verspeist hatte. Seit Jahren war dies der erste Bissen Fleisch für sie gewesen. Mein Herz zog sich zusammen. Ein kleines Stück Hähnchenfleisch, etwas, was ich selbst oft ohne große Wertschätzung aß, war für einen anderen Menschen der sehnlichste Wunsch gewesen und hatte ihn glücklich gemacht.

Die nächste Gerichtssitzung fand in einem kleinen Raum statt. Shabani war anwesend, und er behauptete, dass ich eine gewalttätige, grausame und gefährliche Person sei. Ich bekam Angst, er war wortgewandt und trat sehr professionell auf. […] Als Richter Kohkamari das Tatmesser aus einer Hülle zog und zeigte, begann die Tochter [von Morteza Sarbandi] heftig zu weinen.

Sie schien in Ohnmacht zu fallen, stöhnte, kreischte. Ein Knoten schnürte mir den Hals zu, und auch mir liefen Tränen die Wange hinunter. So intensiv über das Geschehene nachzudenken, ließ mir das Blut im Körper gefrieren. Ich stand unter großem Druck. […]

Vielleicht stimmten meine Tränen den Richter milde. Er verkündete, dass der Fall wieder an die Staatsanwaltschaft zurückgehen werde. Die Untersuchungen seien nicht ausreichend und bis zu diesem Zeitpunkt unvollständig. Es müsse erneut ermittelt werden.[59]

59 Reyhaneh Jabbari, Tagebuch vom 27.12.2008

Die Weisheit des Richters

Vollkommen überraschend wurde zwei Tage später der Richter in Reyhanehs Verfahren ausgetauscht, und Richter Tardast übernahm den Fall. Hassan Tardast, der dem Gericht schon in den beiden Verhandlungen als Schöffe beigesessen hatte, war ein Revolutionswächter. Er hatte islamische Jurisprudenz studiert, also nicht Rechtswissenschaft. Über unseren Anwalt Mostafaei erfuhr ich, dass er bekannt dafür war, Frauen besonders hart zu bestrafen und sogar Minderjährige zum Tode zu verurteilen.

Ich forschte nach, warum Richter Kohkamari, der vierzig Jahre lang sein Amt am Gerichtshof in Teheran bekleidet hatte, versetzt worden war. Hatte er eine höhere Stelle bekommen? War er befördert worden? Mir wurde gesagt, dass er nach Urmia, einer kleinen Stadt im Nordwesten des Iran, gezogen sei. Wer steckte eigentlich hinter diesem Gerichtsprozess?

Die von Richter Kohkamari angeordnete weitere Untersuchung gestaltete sich derart, dass man Reyhaneh zu verschiedenen Geschäften für Küchengeräte und Haushaltswaren fuhr, damit die Verkäufer sie identifizieren konnten, was aber nicht geschah. Die Schweizer Marke des Tatmessers wurde in den Läden nicht einmal geführt! Zwei Wochen später wurde das Verfahren wieder aufgenommen, und schnell wurde uns klar, dass sich die Stimmung im Gerichtssaal gedreht hatte.

Viele der Beweisstücke, die zugunsten Reyhanehs sprachen, wurden nicht mehr erwähnt. Und die neuen großen

Fragen waren, warum Reyhaneh nicht weggelaufen oder aus dem Fenster im fünften Stock gesprungen war.

Reyhaneh wurde von Richter Tardast beispielsweise gefragt, ob sie gesehen habe, wie Morteza Sarbandi die Tür abgesperrt hatte. Als Reyhaneh sagte, dass sie das nicht gesehen habe, weil sie durch die Wohnung ging und Skizzen anfertigte, schlussfolgerte er daraus, dass die Tür offen gewesen sei. Die Messerspuren, die man an der Tür gefunden hatte und die dafür sprachen, dass Reyhaneh sich hatte befreien wollen, hatten für ihn keinerlei Relevanz.

Als ich 21 Jahre alt war, wurde mir klar, dass meine Verteidigung gegen die Vergewaltigung durch Sarbandi dem patriarchalischen Gerichtssystem nicht gefiel. Ohne sich meine Geschichte, meinen Anwalt und meine Verteidigung anzuhören und ohne zu wissen, was an jenem Tag tatsächlich geschehen war, begannen sie, mich vor Gericht zu verurteilen. Die Sitzungen dauerten nur eine Stunde, die meisten nur Minuten, und mir wurde oft nur eine Frage gestellt. Der Vorsitzende Richter Tardast sprach mit mir in einem hasserfüllten und einschüchternden Tonfall. In einer Sitzung ging er so weit, mir zu sagen, ich hätte mich von Sarbandi vergewaltigen lassen und dann später Anzeige erstatten sollen.

Ich wusste, dass meine Eltern vor dem Gerichtssaal warteten, und ich hoffte, dass sie meine Demütigung nicht hören konnten. Ich hoffte, dass ich ihnen keine Schande bereitet hatte.[60]

Es wurde ein psychologisches Gutachten von Reyhaneh erstellt, für das eine Psychologin zehn Minuten mit ihr sprach. Das Gutachten attestierte Reyhaneh eine stark ausgeprägte maskuline Seite. Reyhaneh habe zum Beispiel als

60 Reyhaneh Jabbari, Selbstverteidigungsbrief 8, 2014

Kind die Tatsache empört, nicht wie die Jungs einen Schlaghammer benutzen zu dürfen. Die Psychologin meinte zu erkennen, dass Reyhaneh narzisstisch und egozentrisch sei, da sie sich von anderen Menschen erheblich abzugrenzen suche. Reyhaneh betrachte sich als wertvoller und vollkommener als die anderen. Sie sei beispielsweise nicht mit einem normalen Taschenmesser zum Schutz zufrieden, sondern müsse sich ein Küchenmesser kaufen.[61] Für ein ausführliches Gutachten benötige die Psychologin allerdings mehr Gesprächszeit. Richter Tardast hielt zehn Minuten jedoch für ausreichend und forderte das Gutachten ohne weitere Befragungen an.

Im Gericht beharrte die Familie Sarbandi darauf, dass Reyhaneh eine Prostituierte war. Richter Tardast mutmaßte, dass es für Morteza Sarbandi bei Reyhanehs Anblick offensichtlich gewesen sein musste, dass sie, wie viele andere »freizügig« gekleidete Mädchen auf Teherans Straßen, die sich ebenfalls nicht mit einem Tschador verhüllten, bereit war, mit ihm Geschlechtsverkehr zu haben. Aufgrund der Tatsache, dass Reyhaneh dann auch noch mit in die Wohnung gekommen war, habe der Ermordete »verständlicherweise« gedacht, dass sie bereit war, mit ihm Geschlechtsverkehr zu haben. Warum sei Reyhaneh also nicht darauf eingegangen, sondern habe sich gewehrt?

Sagte Richter Tardast damit nicht explizit, dass man als Mann das Recht hatte, jede Frau, die modern eingestellt war und nicht den Tschador trug, zu vergewaltigen? Was war mit seiner eigenen Tochter – würde er ihr gegenüber die gleichen Worte wählen?

Als wäre es damit nicht genug, behauptete Richter Tardast ausschweifend vor der Saalöffentlichkeit, dass Ferey-

61 Gerichtsurteil, S. 16

doon ständig betrunken gewesen sei und die Familienmitglieder geschlagen habe. Jahre später wiederholte Tardast in einem Interview diese Unterstellungen, obwohl er nie bei uns zu Hause gewesen war, mit keinem unserer Nachbarn gesprochen oder Bekannte befragt hatte.

Es war wie ein Schock für mich. Wie konnte jemand, der unsere Familie nicht kannte, so etwas von uns behaupten? Noch dazu ein Richter, der der Wahrheit verpflichtet sein sollte? Fereydoon, mein sanfter, wunderbarer Mann, war ein verständnisvoller und nachsichtiger Vater, der sich immer sehr um seine Töchter gesorgt und gekümmert hatte. Ich redete ihm gut zu, dass er sich diese Lügen nicht zu Herzen nehmen sollte, alle Menschen, die ihn liebten und ihm nahestünden, wüssten die Wahrheit.

Er versuchte, sich seine Gefühle über diese Aussagen nicht anmerken zu lassen. Aber ich spürte, dass diese Verleumdungen ihn tieftraurig machten, da er befürchtete, sie könnten für seine angeklagte Tochter zu ihren Ungunsten ausgelegt werden.

Reyhaneh kämpfte weiter für ihre Unschuld. Doch ihre Stimme wurde nicht gehört, und auch die großen Fragen wurden nicht geklärt: Welches Motiv hätte sie gehabt, Sarbandi zu töten, außer sich selbst zu verteidigen? Warum wurde nur Reyhanehs Handy beschlagnahmt, die zwei Telefone von Sarbandi aber nicht? Warum fehlten Seiten in der Akte? Warum wurde nicht ausreichend bezüglich Herrn Sheikhis ermittelt, der an diversen Stellen in Reyhanehs Erzählung vorkam? Warum hätte Reyhaneh ihr Kopftuch aufbehalten sollen, wenn sie eine sexuelle Beziehung mit Sarbandi unterhalten hätte? Wenn eine Frau nur hinter dem Geld her ist, warum sollte sie ihren angeblichen *sugar daddy* töten?

Unsere Tochter schilderte immer und immer wieder jedes Detail der Geschichte, aber letzten Endes zählten für den Richter nur die unter ihrem Bett »gefundene« Messerhülle der Tatwaffe, das Blut auf Sarbandis Gebetsteppich und ihr erzwungenes Geständnis aus dem Evin-Gefängnis. Unsere Hoffnung, ein faires Urteil zu erhalten, war dahin. Die Gerichtstermine wurden zu einer Farce.

Die hoffnungslose Lage, in der sich unsere Tochter befand, ließ in mir einen Gedanken aufkommen, den keine Mutter haben möchte: Wäre es besser gewesen, wenn Reyhaneh sich hätte vergewaltigen lassen?

An diesem Tag saß ich im Gerichtsflur und wartete auf das Ende von Reyhanehs Verhandlung. Vier Frauen setzten sich neben mich auf eine der Bänke, und wir kamen ins Gespräch. Warum ich hier sei, wollten sie wissen. Ich erzählte ihnen von Reyhanehs Fall, und dass ich mich fragte, ob es nicht besser gewesen wäre, wenn sie sich hätte vergewaltigen lassen. Dann hätte sie nicht im Gefängnis sitzen und diesen quälenden, erniedrigenden Prozess über sich ergehen lassen müssen.

Eine der Frauen, sie war in Reyhanehs Alter, begann plötzlich am ganzen Körper zu beben. Sie weinte stumm und wurde von einer Frau ans Ende des Ganges geführt, wo es einen Trinkbrunnen gab. Ungläubig sah ich den beiden nach. »Sie ist die Tochter meiner Schwester«, erklärte mir die Frau neben mir. »Was du dir wünschst, ist ihr passiert. Sie ist vergewaltigt worden und hat bis heute fünfmal versucht, sich das Leben zu nehmen. Sie kämpft mit einer schweren Depression. Jetzt sind wir wieder zum Gericht gegangen, aber egal wie oft wir Anzeige erstatten, sie wird nicht akzeptiert; denn der Beschuldigte hat eine einflussreiche Stellung.«

Voller Mitgefühl sah ich das junge Mädchen an, das sich

nur langsam beruhigte. Ich war wie vor den Kopf gestoßen und dachte: Das Universum hat meine Frage beantwortet, und ich wünschte mir, dass es auch Richter Tardast antworten würde.

Grüne Hoffnung

Mittlerweile war es Juni 2009, und das Urteil über Reyhaneh war immer noch nicht gesprochen worden. Im Iran standen Wahlen an, und ungewöhnlich viele Bürger gingen zu den Wahlurnen, um Präsident Mahmud Ahmadinedschad seines Amtes zu entheben. 2005 war er, für die meisten Iraner völlig überraschend, zum Präsidenten gewählt worden. Er war religiös extrem konservativ und ein politischer Hardliner, die Art von iranischem Politiker, dessen Misstrauen gegenüber dem Westen an Paranoia grenzte. Er leugnete den Holocaust, führte das Atomprogramm des Iran gegen die Sanktionen des Westens fort und forcierte – gegen den Wunsch der Mehrheit der iranischen Bevölkerung –, dass die Religion eine bedeutende Rolle im Alltagsleben spielte.

Ahmadinedschads ideologisch radikale Politik war von den Anliegen und Interessen des Großteils der iranischen Bevölkerung weit entfernt. Mit dem Gang zur Wahlurne erhoffte man sich einen Regierungswechsel. Aber das System wollte keine Veränderung akzeptieren. Am 12. Juni 2009 wurde das amtliche Wahlergebnis bekannt gegeben. Mit 63 Prozent der Stimmen wurde Ahmadinedschad wiedergewählt. Es wurde gemutmaßt, dass das Regime die Ergebnisse gefälscht hatte. Unter der Führung des Oppositionsführers Mir Hossein Mussawi gingen in Teheran und anderen großen Städten Millionen von Menschen auf die Straße und demonstrierten still. Still als Ausdruck des Willens, gewaltfrei das System zu verändern. Man nannte sie »grüne Bewegung«.

Reyhaneh erzählte mir, dass alle Inhaftierten im Evin-Gefängnis in großer Aufregung die Geschehnisse verfolgten und hofften, dass die Demonstrationen genauso wie zu Beginn der Revolution 1979 die Gefängnistore öffnen würden. Damals kamen Hunderte Inhaftierte frei, die teilweise zu lebenslanger Haft oder zum Tode verurteilt worden waren.

Ich sah, wie es auf den Straßen kochte und der Unmut der iranischen Bevölkerung seinen Ausdruck fand. Vielleicht gab die Revolution uns unser Kind wieder zurück? Diese Hoffnung war so groß, dass wir sogar ein paarmal zum Eingang des Gefängnisses fuhren und dort mit anderen Familien aufgeregt warteten. Aber die Stahltüren blieben geschlossen.

Ich überlegte konkret, wie sich Reyhaneh bei einer möglichen Öffnung des Gefängnisses verhalten sollte. »Reyhaneh, mach deine Tasche nicht so schwer, damit du schneller rennen kannst.« – »Reyhaneh, bitte trage immer einen Manto unter deinem Gefängnis-Tschador, damit du in einer Sekunde dein Aussehen ändern kannst.« Ich befürchtete, dass in dem Moment, da die Häftlinge das Gefängnis verließen, Milizen auf sie schießen würden. Deshalb sollte Reyhaneh nicht der Masse folgen, sondern sich einen eigenen Weg in die Freiheit suchen. Fereydoon erklärte ihr, zu welcher Straße sie laufen sollte, um ein Auto anzuhalten, das sie, egal zu welchem Preis, zu unserer neuen Adresse fahren sollte.

Ich wollte unbedingt, dass die Demonstranten auf der Straße gewannen, damit unsere Tochter nach Hause zurückkehren konnte. So gingen Shahrzad und ich jede Nacht auf die Straße und hofften auf einen Wandel.

Am 9. Juli nahmen Shahrzad und ich gerade an einer Demonstration in der Kargar-Straße teil, als sich plötzlich die Atmosphäre änderte. Wo zuvor Menschen friedlich demonstriert hatten, war nun Angst in den Gesichtern zu sehen. Die

Demonstration wurde von Revolutionswächtern angegriffen, und wir rannten schnell zurück zu unserem Auto. Immer noch nach Luft ringend, fuhren wir los und mussten nach ein paar Metern an einer roten Ampel halten. Eine Gruppe Basidschi kam uns entgegen. *Basidsch* ist eine als inoffizielle Hilfspolizei eingesetzte paramilitärische Miliz des Iran, die sich hauptsächlich aus Freiwilligen rekrutiert und zu dieser Zeit ungefähr 12,5 Millionen Mitglieder zählte, darunter 5 Millionen Frauen.

Ein mit einem Tarnanzug bekleideter Basidschi griff nach Shahrzads Arm, um den ein grünes Band, das Erkennungszeichen der Demonstranten, gewickelt war, und versuchte, sie aus dem Autofenster zu zerren. Shahrzad kreischte, und ich hielt sie mit all meiner Kraft fest. Der Basidschi wurde zu einer anderen Gruppe gerufen, ließ Shahrzad wütend los und schlug mit seinem Schlagstock mehrmals auf ihren Körper ein. Sein letzter Schlag galt der Frontscheibe unseres Autos, die er zerschmetterte. Dann verschwand er.

Ich brüllte vor Angst, drückte das Gas durch, und wir fuhren so schnell wie möglich nach Hause. Unterwegs kam mir der Gedanke, dass die Polizeistreife, wenn sie irgendwo ein Auto mit zerbrochener Scheibe sah, wüsste, dass wir bei der Demonstration gewesen waren. Gut, dass sie zumindest nicht unser Nummernschild aufgenommen haben, schoss es mir durch den Kopf. Nachdem ich Shahrzad zu Hause abgesetzt hatte, fuhr ich, obwohl es ein Feiertag war, sofort zu einem Mechaniker in der Nähe und ließ noch am selben Tag das Autofenster austauschen.

Als ich wieder zu Hause war, zeigte mir Shahrzad ihre rechte Körperhälfte, die voller blauer Flecken und geschwollener Stellen war. Am Abend ereilte mich über die sozialen Medien eine schockierende Nachricht. Mehdi Karrubi, der zweite Oppositionskandidat bei den iranischen Präsidentschaftswahlen und schiitischer Kleriker, informierte die Bevölkerung darüber, dass in den Gefängnissen Demonstrantinnen und Demonstranten vergewaltigt wurden. Von diesem Tag an nahm ich Shahrzad nie mehr zu Demonstrationen mit. Ein paar Tage später, am 17. Juli, wurde Shadi Sadr, die Anwältin, die mit Mostafaei Reyhaneh vertrat, im Zuge der Demonstrationen inhaftiert.

Auf die friedliche Revolution reagierte das Regime mit Härte und begann auf die Demonstranten zu schießen, Säure-Mischungen wurden über den Demonstrationszügen ausgeschüttet, und immer mehr Menschen wurden willkürlich verhaftet. Reyhaneh erzählte uns von neuen Gefangenen, die übel zugerichtet ins Evin-Gefängnis gebracht wurden. Frauen und Männer wurden während ihrer Haft vergewaltigt, gefoltert, zu falschen Geständnissen gezwungen, und ihnen wurde die medikamentöse Versorgung verwehrt. Viele der alteingesessenen Gefangenen versuchten sie mit dem Nötigsten zu unterstützen. Auch Reyhaneh tat ihr Bestes, um den Demonstranten zu helfen, und versteckte für sie belastende Flugblätter.

Langsam zogen sich die Demonstranten von den Straßen zurück und kehrten wieder in ihre innere Emigration zurück, während die Eltern der 112 Todesopfer ihre Töchter und Söhne beweinten. Eine Mutter, Shahnaz Akmali, verlor ihren 26-jährigen Sohn Mostafa Karimbeigi, der von Sicherheitskräften erschossen wurde. Shahnaz schloss sich mit anderen Müttern zusammen, um gegen ihre Machtlosigkeit und die Willkür des Systems zu protestieren. Sie trafen sich zu Kundgebungen im Teheraner Laleh-Park. Dort forderten sie Aufklärung über die Verhaftungen, Folterungen und Tötungen ihrer Kinder. Viel später wurde sie eine meiner engsten Freundinnen und wichtigsten Mitstreiterinnen im Kampf für die Menschenrechte im Iran.

Am 23. Februar 2010 erhielt Reyhaneh ein 26 Seiten langes Gerichtsurteil. Unter dem Koranvers »Lasst nicht zu, dass eure Begierden euch dazu bringen, von der Gerechtigkeit abzuweichen«[62], der der Unbestechlichkeit der iranischen Justiz Ausdruck verleihen sollte, folgte ein mit Rechtschreibfehlern gespickter, in sich widersprüchlicher Tatbestand mit irrelevanten Behauptungen, die nur dazu dienten, Reyhaneh und unsere Familie in ein schlechtes Licht zu rücken. Dadurch sollte von dem Umstand abgelenkt werden, dass es kein schlüssiges Narrativ gab, warum Reyhaneh Morteza Sarbandi ermordet haben sollte.

Im Urteil wird ausgeführt, wie Reyhaneh von Sheikhi angeworben worden sei und dass sie den Tarnnamen »Koondar« besessen habe. Nach einer Ausbildung im Klettern, Schießen, Reiten und Schwimmen soll sie Kontakt zu einem wichtigen Mittelsmann in Zypern aufgenommen haben, um ihre erste Mission zu erhalten.[63] Allerdings wird ein paar Seiten später mehrmals behauptet, dass Sheikhi eine von Reyhaneh ausgedachte Figur sei. »Als die Beschuldigte durch verschiedene Fragen der Beamten und des Ermittlers mit Sheykhi konfrontiert wird, verkündet sie schließlich, dass Sheykhi nur eine ausgedachte Figur gewesen sei und in Wahrheit nicht existiere.«[64]

Reyhaneh habe ihren Vater gehasst, da er sie und die Familie ständig in betrunkenem Zustand geschlagen hätte.[65]

Dass Reyhaneh auf der Autofahrt zur Tat-Wohnung einen westlichen Popsong der britischen Sängerin Dido gehört hatte, galt als Beweis, dass Reyhaneh verwestlicht war. Die

62 An-Nisa-135, Sura 4

63 Gerichtsurteil, S. 9

64 Gerichtsurteil, S. 19

65 Gerichtsurteil, S. 15, 20

Tatsache, dass das Auto und somit auch die CD Morteza Sarbandi gehörte, spielte keine Rolle. »Die Beschuldigte konnte sich niemals bedroht gefühlt haben. Ein Mädchen, das zwei Jahre lang mit einem jungen Mann[66] eine uneheliche Beziehung und Geschlechtsverkehr gehabt hatte, [...] darüber hinaus in das Fahrzeug des Ermordeten eingestiegen war und dort die Musik von Dido anhörte sowie direkt beim ersten Treffen Angaben zu ihrer Größe und ihrem Gewicht preisgab, so eine Frau bildet sich nicht so etwas Unlogisches ein und ersticht daraufhin den Beschuldigten [wahrscheinlich ein Tippfehler, gemeint ist der Ermordete] mit einem Messer, das sie im Voraus besorgt hatte!!!«[67]

Obwohl Reyhanehs Jungfräulichkeit überprüft worden war, wurde kein Dokument der Akte beigefügt, sondern immer nur wieder erwähnt, dass Reyhaneh zu verschiedenen Männern sexuelle Beziehungen unterhalten habe, die auf »bestimmten Dienstleistungen« basierten. Sie habe als Leihgabe Sarbandis Auto, einen Toyota-Camry, erwartet. Als er aber sexuelle Forderungen an sie stellte, ohne dass sie das Auto übergeben bekommen hatte, sei sie wütend geworden.

»An dem Samstag geht die Beschuldigte mit dem Ermordeten zusammen in die Wohnung seiner Tante. Sie wird mit der triebgesteuerten und sexuellen Forderung der o. g. Person konfrontiert, ohne die erwünschten Leistungen bekommen zu haben. In diesem Augenblick erscheint der Beschuldigten das Verlangen nach Geschlechtsverkehr zu schwerwiegend, deshalb fühlt sie sich in ihrem Narzissmus, ihrer Selbstbewunderung und ihren hohen Ansprüchen beleidigt, und in

66 Damit war Ehsan gemeint.

67 Gerichtsurteil, S. 25

Abwesenheit jeglicher Gefahr sticht sie aus Wut (laut eigenen Geständnissen) dem Ermordeten das Küchenmesser in die Schulter.«[68]

Auch die Körperpartie, wo der Messerstich erfolgte, ändert sich mehrfach im Urteil: die Schulter[69], »das Herz oder die Lunge[70]« oder nur die Lunge[71], der Rücken[72]. Und auch die Messerlänge variiert von acht Zentimetern im Obduktionsbericht zu neun Zentimetern[73] im Gerichtsurteil.

Dass Reyhaneh aus Notwehr gehandelt hatte, bezweifelt Richter Tardast: »Sie behauptete: ›Er sagte mir einen Satz, so was wie: Du kannst nicht weglaufen, du hast keinen Fluchtweg. Ich weiß nicht mehr, was er sonst noch gesagt hat.‹ Wieso hat sich die Beschuldigte lediglich wegen dieses Satzes, während sie sich in einem Wohnhaus befand und der Ermordete beten wollte, in derartiger Gefahr gefühlt!!!? Immerhin ist die Rede hier von Reyhaneh Jabbari, mit all ihrem Charakter, ihrer Vergangenheit und ihrer Familie. Ein Mädchen, das bereits die Erfahrung von mehreren Beziehungen, die teilweise in Geschlechtsverkehr mündeten, gehabt hatte!!??«[74]

Zudem könne das hohe moralische Niveau der Familie Sarbandi aus dem religiösen Erscheinungsbild vor Gericht abgeleitet werden. »In der Gerichtsverhandlung trugen die Ehefrau und die Tochter des Ermordeten einen Hijab und einen islamischen Tschador. Sein Sohn trug einen religiö-

68 Gerichtsurteil, S. 26
69 Gerichtsurteil, S. 16, 24, 26
70 Gerichtsurteil, S. 2
71 Gerichtsurteil, S. 15, 17, 25, 26
72 Gerichtsurteil, S. 2, 3, 14, 25
73 Gerichtsurteil, S. 2
74 Gerichtsurteil, S. 25

sen Bart und einen Aqiq-Ring[75]. Mit der Gebetshaltung habe der Getötete die Absicht gehabt, mit der Beschuldigten eine *sighe*, eine ›Zeitehe‹, einzugehen. (Trotz der Tatsache, dass es widerlich ist, mit einem Mädchen, das so alt ist wie die eigene Tochter, eine solche Beziehung zu haben.)«[76]

Da auf dem Gebetsteppich Blutspritzer waren, konnte man rekonstruieren, dass er ausgerollt war, woraufhin man schlussfolgerte, dass Sarbandi gerade gebetet hatte. Indem Richter Tardast Sarbandi unterstellte, eine »Zeitehe«, einzugehen, auch wenn er diese als »widerlich« einstufte, versuchte er, Sarbandi als moralisch integer darzustellen.

Die »Zeitehe« ist ein schiitisches Konstrukt, um außerehelichen Sex, meist gegen finanzielle Gegenleistung, zu ermöglichen. Die Zeitehe kann je nach Bedarf eine halbe Stunde bis hin zu 99 Jahren dauern. Im Iran darf ein Mann vier Frauen lebenslang heiraten und eine unbegrenzte Anzahl von Zeitehen eingehen. Seit 2007 ist im Bürgerlichen Gesetzbuch verankert, dass die Ehe, und somit auch die Zeitehe, »erst« ab der »Volljährigkeit« erlaubt ist, was bei Mädchen mit neun, bei Jungen mit etwas über 14 Jahren der Fall ist.

Richter Tardast ignorierte allerdings, dass auch für eine Zeitehe eine Einvernehmlichkeit zwischen Mann und Frau gegeben sein muss. Ein Gebet vom Mann allein reicht dafür nicht aus. Die Familie Sarbandi hatte vor Gericht mehrmals bestritten, dass Morteza Sarbandi jemals eine Zeitehe eingegangen war, und stets seine Loyalität seiner Ehefrau gegenüber unterstrichen.

»Obwohl es dem Anschein nach nicht so aussieht, als

---

75 Aqiq-Ringe werden von gläubigen Muslimen getragen, da der Prophet Mohammed einen solchen Ring trug. Er erinnerte damit an die Entfernung der Götzen aus der großen Moschee in Mekka im Jahr 630 n. Chr.

76 Gerichtsurteil, S. 23

hätte die Beschuldigte tatsächlich die Absicht gehabt, den Ermordeten zu töten, führten die zugefügte Verletzung und die Stoßreichweite des Küchenmessers, das als Mordwaffe zu betrachten ist, am Brustkorb des Ermordeten zu einer Verletzung der Lunge. Infolge der Verletzung der großen Venen der Lungenwurzel entstanden starke Blutungen, an denen der Ermordete stirbt. Deshalb wird die Tat als vorsätzlicher Mord eingestuft, auch wenn keine Absicht einer Tötung vorlag.«[77]

Auch wenn keine Tötungsabsicht nachgewiesen werden konnte, verurteilte Richter Tardast Reyhaneh nach dem Paragrafen der »Weisheit des Richters« wegen vorsätzlichen Mordes zur Blutrache durch *qisās* – Tod durch Erhängen.

Liebe Shole,

ich durchlebe sehr schwierige Zeiten. Ich lüge, wenn ich sage, ich sei hoffnungsvoll. Ich lüge, wenn ich sage, mein Herz sei leicht. Ich lüge, wenn ich sage, ich werde überleben. Ich werde sterben. Wie es im Urteil steht, bin ich zum Tod durch den Strang verurteilt. Mein ganzes Leben ist zerbrochen.

Alles, was ich tue, ist eine Täuschung: mein Lachen, mein Weinen, mein Glück und meine Traurigkeit, all das ist nur vorgetäuscht. Jetzt bin auch ich eine Lüge.

Alle Tage und Stunden meines Lebens laufen vor meinen Augen ab. Kindheit, Pubertät und Jugend, die verpfuscht wurden. Erinnerst Du Dich an den ersten Tag in der Schule mit dem engen Hijab, der mir sehr wichtig war? […] Ich wünschte, ich würde mit meinen Spielkameradinnen immer noch »Tante Ziege« spielen. […] Weißt Du noch, dass ich der Augapfel von Frau Barazandeh war? Was für eine glänzende Zukunft sie sich für mich ausmalte! Jetzt teile ich diese glänzende Zukunft mit dem Galgen. […]

77 Gerichtsurteil, S. 26

Reyhaneh im Gerichtssaal

Mein Herz schmerzt, wenn ich sehe, wie Du hoffst. Warte und erwarte nichts mehr. Es ist sinnlos. […] Ich habe Mitleid mit Dir. Warum liebst Du mich? Ich wünschte, Du würdest mich hassen. Ich wünschte, Du hättest mich gar nicht erst auf die Welt gebracht.

Meine Liebe, […] ich will nur die Freiheit, die es nicht gibt und die ich nicht erreichen kann. Ach, wie sehr brauche ich Deine Umarmung. Wie sehr brauche ich die warme Gegenwart meines Vaters. Und die Ungezogenheit von Sharare und Shahrzad. Oh, wie sehr ich das Licht und den Geruch unseres Hauses vermisse. Wie sehr ich ein Abendessen zu fünft vermisse und danach den Streit mit den Schwestern darüber, wer den Tisch abräumen muss. Ich wünschte, ich könnte mein Zuhause noch einmal sehen und meine Sinne mit seinem Geruch füllen. […]

Ich möchte schreien, dass ich Angst habe. Ich habe Angst vor der Kälte in der Dämmerung. Ich habe Angst vor den Dienstagen [dem Tag, an dem man für die Hinrichtungen in Einzelhaft gebracht wird]. Ich habe Angst vor Handschellen und Augenbinden. Ich habe Angst vor den Verletzungen an meinem Hals, die der Strick verursacht. […]

Meine Mutter, fürchte Dich nicht. Das Leben ist fließend. Du weißt, dass jede Aktion eine Reaktion nach sich zieht. Und ich werde für den getötet werden, den ich getötet habe. Ich wünsche mir, dass diese Art von Tod die Wiedergutmachung für alle meine kleinen und großen Sünden ist. Drei Menschen brauchen Dich. Also sei stark. Ich bin mir sicher, dass Du auch für sie Dein Bestes geben wirst. Ich bin sehr einsam, aber mich an Dich zu erinnern, gibt mir neue Kraft. Reyhaneh[78]

78 Reyhaneh Jabbari, Brief an Shole vom 16.08.2010

Kokon

Wie konnte das Land, das ich liebte und schätzte, so mit den Rechten und dem Leben meiner Tochter umgehen?

Mostafaei, Reyhanehs Anwalt, versuchte uns zu beruhigen. Die Chancen stünden nicht schlecht, dass in zweiter Instanz, beim Obersten Gericht, das Todesurteil wieder aufgehoben werde. Nachdem seine Kollegin Shadi Sadr während der Proteste 2009 verhaftet worden war und immer noch in Haft saß, verfasste Mostafaei den Einspruch gegen das Urteil allein. Er wies auf alle Unstimmigkeiten in der Beweisführung und juristisch inakzeptablen Passagen hin und forderte einen Freispruch, basierend auf Notwehr.

Reyhaneh war Einwohnerin Teherans, ihre Tat und Verhaftung fanden in Teheran statt, ihr Gericht tagte in Teheran, und ihr Gefängnis war in Teheran gelegen. Dennoch wurde ihre Akte nicht an das Oberste Gericht in Teheran geschickt, sondern nach Qom. Mostafaei rief uns alarmiert an. Qom ist eine sehr religiöse Stadt, und der Oberste Gerichtshof in Qom galt als religiös geprägte Instanz. Die Ideologie der Beschäftigten dort grenzte an Fanatismus, und sie arbeiteten eng mit dem Regime und dem Geheimdienst zusammen. Das sei wirklich gefährlich, sagte Mostafaei.

Ich stand gerade in der Küche vor der Spüle und wusch frische Kräuter für das Mittagessen, als Mohammad Mostafaei erneut anrief und mir mitteilte, dass er spontan verreisen müsse. »Was wird dann mit Reyhanehs Verfahren?«, fragte ich beunruhigt. Beschwichtigend antwortete er: »Machen Sie sich keine Sorgen. Ich habe schon meinen Anwaltskollegen Abdolsamad Khorramshahi informiert, er wird Reyhaneh so lange vertreten.«

Erst über BBC Persian, den persischsprachigen Fernsehsender, der von London aus die neuesten Nachrichten sendet und den man nur über eine Satellitenschüssel[79] empfangen konnte, erfuhr ich, dass Mostafaei den Iran für immer verlassen hatte. Er war wegen seiner Arbeit massiv unter Druck gesetzt worden und suchte Exil in Norwegen.

Kurz darauf erzählte mir Reyhaneh am Telefon, dass sie gesehen hatte, wie Mostafaeis Frau in die Abteilung 209 im Evin-Gefängnis in Einzelhaft gebracht worden war. Insassinnen, die als Reinigungskräfte arbeiteten und Zugang zu den Isolationszellen hatten, versuchten ihr mit kleinen Aufmerksamkeiten wie Shampoo und Bettzeug den Aufenthalt zu erleichtern. Die Verhaftung von Mostafaeis Frau war ein übliches Vorgehen des Regimes, um den Geflohenen zu bestrafen und indirekt zu foltern. Um die Flucht nicht zu gefährden, lassen viele ihre Familie zu Hause, weil sie Aufmerksamkeit vermeiden möchten oder illegal das Land verlassen müssen und ihre Liebsten dieser Gefahr nicht aussetzen möchten.

Sofort rief ich Mostafaei an, erreichte ihn aber nicht und hinterließ ihm eine Nachricht, um ihn über die Inhaftierung seiner Frau zu informieren.

In einem Interview auf BBC Persian verfolgte ich, wie Mostafaei um seine Tochter weinte, die er bei seiner Ehefrau im Iran gelassen hatte. Auf die Frage, wie er seiner Tochter

79 Der Besitz von Satellitenschüsseln sowie der Empfang ausländischer Fernsehsender ist im Iran verboten und den Behörden ein Ärgernis. Die meisten Iranerinnen und Iraner gehen dieses Risiko aber ein, um Zugang zu unzensierten Nachrichten zu haben.

erklären könne, dass er sie zurückgelassen habe, antwortete er unter Tränen, dass er seine Tochter sehr vermisse, aber sich sicher sei, dass sie verstehen werde, warum er sie allein lassen musste. Mostafaei hatte sein Heimatland verlassen, weil er für zum Tode verurteilte Minderjährige gekämpft hatte. Wegen Reyhanehs Fall und insbesondere des Verfahrens von Sakineh Mohammadi, die wegen Ehebruchs und Beihilfe zur Ermordung ihres Ehemanns zum Tod durch Steinigung verurteilt worden war, stand seine eigene Verhaftung bevor. Glücklicherweise wurde Mostafaeis Frau nach drei Monaten aus der Haft entlassen. Gemeinsam mit ihrer Tochter konnte sie den Iran verlassen und ihrem Mann nach Norwegen folgen.

Ende Juli 2010, ein halbes Jahr nach dem Einreichen ihrer Revision, erhielt Reyhaneh eine diesmal zwar schlüssig ausgeführte, aber vernichtende Antwort vom Obersten Gericht aus Qom. Reyhanehs Verurteilung zur Blutrache Qisās wurde bestätigt: Tod durch Erhängen.

Nachdem ich das Urteil gelesen hatte, war mein Hals plötzlich wie ausgetrocknet. Ich las diese Zeile immer und immer wieder. Die gedruckten Wörter verschwammen vor meinen Augen. Ich hatte keine Angst, und ich war auch nicht wütend. Ich erinnere mich vor allem an das überwältigende Gefühl, es nicht glauben zu können.

Später fanden wir heraus, dass Richter Tardast seinem Urteil einen handschriftlichen Brief an die zuständigen Richter beigelegt hatte. Darin versicherte er ihnen, dass Reyhanehs Fall rundum umfassend beleuchtet und überprüft worden war. Er rate den Richtern, nicht auf Reyhanehs Anwälte zu hören, da sie politische Aktivisten seien. Die Hinrichtung sei die angemessene Strafe für diesen Fall. Richter Tardasts Brief hatte anscheinend seine Wirkung nicht verfehlt.

Unsere einzige Hoffnung, Reyhanehs Leben zu retten, lag

nun darin, dass die Familie des Toten auf die Vollstreckung des Urteils verzichtete. Denn nach islamischem Recht der Qisās kann die Verurteilte von der Familie des Geschädigten begnadigt werden. Das Oberhaupt der geschädigten Familie muss die Entscheidung über Leben und Tod treffen. Das ist per Gesetz nicht die Ehefrau, sondern der älteste männliche Nachfahre, in diesem Fall Jalal Sarbandi.

Doch nicht nur die Begnadigung lag in seiner Hand. Wenn sich eine Familie dazu entscheidet, die Blutrache vollstrecken zu lassen, hat sie auch das Recht, der Hinrichtung beizuwohnen. Bei einem Urteil wegen Mordes ist sie sogar dazu berechtigt, sie selbst auszuführen – etwa durch Wegstoßen des Hockers oder Podests unter den Füßen der Hinzurichtenden oder, bei moderneren Hinrichtungsanlagen[80], auf einen Knopf zu drücken, damit das Podest mechanisch unter den Füßen der Hinzurichtenden weggezogen wird.

Das Leben unserer Tochter lag also in Jalals Hand. Wir setzten alles daran, Kontakt mit ihm aufzunehmen, aber er nahm unsere Anrufe nicht entgegen und war auch sonst nicht auffindbar.

So versuchten wir, uns auf anderen Wegen Jalal und seiner Familie zu nähern. Über den Besitzer des Secondhandshops nahe der Haltestelle Niroo-Havayi, in dem wir damals die Einladung zu den Feierlichkeiten zum vierzigsten Tag nach dem Tod von Morteza Abdolali Sarbandi entdeckt hatten, erhielten wir Zugang zur Schwester des Verstorbenen.

Wir hofften, durch sie die Familie zu einem Vergebungsgespräch zu bewegen. In solchen Gesprächen kann es auch um die Höhe der *diyya*, des »Blutgeldes«, gehen. Die Zahlung soll den Verlust des geliebten Menschen finanziell ausgleichen. Das Blutgeld für eine Frau entspricht laut Koran

80 Diese Anlagen gibt es im Iran seit 2014.

der Hälfte des Betrags für einen Mann, dessen Wert mit 100 Kamelen angegeben wird – eines der systematisch sexistischen Gesetze des Iran. In Mordverfahren kann die Summe für das Blutgeld aber auch individuell festgelegt werden. Sie kann somit extrem hoch sein, Milliarden Toman, eine Million Euro, sind keine Seltenheit. Im Prinzip ist aber auch ein kostenfreies Vorgehen möglich.

Wir waren bereit, jegliche geforderte Summe zu zahlen, auch wenn das bedeutete, dass wir unser Haus verkaufen und Schulden aufnehmen mussten.

Der Schwager von Sarbandi erklärte sich bereit zu einem ersten Treffen. Bei anderen Vergebungstreffen hatte es sich anscheinend als sehr hilfreich erwiesen, wenn man von einer berühmten Persönlichkeit, die einen selbst und das Anliegen unterstützt, begleitet wird. Da der Iran eine große Wrestler- und Ringer-Nation ist und diese Sportart sich großer Beliebtheit erfreut, nahm Fereydoon seinen Bekannten Mohammad Hassan Mohebbi mit. Er ist mehrfacher asiatischer Meister im Freiringen und Gewinner der Bronze- und Silbermedaille[81] bei den Olympischen Spielen. Da das Treffen nur unter Männern stattfinden sollte, blieb ich ihm fern und wartete ungeduldig auf Fereydoons Rückkehr.

Als er endlich wieder zu Hause war, wollte ich jedes Detail des Gesprächs erfahren, vor allem aber, warum das Treffen so lange gedauert hatte.

»Sie haben uns zum Mittagessen eingeladen!«

---

81 Bei der Weltmeisterschaft 1985 in Budapest verlor Mohebbi im Finale gegen den US-Amerikaner William Scherr und gewann die Silbermedaille. Bei der Siegerehrung wurde er von den iranischen Funktionären gezwungen, das Podium zu verlassen, um bei der amerikanischen Hymne und Flagge nicht strammzustehen. Die FILA-Exekutive entzog ihm daraufhin seine Medaille, die dann an den Deutschen Roland Dudziak weitergereicht wurde.

»Ihr habt euch zum Mittagessen an ihren Tisch gesetzt?!«

»Ja, unser Gespräch dauerte so lange, dass sie anfingen Essen zu servieren. Als ich gehen wollte, sagte Sarbandis Schwester: ›Ich lasse Sie nicht gehen, ohne dass Sie gegessen haben. Bitte bedienen Sie sich.‹ So haben wir uns hingesetzt und gemeinsam gegessen.«

Das war unglaublich! Die Familie des Getöteten, die per Gesetz über Leben und Tod entscheiden kann, verhält sich oft herablassend und demütigt die Familie der Verurteilten. Die um Gnade bittende Familie spricht aus einer schwachen, bescheidenen Position heraus und nutzt Sätze wie: »Setzen Sie Ihren Fuß auf mich, ich bin der Boden unter Ihren Füßen.« Auch wir waren bislang von den Sarbandis im Gericht übel beschimpft worden. Aber nun wurde Fereydoon von der Familie von Sarbandis Schwester höflich zum gemeinsamen Essen eingeladen?

Wir werteten das als großen Erfolg und waren uns sicher, dass dies ein erster Schritt war, um Reyhanehs Leben zu retten. So setzte Fereydoon unsere Bemühungen fort und besuchte in regelmäßigen Abständen Sarbandis Schwester und ihren Ehemann, um über sie einen Kontakt zu Jalal zu erlangen.

Wir wussten, dass das Todesurteil Reyhaneh stark beschäftigte, auch wenn sie selten über ihre innersten Gefühle mit uns sprach. Und wir unternahmen alles, um sie auf andere Gedanken zu bringen: Ihre Schwestern sprachen mit ihr über Fröhliches und Amüsantes, auch wenn sie sich selbst enorme Sorgen machten. Aber nach außen hin verbargen wir alle unsere Gefühle und versuchten jeden gemeinsamen Moment mit Reyhaneh zu genießen. Wenn Sharare und Shahrzad mit Reyhaneh telefonierten, spielten sie ihr die neuesten Hits vor. Manchmal hörten die anderen Häftlinge durch den Telefonhörer mit. Ich war stolz auf meine Kinder, dass sie in diesen schweren Zeiten so sehr füreinander einstanden.

Um sich von dem fatalen Gerichtsurteil abzulenken, intensivierte Reyhaneh ihre Arbeit in der Gefängnisverwaltung. Manchmal arbeitete sie ununterbrochen und unentgeltlich von sieben Uhr morgens bis elf Uhr abends. Ihre Aufgaben reichten vom Registrieren der Zu- und Abgänge der Inhaftierten und dem Ausfüllen der Freilassungsformulare bis hin zum Einpflegen der Daten in das neu erworbene digitale System. Nach all den Jahren geflissentlicher Arbeit vertraute ihr die Gefängnisleiterin Frau Rezaie so sehr, dass sie sogar Briefe in ihrem Namen verfassen durfte, die diese dann lediglich unterschrieb – so, als wäre Reyhaneh ihre Sekretärin und keine Gefangene. Reyhaneh mochte Frau Rezaie sehr und bewunderte ihre Aufrichtigkeit und ihr ausgeprägtes Gerechtigkeitsgefühl.

Ich wusste, wie wichtig es für meine Tochter war, dass sie als Mensch wahrgenommen wurde und sich nicht nutzlos fühlte. Aber nicht nur zu ihrer Chefin, sondern auch zu einigen der gleichaltrigen Beamtinnen, die in der Gefängnisverwaltung arbeiteten, hatte sie ein gutes Verhältnis. Vor allem mit Frau T., einer jungen Frau in ihrem Alter, die mit der Arbeit im Gefängnis ihr Studium finanzierte, war sie gut befreundet. Frau T. brachte ihr immer wieder Kleinigkeiten mit ins Gefängnis. Im Gegenzug half Reyhaneh ihr bei Studienprojekten oder richtete ihr Lunchpakete für die Uni her. Sogar an den arbeitsfreien Tagen von Frau T. telefonierten die beiden miteinander, und während der Schicht waren sie unzertrennlich.

Eines wolkenverhangenen trüben Tages Anfang Februar 2011 wurde die Gefangene Sahra Bahrami im Morgengrauen hingerichtet. Reyhaneh kannte sie nicht gut, da sie in einer anderen Abteilung inhaftiert war. Wie immer wurden die Habseligkeiten vom Gefängnispersonal zusammengeräumt, registriert und so lange aufbewahrt, bis die Familie sie abholte.

Nur ein paar Tage später wurde der Gefängnisleiterin Frau Rezaie ihre Liebe zur Gerechtigkeit zum Verhängnis, und ihre unbequeme Art, auf Missstände im Gefängnis hinzuweisen, führte dazu, dass sie ihre Position verlor und in die Personalabteilung versetzt wurde. Frau Rezaie bat Reyhaneh und Frau T., heimlich ihr Büro zu räumen und ihr alle Unterlagen zu bringen. Während Reyhaneh und Frau T. die Akten und Dokumente von Frau Rezaies Schreibtisch zusammensuchten, entdeckten Reyhaneh und Frau T. ein kleines Kästchen, das mit dem Namen Sahra Bahrami beschriftet war und an einem Kleiderbügel hing. Sie überlegten, was sie damit machen sollten, und beschlossen, es in der Schreibtischschublade zu verstauen.

Einen Monat später wurden Reyhaneh ein schmales Armband, ein Paar Ohrringe und ein Anhänger von einer Mitinsassin zum Kauf angeboten, mit der Begründung, dass sie Geld brauche. Reyhaneh kaufte ihr das Armband ab. Kurz darauf wollte die Tochter von Frau Bahrami die Habseligkeiten ihrer Mutter abholen und bemerkte, dass Wertgegenstände fehlten. Obwohl die gesamte Abteilung danach suchte, wurden sie nicht gefunden, woraufhin Frau Rezaie als Verantwortliche beschuldigt wurde, die Schmuckstücke gestohlen zu haben. Erst nach längeren Recherchen erfuhr Reyhaneh, dass genau das Armband, das sie erstanden und mittlerweile mir zur Aufbewahrung gegeben hatte, ursprünglich Frau Bahrami gehört hatte. Reyhaneh forschte weiter und fand heraus, dass Frau T. die Schmuckstücke an dem Abend entwendet und durch eine Gefangene gegen eine Provision hatte verkaufen lassen.

Doch in einem vertraulichen Gespräch bestritt Frau T. alles und weigerte sich, die restlichen Wertgegenstände zurückzugeben. Reyhaneh war verzweifelt. Sie hatte einerseits Frau Rezaie versprochen, das Ausräumen ihres Büros geheim zu halten, andererseits konnte sie nicht verschweigen, dass Frau T. die Wertgegenstände einer hingerichteten Frau gestohlen hatte. Sie konnte nicht mehr schlafen, nicht mehr essen. Was sollte sie tun?

Ich rasierte mir eine Glatze. Kein Haar ist mehr auf meinem Kopf. Ich ließ die Wut all dieser Jahre an meinen langen Haaren aus. […] Um nicht allein zu sein, überredete ich ein paar Zellengenossinnen, sich ebenfalls die Haare abzurasieren. […] Ich erinnere mich an meine glücklichen, unbeschwerten Tage. An die Tage, an denen meine größte Sorge darin bestand, meine Tasche und meine Schuhe aufeinander abzustimmen, und an den Tag, an dem ich meinen schwerwiegendsten Fehler begangen hatte. Es gibt für mich keinen Stolz mehr. Nur die Erinnerung an ihn bleibt. […] Ich habe alles verloren. Am Ende auch noch meine Schönheit, indem ich meine Haare abrasiert habe. Dies ist mein Appell an die Welt. Mein Protest an das gesamte Universum. Ich habe mir das Letzte genommen, um die Welt damit zu beruhigen, dass ich nichts mehr habe.[82]

Ich wurde zum internen Gericht nach Evin geladen, um das gekaufte Diebesgut zurückzugeben. Nachdem ich dem Richter das Armband ausgehändigt hatte, erblickte ich auf dem düsteren langen Korridor Reyhaneh, die vor dem Zimmer des Richters warten musste. Nachdem ich ihr kaltes Gesicht geküsst hatte, bat ich sie kurz, ihr Kopftuch abzustreifen, damit ich ihre Glatze sehen konnte. Widerstrebend schob sie den Schleier und das Stirnband beiseite. Ihr Gesicht sah sehr schön aus, und etwas Spirituelles umwehte sie.

»Du siehst aus wie eine Nonne«, sagte ich, legte meine Hand auf ihren rasierten Schädel und küsste ihn. »Ich liebe

82 Reyhaneh Jabbari, Tagebucheintrag vom 14.04.2011

dich, egal was passiert. Fereydoon hat sich auch seinen Kopf rasiert, damit du nicht allein bist«, erzählte ich ihr mit einem Lächeln auf der Lippe.

Der Richter öffnete die Tür. Rasend schnell zog Reyhaneh ihren Schleier wieder über den Kopf. Erstaunt rief er aus: »Sie sind ja immer noch da?«

»Ich bin schon weg«, rief ich ihm entgegen, küsste noch einmal meine Tochter und eilte den Korridor entlang.

Kaum hatte ich Evin verlassen, rannte ich den ganzen Weg den Hügel hinauf, und mein Herz schmerzte für meine junge Tochter, die in dieser unheimlichen Umgebung leben musste. Reyhaneh wurde wegen Kaufes und Aufbewahrung von Diebesgut sowie wegen Rebellion und Anstiftung zum Ungehorsam im Gericht in Evin verurteilt.

Ich habe verstanden, dass man in dieser Gesellschaft nicht nach Schönheit sucht. Die Schönheit des Aussehens, die Schönheit der Gedanken und Wünsche, eine schöne Handschrift, die Schönheit der Augen und des Sehens und sogar die Schönheit einer Stimme. [...] Als ich das letzte Zeichen der Schönheit von mir abstreifte, indem ich mir die Haare rasierte, wurde ich belohnt: elf Tage Einzelhaft.[83]

Ich wurde in einer Einzelzelle untergebracht, deren Toilette defekt war, die keine Lüftungsmöglichkeit hatte und voller Mücken war. Mir wurde von dem starken Gestank schlecht. Ich musste die Beleidigungen der Wärter, die von der Offenlegung der Wahrheit frustriert waren, ertragen. Sie waren verärgert, dass ich den Namen ihrer Kollegin enttarnt hatte. Sie fesselten mir die Hände auf dem Rücken, schlugen mir ins Gesicht und beschimpften mich auf übelste Weise.[84]

83 Reyhaneh Jabbari, Brief an Shole vom 01.04.2014
84 Reyhaneh Jabbari, Tonaufnahme vom 15.04.2014

Die Handschellen waren sehr eng. […] Ich versuchte, mit Fesseln zu schlafen. Meine Schulter schmerzte. Mein Handgelenk war heiß. Das Geräusch der sich wieder schließenden Tür. Shahin und Mona und Sahar und Farzaneh wurden in Einzelzellen gebracht. Ihr Verbrechen war es, eine Glatze zu haben, und vor allem waren sie meine Mitbewohnerinnen! Ein unverzeihliches Verbrechen.[85]

Anschließend begann die Verlegung der Gefangenen nach Shahr-e Rey.[86]

---

85 Reyhaneh Jabbari, Tagebuch 21.04.2011
86 Reyhaneh Jabbari, Tonaufnahme vom 15.04.2014

Hölle auf Erden

Reyhaneh wurde mit allen anderen nicht politischen Häftlingen in das Gharchak-Frauengefängnis verlegt. Nach der kleinen Stadt, zu der es gehört, wurde es von vielen Shahr-e-Rey-Gefängnis genannt. Es war weit entfernt von unserer Wohnung und lag in einer wüstenartigen Landschaft. Eine Seite der Zugangsstraße wurde von hohem Schilf gesäumt. Zuvor war das Gebäude eine Rinderfarm gewesen. Bei unseren ersten Besuchen befand es sich noch im Umbau. Das Wartezimmer besaß kein Dach, Vögel flogen umher. In den Besuchsräumen war es heiß, sehr schmutzig und vollkommen überfüllt.

Reyhaneh erzählte uns, dass man in die ehemaligen Stallungen ein paar Zwischenwände eingezogen hatte und dort in die kleinen Abteile eine große Anzahl von Gefangenen zwängte. Wenn man nicht das Glück hatte, ein Bett zu ergattern, musste man auf dem Teppich zwischen den dreistöckigen Betten schlafen. Es gab anfangs weder eine Heizung oder Klimaanlage noch Fenster, und die Gefangenen waren schutzlos der Winterkälte und Sommerhitze ausgeliefert.

Im Vergleich zu Evin waren die Haftbedingungen menschenunwürdig. Die hygienischen Einrichtungen waren vollkommen unzulänglich, die tägliche Essensration war knapp bemessen und das Wasser salzig, sodass wir Reyhaneh baten, nur gekauftes Wasser zu trinken. Unter den Gefangenen, die schnell an zahlreichen Krankheiten und Mangelerscheinungen litten, kursierte für das Gefängnis bald auch der Name

»Die Hölle auf Erden«. Das berühmt-berüchtigte Evin-Gefängnis wurde dort nur »Hotel Evin« genannt.

Welcher Idiot ist morgens aufgewacht mit der Idee dieser Gefängnisverlegung? 1800 Frauen, die aus verschiedenen Gefängnissen und Systemen kamen, wurden hier zusammengepfercht, und es gibt keinen Tag ohne Kämpfe um Wasser, Brot, Schlaf, Medikamente und anderes. Eine ehemalige Rinderfarm, die pro Saal eine Kapazität von 150 Personen hat, aber 190 Personen beherbergt. Ich bin es leid. Die Gefängnisleitung scheint uns für Tiere zu halten. Es ist wie in einem Kriegsgefangenenlager. Eine Mauer, so weit das Auge reicht, und es gibt keinen einzigen grünen Grashalm. Das Wasser ist extrem salzig und reizt die Haut.[87]

Doch obwohl die Haftbedingungen furchtbar waren und es nur einen sehr beschränkten Zugang zu Medien und Zeitungen gab, sagte Reyhaneh, dass sie sich in Shahr-e Rey wohler fühlte. »Der Boden ist nicht wie in Evin von Blut getränkt.« Das konnte ich nachvollziehen, denn in Evin wurden seit Jahrzehnten Hinrichtungen durchgeführt, während Shahr-e Rey keine solche Geschichte hatte. Es gab noch nicht einmal eine Hinrichtungsvorrichtung, weshalb die Gefangenen zur Hinrichtung in andere Gefängnisse gebracht wurden.

Man bot Reyhaneh auch in Shahr-e Rey wieder an, in der Gefängnisverwaltung zu arbeiten, da sie Erfahrung hatte. Aber sie lehnte ab. Ihre Erfahrungen in Evin hatten ihr gezeigt, wie brutal die Gefängnisverwaltung agierte, wenn nicht jemand wie Frau Rezaie dies abfederte. Nie wieder würde sie für das Gefängnis arbeiten, auch wenn das bedeutete, dass sie all ihre Privilegien verlor und wir unsere Toch-

87 Reyhaneh Jabbari, Tagebuch 06.05.2011

Heimliche Aufnahme des Shahr-e-Rey-Gefängnisses

ter nur noch mit einem Schutzglas zwischen uns besuchen konnten.

Viele von Reyhanehs engen Gefährtinnen waren auch nach Shahr-e Rey verlegt worden, wie zum Beispiel Rahele. Sie bildeten eine familienähnliche Gruppe, unterstützten und beschützten sich gegenseitig. Aber es gab auch Frauen, die Reyhaneh schon in Evin verabscheut hatten und die nun auch in Shahr-e Rey waren. Eine davon war Sahar. Immer war sie in irgendeinen Kampf verwickelt gewesen oder hatte die anderen mit unflätigen Sprüchen drangsaliert. Reyhaneh hatte sich bisher von ihr ferngehalten und ihre Gewaltbereitschaft verachtet.

Bei einem meiner ersten Besuche im Shahr-e-Rey-Gefängnis erzählte mir Reyhaneh, wie die Wärter am Tag zuvor alle Gefangenen grundlos mit Schlagstöcken und Elektroschockern angegriffen hatten. Reyhaneh habe sich mit Sahar in eine Ecke verkriechen und somit dem Angriff größtenteils entkommen können. Die beiden so unterschiedlichen Frauen näherten sich damals an und wurden später enge Freundinnen.

Sahar, eine Frau mit vernarbten Armen und sanften Augen, war wegen Mordes an ihrem Mann zur Blutrache verurteilt worden. Unzählige Male hatte er Sahar fast zu Tode geprügelt, und ihr Körper war voller Narben von Messerstichen, die er ihr zugefügt hatte. Um dieser gewalttätigen Ehe zu entkommen, beschloss Sahar, sich scheiden zu lassen. Doch schnell musste sie feststellen, dass eine Frau im Iran für die Scheidung die Einwilligung ihres Mannes benötigt. Nur in sehr extremen Fällen kann dies umgangen werden.

Ihr Ehemann willigte jedoch nicht ein, versteckte ihre Geburtsurkunde und verweigerte ihr sogar Nahrung. Sahar hielt es nicht mehr aus und floh zu ihrem Vater, der sie aufnahm. Doch sie suchte ihren Ehemann vor einem Restaurant auf, um ihn zu bewegen, die Geburtsurkunde herauszugeben. Der Streit eskalierte, und in aller Öffentlichkeit zog ihr Mann ein Messer und wollte sie erstechen. Sahar, die zu ihrem Schutz auch ein Messer dabeihatte, wehrte sich und erstach ihren Ehemann. 2010 stand sie im Gericht vor Richter Hassan Tardast. Dieser brauchte weniger als eine halbe Stunde, um das Urteil über sie zu fällen: Blutrache durch Erhängen.

Ich verbrachte einen weiteren Tag in dem Massengrab, das als Shahr-e-Rey-Gefängnis bekannt ist, das voller Spannungen und Streitigkeiten ist, ohne jegliche Sauerstoffzufuhr, in einer erstickenden Atmosphäre, die immer erdrückender und toxischer wird, je mehr Hass die unerbittlichen Gefängniswärter verbreiten. Ich habe mich in mein Bett geflüchtet.

Heute hat ein einfaches Kinderspiel, das uns ein Lächeln ins Gesicht hätte zaubern können, den Tag ruiniert, weil ein boshafter Gefängniswärter sich eingemischt hat. Die jungen Gefangenen, die normalerweise wegen kleinerer Vergehen wie Diebstahl, Nichttragen des Hijab oder Beschimpfung von Polizisten inhaftiert sind, spielten mit einer Wasserflasche. Sie legten die leere Flasche auf den Boden und drehten sie herum. Die Person, auf die die Flasche zeigte, nachdem sie aufgehört hatte, sich zu drehen, musste eine Aufgabe erfüllen. Es begann mit Heiterkeit und Freude. Gelächter erfüllte den Raum.

Als ein höhnischer und hinterhältiger Gefängniswärter, der die Gefangenen nicht gerne lachen hörte, brutale Aufgaben vorschlug, verwandelte sich das Spiel in eine echte Katastrophe. Das Ergebnis waren Ohrfeigen durch die Beamten und das Ablecken der Toilette. Ich wurde Zeugin, wie aus Lachen laute Schreie, schnelles Atmen, geschwollene Halsadern, rote Gesichter, Schlägereien und schließlich Bestrafung und Müdigkeit wurden.[88]

Unsere Familie hatte sich an das neue Gefängnis, die weite Anfahrt und die unregelmäßig stattfindenden Besuchstermine gewöhnt und entsprechend eingerichtet. Wir bauten unsere Leben um Reyhaneh und ihr Schicksal im Gefängnis herum.

Gleichzeitig versuchten wir mithilfe verschiedener Vermittler, Reyhanehs Urteil in eine andere Richtung zu lenken. Wir zahlten Bestechungsgelder, damit ihre Akte im Stapel der Fälle zur Vollstreckung nach unten rutschte; wir entrichteten »Gebühren«, damit ihr Fall in die Hände eines hohen Justizbeamten oder Politikers gespielt wurde, der vielleicht Einfluss nehmen konnte. Und natürlich hielt Fereydoon weiterhin den Kontakt zur Familie von Sarbandis Schwester in der Hoffnung, dass wir durch sie irgendwann Zugang zu Jalal erlangen würden. Wir hofften, dass Reyhaneh bald eine Chance bekam und aus dem Gefängnis entlassen werden würde.

Obwohl das Gefängnis und die dortige Gesellschaft das

88 Reyhaneh Jabbari, Selbstverteidigungsbrief 5, 2014

Zentrum der Einschränkungen waren, der Missstände, der Kriminalität, der üblen Ausdrücke, des schlechten Benehmens, der Selbstverletzungen, lehrte dieser Ort mit seinen Menschen und Erfahrungen unsere Tochter etwas Wichtiges. Das Gefängnis war wie ein Kokon für Reyhaneh. Sie veränderte sich, hörte auf zu beten und wandte sich einer neuen Menschlichkeit zu, die fern von religiösen Dogmen war.

Mauern und Zäune haben unterschiedliche Formen. Manchmal sind sie aus Ziegeln, Zement und Beton. Manchmal aus Stangen und Eisen. Aber es gibt auch unsichtbare Schranken im Leben eines Menschen: die Mauern, die wir mit unseren Gedanken errichten. Manchmal ist es wirklich schwer und unmöglich, diesen Zäunen zu entkommen.

Ich bin einen Weg voller Schwierigkeiten und Leiden gegangen, um den jetzigen Frieden zu finden. […] Einen Weg, der mich von mentalen Barrieren befreit hat. […] Nach einer langen Zeit der Selbsterkenntnis im Gefängnis weiß ich, wer ich bin und wer ich sein möchte. Ich weiß, dass jeder Mensch eine Bestimmung für sich finden kann. Man muss Prinzipien für sich selbst aufstellen und nach ihnen leben. Im Alter von 25 Jahren machte ich diese Sichtweise für immer zum Kompass meines Denkens, und sie prägt mich bis heute.[89]

89 Reyhaneh Jabbari, Selbstverteidigungsbrief 14, 2014

Die Schuld der Frauen

Reyhaneh war nun schon über vier Jahre im Gefängnis. Obwohl wir unter den Gefangenen berühmt dafür waren, dass wir keinen einzigen Besuchstermin versäumten, merkten wir, dass die anderen Gefangenen Reyhaneh allmählich besser zu kennen begannen als wir. Während uns nur 20 Minuten Besuchszeit pro Woche blieben, waren sie 24 Stunden zusammen, teilweise schon seit Jahren. Sie befanden sich in einer ähnlichen Situation und gingen durch dick und dünn.

Shahrzad war vor allem auf eine Gefangene eifersüchtig, die Samira hieß und in ihrem Alter war. Reyhaneh und Samira lasen gern zusammen Hāfez[90]-Gedichte. Samira gestand Reyhaneh, dass sie sie an ihren Großvater erinnere, der auch immer gern mit ihr diese Gedichte gelesen hatte und der einzige liebevolle Mensch in ihrer Kindheit gewesen war. Von da an nannte Samira Reyhaneh *agha joon*, »Opa«.

Reyhaneh bemühte sich sehr um Samira, die eine eintönige und traurige Kindheit hinter sich hatte. Ihr Vater war drogenabhängig und verbot ihrer Mutter, das Haus zu verlassen. Die meiste Zeit stritten die beiden. Oft brachte ihr Vater nicht genügend Geld nach Hause, sodass Samira, ihre

90 Hāfez, geboren um 1315 oder 1325 in Schiras, ist einer der bedeutendsten persischen Dichter und Mystiker. Sein bekanntestes Werk ist der *Dīwān*. Im deutschsprachigen Raum wurde Hāfez vor allem durch die Rezeption von Goethes *West-östlichem Divan* bekannt, der stark vom Werk des persischen Lyrikers inspiriert ist.

Heimlich aufgenommenes Foto im Handarbeitssaal von Shahr-e Rey. Sahar, Samira und Reyhaneh. Alle drei haben als Urteil die Todesstrafe.

Schwester und ihr kleiner Bruder mit Entbehrungen aufwuchsen.

Samira war 14 Jahre alt, als ihre Mutter es nicht mehr aushielt und weglief. Während ihre jüngeren Geschwister weiter zur Schule gingen, sollte Samira zu Hause bleiben und sich um den Haushalt kümmern. Eines Tages kam ihr Vater mit einem Freund nach Hause. Samira zog sich in ihr Zimmer zurück, damit die Männer ungestört sprechen konnten.

Plötzlich öffnete sich Samiras Tür, und der Freund des Vaters betrat ihr Zimmer und vergewaltigte sie.

Die ganze Zeit hoffte Samira, dass ihr Vater ihre Schreie hören würde, dass ihr Vater sie retten würde. Nachdem der Mann Samiras Zimmer verlassen hatte, stellte sie fest, dass sie allein zu Hause war. Sie wartete auf ihren Vater, um ihm alles zu erzählen. Als er endlich zurückkam, merkte sie sofort, dass er schon längst alles wusste. Von diesem Moment an sprach sie kein einziges Wort mehr mit ihrem Vater. Aus Scham erzählte sie auch ihrer Mutter nichts davon, die kurze Zeit später reumütig nach Hause zurückkehrte. Der Alltag zwischen Konflikten und Armut ging weiter.

Eines Abends, Samira war gerade 15 Jahre alt, hatten ihre Eltern mal wieder eine heftige Auseinandersetzung. Müde von den Drogen und dem Geschrei schlief ihr Vater ein. Voll von Rage und dem Willen, dieser Misere zu entkommen, rief die Mutter Samira und ihre Schwester zu sich, wickelte einen Schal um den Hals ihres Mannes und befahl den Kindern, an einem Ende zu ziehen, während sie am anderen zog. Samiras Vater wachte auf. Erschrocken ließen Samira und ihre Schwester den Schal los. Die Mutter setzte sich daraufhin auf seine Brust und erdrosselte ihren Mann, während ihre Töchter danebenstanden und zusehen mussten.

Als der Vater tot war, rief die Mutter einen Bekannten an, der ihr half, in einem der Zimmer im Haus ein Loch zu graben, in dem sie den Leichnam begruben. Es dauerte fünf Monate, bis die Polizei alles herausfand. In dieser Zeit schärfte die Mutter den Kindern ein: »Wenn wir eines Tages von der Polizei befragt werden, dann sagen wir, dass wir diese Tat gemeinsam begangen haben. Man wird nicht drei Personen anstelle von einer hinrichten. So wird unsere Strafe milder ausfallen.«

Diese Worte waren so tief in die Köpfe der Mädchen eingedrungen, dass sie, als sie vor Richter Tardast standen und er sie fragte, ob sie ihren Vater ermordet hatten, beide bejahten. Einer genaueren Untersuchung bedurfte es für Richter Tardast nicht, und er verurteilte Samira im Alter von 15 Jahren, ihre Schwester im Alter von 11 Jahren und ihre Mutter zur Todesstrafe: Erhängen mit dem Strick.

Als Samira mit Erreichen ihrer Volljährigkeit aus der Jugendstrafanstalt in das Shahr-e-Rey-Gefängnis verlegt wurde, hielt sie immer noch an ihrer Aussage fest. Im Alter von 15 Jahren hatte sie sich damit abgefunden, dass ihre Existenz auf dieser Welt für niemanden eine Rolle spielte. Aber vor allem durch die intensive Freundschaft mit Reyhaneh wurde Samira bewusst, dass es Menschen gab, denen sie etwas bedeutete. Diese freundschaftliche Beziehung, die sich plötzlich in ihr Leben schlich, gab ihr Selbstwertgefühl. Sie merkte, dass Menschen durch ihren Tod leiden würden. Deshalb begann sie vor Gericht für ihre Schwester und sich zu kämpfen.

Samira setzte durch, dass das Todesurteil aufgehoben wurde, und nach insgesamt sechs Jahren Haft wurde sie entlassen. Viele Jahre später brachte sie ihre Tochter Melodie zur Welt. Sie singt ihr die Lieder vor, die Reyhaneh für sie gesungen hatte, um sie zu trösten und ihr etwas Gutes zu tun.

Durch die vielen Lebensgeschichten, die ihre Mithäftlinge Reyhaneh anvertrauten, wurde ihr bewusst, dass Frauen im Iran systematisch diskriminiert werden, denn die Geschichten ähnelten sich stets. Symptome einer Gesellschaft, die Frauen weniger Wert zuweist als Männern. Diese Erkenntnisse und geteilten Erfahrungen machten Reyhaneh demütig. Ich hatte mir zuvor noch nie Gedanken darüber gemacht, welche Verhältnisse es sind, die Frauen in die Prostitution zwingen. Doch Reyhaneh lehrte mich, meine Umgebung und mich mit anderen Augen zu sehen.

Ich bin zu Beginn meiner Jugend ins Gefängnis gekommen und habe hier viele hilflose Frauen gesehen, Frauen ohne jeden Schutz. Ich lebe mit den Albträumen ihres Lebens. Manchmal tauchen sie einfach in meinem Kopf auf. Ich lasse ihr Leben Revue passieren, damit ich nichts davon vergesse.[91]

Ich weiß, dass man nicht über eine andere urteilen kann, ohne ihre Situation in- und auswendig zu kennen. Aus dem Gespräch mit Mina habe ich gelernt, dass jede, die in ihre Lage käme, sich genauso entwickeln würde wie sie. Mir wurde klar, dass niemand in ihrer Situation der Prostitution entkommen konnte. [...]

Mina erzählte mir, dass ihre Mutter, die sich selbst als Prostituierte zu Tode arbeitete, sie und ihre Schwester zwang, ihre Körper zu verkaufen, damit ihre beiden Brüder ein gutes, leichtes Leben führen konnten. Mina hasste ihre Mutter, weil sie einen Unterschied zwischen Jungen und Mädchen machte. Sie hasste ihre Brüder. Vielleicht hasste sie sogar ihren einzigen Sohn, den sie nach einer Vergewaltigung mit 17 Jahren geboren hatte. Er verlangte, dass seine Mutter ihn noch aus dem Gefängnis finanziell versorgte!

Mina erzählte mir vom ersten Mal, als sie von einem korrupten, kriminellen Mann, der einen Teil der Einnahmen ihrer Mutter und ihrer Schwester einbehielt, an einen Mann mittleren Alters »verkauft« wurde. Sie erinnerte sich an ihr Weinen und Betteln. Sie war 12 Jahre und wurde vergewaltigt. Sie erzählte mir, dass immer, wenn sie danach mit einem Mann zusammenkam, ihr ganzes Gesicht von Tränen getränkt war. Sie verfluchte ihre Eltern, während sie zitterte und sich den Tod wünschte. Aber nach einer Weile wurde alles so normal, dass sie sogar lernte, wie man andere Mädchen mit Tricks in den Beruf lockte. Ich erkannte, dass Opfer zu Jägern werden, wenn sie alle

91 Reyhaneh Jabbari, Selbstverteidigungsbrief 8, 2014

Hoffnung verloren haben und beginnen, nach ihrem eigenen Gewinn zu jagen.

Minas Opfer waren Mädchen wie Mahsa, die von ihrem cracksüchtigen Bruder vergewaltigt wurde, seit sie 11 Jahre alt war. […]

Nusha war ein weiteres junges Mädchen im Gefängnis. Nachdem sich ihre Eltern hatten scheiden lassen, wollte keiner von beiden sie haben. Sie war sechs Jahre alt und lebte bei ihrer Großmutter, wo sie wiederholt geschlagen und gedemütigt wurde. Bis zu ihrem 15. Lebensjahr wurde sie mehrmals von ihrem Onkel vergewaltigt, sodass sie beschloss, aus dieser Situation zu entfliehen – eine gute und richtige Entscheidung. […] Sie lebte in den öffentlichen Toiletten der Stadtparks. Vor lauter Hunger verkaufte sie schließlich Drogen […], um zu überleben, und das Ende ist nicht überraschend: Gefängnis.

Ich, Reyhaneh, habe eine Frage: Wohin können sich diese Mädchen wenden, wenn sie sexuell bedroht, belästigt und versklavt werden? An die Regierung, an Organisationen oder an normale Bürger? Wer ist in der Lage, ihnen zu helfen?[92]

Erst durch Reyhanehs Erzählungen von den Lebensrealitäten ihrer Mitgefangenen verstand ich das ganze Ausmaß des Leids, das hinter den hübschen Fassaden unserer Städte herrschte. Ich hörte von Massenvergewaltigungen, Vergewaltigungen durch Väter, Brüder, Onkel. Ich hörte Geschichten wie die von Samira, die von ihrem drogenabhängigen Vater an einen Freund verkauft worden war. Bei vielen dieser Gespräche waren auch Sharare und Shahrzad anwesend. Sie waren genauso schockiert wie ich, als sie erfuhren, wie häufig Vergewaltigungen vorkommen und dass es jede und jeden treffen kann. Bis heute prägt diese Erkenntnis das Denken

92 Reyhaneh Jabbari, Selbstverteidigungsbrief 13, 2014

meiner Töchter. Immer wieder hatten sie sich gefragt, wie sie anstelle von Reyhaneh reagiert hätten. Hätten sie sich verteidigt? Oder nicht?

Und auch wenn die Frauen den Mut aufbringen, ihre Vergewaltigung anzuzeigen, und diese Männer vor Gericht bringen, ist es extrem schwer, eine Verurteilung zu erwirken. In der islamischen Gesetzgebung ist verankert, dass eine Vergewaltigung von zwei erwachsenen Männern oder vier erwachsenen Frauen bezeugt werden muss. (Es müssen doppelt so viele Frauen sein, weil das Wort einer Frau im Iran nur halb so viel wert ist wie das eines Mannes. Diese unterschiedliche Wertung wird mit der vermeintlich hohen Emotionalität einer Frau begründet, die eine Situation nicht richtig einschätzen könne.) Wie häufig aber kommt es vor, dass eine Frau vor den Augen zweier Männer vergewaltigt wird, die dann auch noch als Zeugen aussagen?

Die schier aussichtslose Lage, eine Verurteilung wegen Vergewaltigung zu erreichen, die Hadd-Strafe, die auch bei einer Vergewaltigung auf die Frau angewendet wird, sowie die Angst, die Familienehre zu beschmutzen, lassen die Opfer meist schweigen. Auch mir war bis dahin nicht bewusst, dass so viele Frauen im Iran, aber auch weltweit, vergewaltigt werden. Erst 2020 kam die #MeeToo-Bewegung, die 2006 ihren Anfang genommen und seit 2017 durch den Weinstein-Skandal die öffentliche Debatte weltweit angefacht hatte, im Iran an. Durch die zahlreichen Erzählungen von sexualisierter Gewalt gegen Frauen sickerte sie langsam in das Bewusstsein der Öffentlichkeit.

Reyhaneh begann, die Geschichten ihrer Mithäftlinge aufzuschreiben, und ich veröffentlichte sie. Zunehmend stellte sie dabei das patriarchale System infrage, das Frauen systematisch diskriminiert.

Ich werde die Last der Geschichten dieser Frauen mit mir tragen. Ich fühle mich verantwortlich und bin traurig, dass ich all dies erst im Gefängnis von den Frauen selbst erfahren musste. […] Die Wahrheit ist, dass die Gesellschaft diese Frauen mit einem Stigma belegt, aber nie danach fragt, was einem jungen Mädchen widerfahren sein muss, dass es seinen Körper verkaufe, oder warum es obdachlos wurde. Es wird nicht danach gefragt, ob die Gesellschaft selbst Einfluss auf ihr Schicksal hatte oder etwas hätte tun können.

Keine der Frauen verkaufte ihren Körper, ohne vergewaltigt worden zu sein. Ich habe die Angst vor einer Vergewaltigung am eigenen Leib erfahren. Sarbandi war nicht anders als der Bruder von Mahsa oder der Onkel von Nusha. Ich vertraute seinem väterlichen Gesicht. Aber er hatte andere Pläne mit mir.

Unsere kaltblütigen Gesetze schützen im Fall einer Vergewaltigung jedoch den Mann. Ein Mann kann die zerstörte Seele eines vergewaltigten Mädchens nicht verstehen. Er begreift nicht, in welche Schockstarre ihr Geist und Körper verfällt, wenn sie sich in den Händen eines erregten Mannes befindet, der sie vergewaltigen will. Wie kann ein Mann den Ekel spüren, den die Frau empfindet, wenn die Hände des Vergewaltigers ihren Körper berühren?

Die Gesetze sind aus der Sicht der Männer geschrieben. Es gibt gütige und unterstützende Männer, aber diese Männer haben die Gesetze in Bezug auf Vergewaltigung nicht verfasst.[93]

Was sollen die Frauen tun? Wenn sie sich vergewaltigen lassen, sind sie schuldig. Wenn sie sich wehren und selbst verteidigen, sind sie schuldig. Wenn sie dagegen demonstrieren, sind sie auch schuldig. Also sollen die Mädchen sterben? […]

Solange ich am Leben bin, auch wenn mein Handeln so lächerlich aussehen mag wie ein Brunnen, der versucht, den

93 Reyhaneh Jabbari, Selbstverteidigungsbrief 13, 2014

Himmel zu erreichen, werde ich nicht aufhören, gegen diese Ungerechtigkeit zu kämpfen. […] Mit meinem Körper und meiner Seele versuche ich, meinen Schrei an die Öffentlichkeit zu richten, für alle Frauen, die vergewaltigt wurden oder sich in der Situation einer Vergewaltigung befanden. Auch wenn dieser Schrei mich mein Leben kostet.[94]

94 Reyhaneh Jabbari, Audioaufnahme vom 06.05.2014

Der siebte Winter

Ich, Reyhaneh Jabbari, bin 26 Jahre alt. Ich sitze meine Strafe bei Minustemperaturen im Shahr-e-Rey-Gefängnis ab. Dies ist der siebte Winter, den ich im Gefängnis verbringe.

Dieses Jahr ist ein sehr kalter Winter, und er fällt mit einem Ausfall unserer Heizung zusammen. Alles, was man hören kann, ist Zähneklappern, Husten, Niesen und Stöhnen.[95] *Letzte Nacht habe ich meine Socken mit Plastiktüten umwickelt und ein weiteres Paar Socken darübergezogen. Die Plastiktüten hielten die Körpertemperatur und halfen mir, mich aufzuwärmen und einzuschlafen. Die Luft, die ich einatmete, war eiskalt.*

Winter, die Jahreszeit, in der viele bekannte Frauen hingerichtet wurden.[96]

Das Gesicht einer Frau geht mir nicht mehr aus dem Kopf. Eines Nachts wurde ich von den Schreien dieser Frau geweckt. Sie wollten sie zum Galgen bringen, aber weil sie einen Säugling hatte, den sie noch stillte, verschob man ihre Hinrichtung um ein paar Wochen, bis ihre Muttermilch versiegte. Man fand niemanden, der sich nach der Hinrichtung um den Säugling kümmern konnte, sodass das Kind dem Staat übergeben werden sollte. Alle Papiere dafür waren unterschrieben. […] Wir hörten ihre markerschütternden Schreie, bis ihre Brüste keine Milch mehr gaben.

Verhalten sich nicht alle Mütter so, wenn ihnen ihre Kinder

95 Reyhaneh Jabbari, Selbstverteidigungsbrief 6, 2014
96 Reyhaneh Jabbari, Selbstverteidigungsbrief 9, 2014

entrissen werden? Schreien sie nicht alle auf diese Weise? Wie hätte meine Mutter Shole geschrien?[97]

Ich bin nicht mehr bereit, diese Art von Leben fortzuführen. Es fühlt sich an, als bestünde der Sinn des Lebens nur darin, zu atmen und die Säume des Tages an die Säume der Nacht zu nähen.[98]

Anfang des Jahres 2014 wurde Reyhaneh unruhig. Sie war nun schon sieben Jahre inhaftiert, und die vielen Hinrichtungen, die harten Haftbedingungen und die zermürbende Unklarheit zerrten an ihr. Sie wollte endlich Gewissheit: Vergibt Jalal Sarbandi ihr oder nicht?

Deswegen bat sie mich, Frau Haji, die Assistentin des Staatsanwaltes, dazu zu bewegen, ihren Fall für die Vollstreckung der Todesstrafe freizugeben. Entsetzt über ihre Forderung, versuchte ich sie davon abzuhalten. Über Monate diskutierte ich mit ihr. Seit Jahren zahlten wir Bestechungsgeld, damit die Ausführung des Urteils nicht geschah, warum sollten wir nun schlafende Hunde wecken?

Sie hatte jedes Recht, Klarheit über ihr Schicksal zu erhalten, aber jeder zusätzliche Tag mit ihr war wertvoll für uns. Ich dachte, diese 20 Minuten wöchentlicher Besuch würden ausreichen, um mich glücklich zu machen. Ich habe nicht darüber nachgedacht, wie unerträglich ihr Leben war. Ich habe nur an mich selbst gedacht und wollte, dass sie am Leben ist.

Aber Reyhaneh blieb hartnäckig. Nach langen Gesprächen gab ich nach und rief Frau Haji im Strafgericht an. Sie versprach, dass sie dem Wunsch unserer Tochter nachgehen würde, allerdings müsse zunächst die Akte vom Leiter der

97 Reyhaneh Jabbari, Selbstverteidigungsbrief 7, 2014
98 Reyhaneh Jabbari, Selbstverteidigungsbrief 13, 2014

Justiz, Sadegh Laridschani, unterzeichnet werden, und das könne dauern.

Doch schon am nächsten Tag erhielt ich einen Anruf von Frau Haji: »Frau Pakravan, Reyhanehs Fall ist unterzeichnet und kann nun in die Ausführung.« Ich konnte nicht glauben, was ich hörte. Angst durchflutete mich, meine Knie wurden schwach, und meine Gedanken setzten aus. Innerhalb von 24 Stunden war die Vollstreckung der Todesstrafe in beängstigende Nähe gerückt.

Noch am selben Tag fuhren Fereydoon und ich zum Büro von Frau Haji, das in der Nähe einer Mehlfabrik lag. Nachdem wir das imposante Gebäude durch die Sicherheitsschranken betreten hatten und gründlich durchsucht worden waren, gelangten wir auf einen großzügig angelegten Hof, auf dem ein reges Kommen und Gehen herrschte. Wir sahen Angeklagte, die in Handschellen von Polizisten eskortiert wurden.

Im dritten Stock begrüßte uns Frau Haji herzlich, sie war eine zierliche Frau. Sie informierte uns über das angesetzte Friedens- und Vergebungstreffen. Bevor die Blutrache ausgeführt werden kann, muss laut offizieller Bestimmung eine Begegnung stattfinden, wobei der Familie der Verurteilten die Möglichkeit gegeben wird, bei der Familie des Geschädigten um Vergebung zu bitten. Nach all unseren vergeblichen Bemühungen, über die Schwester von Sarbandi und ihren Ehemann ein Treffen mit Jalal zu erreichen, sollte nun endlich ein Gespräch mit ihm stattfinden.

Auf Frau Hajis Schreibtisch, direkt vor mir, lag Reyhanehs dicke Akte. Als die Beamtin durch ein Telefonat abgelenkt war, schlug ich den Ordner auf. Das oberste Dokument war die offizielle Bestätigung zur Ausführung der Urteilsvollstreckung, unterschrieben von Sadegh Laridschani. Da wusste ich, dass es ernst wurde.

Wir wurden noch einmal offiziell von Frau Haji darüber informiert, wie das Prozedere einer Hinrichtung vonstattengeht. Eigentlich müsse sie »öffentlich« erfolgen, aber in den meisten Fällen werde sie im Hauptgefängnis des Bezirks oder der Provinz durchgeführt. Der Galgen befindet sich meist in einem großen Schuppen oder in einem abgelegenen Innenhof, und nur sehr selten werden Kräne für öffentliche Hinrichtungen auf Straßen aufgestellt. Einen Tag vor der Hinrichtung, meistens an einem Dienstag, wird der Gefangene über seinen Hinrichtungstermin am folgenden Tag informiert und in Einzelhaft gebracht.

In Mordfällen müssen sowohl die Familie des Geschädigten als auch die des Verurteilten gesetzlich anwesend sein, um die Möglichkeit einer Vergebung offenzuhalten. Normalerweise können die Verurteilten vor der Hinrichtung ihre Verwandten für einen letzten Besuch sehen. Die Hinrichtungen finden ab vier Uhr Ortszeit statt in Anwesenheit von Geistlichen, einem Richter, Angehörigen der Geschädigten-Familie und Staatsanwälten, kurz nach dem Morgengebet.

Nachdem Frau Haji uns mitgeteilt hatte, dass das Vergebungstreffen während der persischen Neujahrsfeiertage im März stattfinden sollte, flehte ich sie an, den Termin zu verschieben. Frau Haji hatte im Vorfeld betont, dass es wichtig sei, möglichst viele prominente Künstlerinnen und Menschen aus dem Kulturbetrieb zum Friedens- und Versöhnungstreffen einzuladen. Denn in der Vergangenheit sei es einigen Prominenten gelungen, eine Begnadigung für die Gefangenen zu erwirken und sie vor dem Tod zu bewahren. Ich wusste, dass all meine Bekannten und viele Verwandte zu der Zeit im Urlaub waren und nicht teilnehmen konnten. Frau Haji kam uns entgegen und verlegte den Termin zwei Wochen nach hinten, genau auf meinen Geburtstag.

Seit Jahren hatte ich einen Facebook-Account[99], den ich aber selten nutzte. An diesem Abend setzte ich mich an meinen Schreibtisch, der im Schlafzimmer stand, und schrieb einen Post: »Seit sieben Jahren habe ich gehofft, dass dieser Tag nie eintritt: Die Akten gingen heute zum Büro zur Vollstreckung des Urteils.«

Die wenigen Facebook-Freunde, die ich hatte, waren hauptsächlich aus Kunst und Theater, und ich hatte sie nicht alle in unsere schwierige Situation eingeweiht. Sie fragten mich: »Arbeitest du an einem neuen Stück?« So begann ich zu erklären und postete ein Foto von Reyhaneh aus dem Gericht. Das Foto und die Nachricht verbreiteten sich schnell. »Was ist passiert, Shole?« – »Wir verfolgen die Nachrichten über den Fall seit Jahren. Wir hätten nie gedacht, dass es sich dabei um deine Tochter handelt.«

Ein paar Tage später lud mich ein alter Freund, Mohammad Rahmanian, der ein bekannter Theater- und Filmregisseur ist, zu einer Lesung ein. Das Publikum bestand hauptsächlich aus Prominenz der Teheraner Kunst- und Kulturszene. Der Text, der vorgelesen wurde, handelte von Reyhaneh unter dem Pseudonym »Raana«. Als die Lesung zu Ende war, bat mich der Regisseur auf die Bühne. Er sagte: »Die gesamte Geschichte basiert auf dem Schicksal von Sholes Tochter. Sie ist wie mein eigenes Kind, deswegen habe ich diese Lesung veranstaltet und dich eingeladen, um herauszufinden, was wir unternehmen können.« Dann über-

99 Facebook, wie auch andere soziale Medien, sind im Iran von der Regierung blockiert und können nur über illegale VPN-Netzwerke erreicht werden. Vor allem nach der Grünen Bewegung 2009 wurde Facebook noch stärker reglementiert. Doch trotz einer der striktesten Internetzensuren der Welt benutzen unzählige Iranerinnen und Iraner diese Plattformen.

reichte er mir das Mikrofon. Ich sah in den Zuschauerraum, und meine Kehle war plötzlich wie zugeschnürt. Das Einzige, was ich sagen konnte, war: »Bitte, helft mir!«

Während Reyhanehs Gerichtsverfahrens hatte Fariborz, der Bruder von Fereydoon, der in Deutschland lebte, uns immer wieder angeboten, ausländische Medien und Aktivistinnen und Aktivisten einzuschalten. Damals hatten wir abgelehnt, weil wir an unser Rechtssystem geglaubt hatten. Außerdem hatten wir Angst, die Machthaber zu reizen, wenn wir mit dem Ausland über den Fall sprachen, und somit möglicherweise Reyhaneh zu schaden. Aber nun fühlte ich mich so hilflos, dass ich nach jedem Grashalm griff, der sich mir bot.

Über Fariborz starteten vier iranische Exil-Aktivistinnen, Mina Ahadi, Nazanin Afshin-Jam, Shadi Paveh und Shabnam Asadollahi, eine Internet-Petition. Es brauchte 200 000 Unterschriften, damit Reyhanehs Fall auf dem Tisch von Catherine Ashton und Ahmad Shaheed landete. Catherine Ashton leitete damals seitens der Europäischen Union die Verhandlungen über das Nuklearabkommen mit dem Iran. Ahmad Shaheed arbeitete für die UN und berichtete über Menschenrechtsverletzungen im Iran. Beide waren sehr einflussreich, und wenn sie sich der Sache annehmen würden, standen die Chancen für eine faire Wiederaufnahme des Falles gut.

Die Petition ging online, und ich schickte an all meine Kontakte eine Nachricht mit der Bitte um Unterschrift.

Aufgeregt saß ich vor dem Computer und starrte auf die Namen und Länderflaggen der Menschen, die die Petition unterschrieben. Es war verrückt, jede Minute kamen mehr Namen hinzu. Ich hatte nicht damit gerechnet, dass sich wildfremde Menschen für unsere Tochter einsetzen würden. Ständig zählte ich die Unterschriften. Sie kamen von den Philippinen, aus Bangladesch, Saudi-Arabien, Amerika, Kanada, Ägypten und den europäischen Ländern, aber Unterschriften aus dem Iran waren selten. Das machte mich traurig. Warum interessierte sich mein Volk nicht für das Schicksal unserer Tochter?

Am Neujahrstag schaltete ich das Satellitenfernsehen ein. Auf dem iranischen Exil-Sender Channel One zeigte der Fernsehmoderator Shahram Homayoun das Bild von Reyhaneh, das ich auf Facebook gepostet hatte. Es nahm den gesamten Bildschirm ein, und er sagte dazu: »Wenn es ein Verbrechen ist, seine Würde zu verteidigen, dann bestrafe mich auch!«

Wie ein Lauffeuer verbreitete sich Reyhanehs Bild und wurde über die sozialen Medien schließlich im ganzen Land publik. Innerhalb kürzester Zeit unterschrieben Tausende Menschen aus dem Iran die Petition. Wenn ich meine Augen schließen wollte, bat ich jemanden, mich zu informieren, sobald eine neue Unterschrift hinzukam. Sehr schnell hatten wir die Marke von 200 000 Unterschriften erreicht, doch es riss nicht ab. Reyhanehs Fall wurde Catherine Ashton und Ahmad Shaheed vorgelegt, die durch mehrere Gespräche mit uns und Reyhanehs Anwälten den Fall untersuchten, Dokumente verifizieren ließen und sich nach der Prüfung bereit erklärten, sich für Reyhaneh einzusetzen.

Um Reyhaneh über die Feiertage nicht in Stress zu versetzen, hatten Fereydoon und ich beschlossen, ihr erst kurz vor dem Vergebungstreffen mitzuteilen, dass ihr Urteil unterschrieben worden war. Außerdem wussten wir nicht, wie wir unserer Tochter diese schreckliche Nachricht schonend überbringen sollten. Wie sagt man seiner Tochter: »Du bist nur noch einen Schritt vom Tod entfernt?«

Doch eine Mitgefangene wurde von ihrem Vater auf Reyhaneh angesprochen. Er hatte im Satellitenfernsehen gehört, dass Reyhaneh kurz vor der Ausführung der Hinrichtung stand. Unter Tränen erzählte sie Reyhaneh von der Neuigkeit.

Enttäuscht darüber, dass ich ihr nicht von der Wendung ihres Falles erzählt hatte, begann Reyhaneh ihr Testament zu schreiben.

Liebe Shole,

heute habe ich erfahren, dass ich nun mit der Ausführung der Qisās an der Reihe bin. Es verletzt mich, dass Du mir nicht selbst mitgeteilt hast, dass die letzte Seite im Buch meines Lebens aufgeschlagen wurde. Meinst Du nicht, dass ich darüber hätte Bescheid wissen sollen?

Du weißt, wie sehr ich mich schäme, dass Du traurig bist. Warum hast Du mir nicht die Chance gegeben, Deine und Papas Hand zu küssen?

Die Welt hat mir nur 19 Jahre lang erlaubt zu leben. In jener ominösen Nacht hätte man mich töten sollen. Meine Leiche wäre in irgendeiner Ecke der Stadt entsorgt worden, und nach ein paar Tagen hätte Dich die Polizei zum Leichenschauhaus gebracht, um meinen Körper zu identifizieren. Dort hättest Du dann erfahren, dass ich auch vergewaltigt worden war. Der Mörder wäre nie gefunden worden, da wir nicht über ihren Reichtum und ihre Macht verfügen. Dann hättest du leidend und beschämt dein Leben fortgesetzt, ein paar Jahre später wärst Du an diesem Elend gestorben, und das wäre es dann gewesen.

Doch mit diesem verfluchten Messerstoß änderte sich die Geschichte. Mein Körper wurde nicht beiseitegeschafft, sondern in das Evin-Gefängnis, eine Einzelzelle und dann in das grabartige Gefängnis von Shahr-e Rey geworfen.

Aber füge Dich in Dein Schicksal und klage nicht. Du weißt besser, dass der Tod nicht das Ende des Lebens ist. […]

Ich habe meine Worte jemandem anvertraut, damit sie Dir,

falls ich ohne Dein Beisein und Dein Wissen hingerichtet werden sollte, übergeben werden können. Als mein Erbe habe ich Euch viel handschriftliches Material hinterlassen.

Vor meinem Tod möchte ich Dich jedoch um etwas bitten, das Du mir mit all Deiner Kraft und auf jede erdenkliche Weise zur Verfügung stellen sollst. Das ist in der Tat das Einzige, was ich mir von dieser Welt, diesem Land und Dir wünsche. […]

Meine liebe Mutter, liebe Shole, die mir mehr am Herzen liegt als mein Leben, ich will nicht unter der Erde verrotten. Ich will nicht, dass meine Augen oder mein junges Herz zu Staub werden. Bittet darum, dass mein Herz, meine Nieren, meine Augen, meine Knochen und alles, was transplantiert werden kann, nach meiner Hinrichtung meinem Körper entnommen und jemandem geschenkt wird, der es braucht. Ich möchte nicht, dass der Empfänger meinen Namen erfährt. Kauf mir einen Blumenstrauß oder bete sogar für mich. Ich sage aus tiefstem Herzen, dass ich kein Grab haben möchte, zu dem Ihr kommt und dort trauert und leidet. Ich möchte nicht, dass Du Schwarz für mich trägst. Tu Dein Bestes, um meine schweren Tage zu vergessen. Überlass mich dem Wind, damit er mich forttragen kann.

Liebe sanftmütige Shole, in der anderen Welt sind Du und ich die Ankläger und die anderen die Angeklagten. Lass uns sehen, was Gott will. Ich möchte Dich umarmen, bis ich sterbe. Ich liebe dich.

Reyhaneh[100]

Der 7. April war der Tag des Friedens- und Vergebungstreffens und außerdem mein Geburtstag. Neben Reyhanehs Anwalt Khorramshahi fand sich ein *Who's who* der iranischen Gesellschaft ein. Viele meiner Bekannten aus dem

100 Reyhaneh Jabbari, Audioaufnahme, Brief an Shole vom 01.04.2014

Theater, Prominenz aus Schauspiel, Philosophie und Literatur kamen, um mit uns im Namen Reyhanehs die Familie Sarbandi um Vergebung zu bitten. Sogar einen Richter vom *dādgāh-e wiže-ye rūḥānīyat*, dem Sondergericht für die Geistlichkeit, nahm ich unter den Anwesenden wahr.

Als die Beamten sahen, dass an die achtzig namhafte Künstlerinnen und Künstler in das Gerichtsgebäude gekommen waren, bereiteten sie schnell den größten Saal vor. Auch die Familie Sarbandi war anwesend. Neben Jalal, seinem jüngeren Bruder und seinem Onkel waren auch Morteza Sarbandis Mutter und Ehefrau sowie seine Tochter gekommen. Die Frauen waren, wie im Gericht, in schwarze Tschadors gehüllt, die sie so streng zugezogen hatten, dass man nur die Augen sah. Reyhaneh, der Frau Haji empfohlen hatte, erst zu einem späteren Zeitpunkt zu der Familie Sarbandi zu sprechen, wartete mit ihren Wachen in einem Nebenraum.

Bis auf den Korridor standen die Menschen, als Frau Haji, die Vorsitzende der Versammlung, ihr Eröffnungswort an die Familie Sarbandi richtete. Ihrer Meinung nach sei Reyhaneh zum Tatzeitpunkt noch so jung gewesen, dass sie Sarbandis Verhalten fälschlicherweise als Vorspiel zu einer Vergewaltigung gedeutet hätte. Sie hätte keine Ahnung gehabt, was eine Vergewaltigung wirklich bedeutet. Deswegen bitte sie die Familie Sarbandi, dem jungen Mädchen zu vergeben.

Anschließend wandten sich die Künstler einer nach dem anderen der Familie Sarbandi zu und baten sie auf unterschiedliche Art und Weise, Reyhaneh zu vergeben. Doch als die Familie Sarbandi an der Reihe war, schien es, als hätten all die bewegenden Worte zur Verteidigung meiner Tochter die Herzen der Familie nicht erreicht. Die Mutter von Morteza Sarbandi erhob ihr Wort und bekräftigte, dass ihr Sohn mit 19 Jahren geheiratet habe. Er sei sehr religiös gewesen und habe nie Sex mit Frauen gesucht. Abfällig äußerte sich die

Tochter von Morteza Sarbandi über Reyhaneh. Ich merkte, dass sie wirklich überzeugt war, dass Reyhaneh eine Prostituierte gewesen war und ihren Vater verführt hätte. Jalal wandte sich sogar an die uns unterstützenden Menschen und fragte, warum sie sich so für eine Hure einsetzen würden.

Ich musste unsere Tochter verteidigen und stand auf: »Alle, die hier sind, sind seit vielen Jahren mit mir befreundet. Viele von ihnen kennen Reyhaneh seit ihrer Kindheit, als ich sie manchmal mit in die Universität nahm. Das Mädchen, das ich aufgezogen habe und das sie kennen, war keine Prostituierte. Als freiheitsliebender Mensch suche ich genauso wie wir alle nach der Wahrheit. Nachdem ich meine Tochter nach ihrer Verhaftung endlich wiedersehen durfte, habe ich sie wie eine Vernehmungsbeamtin verhört und sie zum Weinen gebracht. Sie hat mich aber durch ihre Ausführungen über den Tathergang überzeugt, dass sie aus Notwehr gehandelt hat. Wenn man mir schlüssig beweisen kann, dass Reyhaneh mit Absicht getötet hat, werde ich das Urteil akzeptieren. Das ist aber bis jetzt nicht geschehen. Deswegen flehe ich Sie, Familie Sarbandi, an, meiner Tochter zu verzeihen, damit sie nach Hause zurückkehren kann.«

Jalal erwiderte mir, dass er bezweifle, dass sein kampferprobter Vater angesichts seines Körpergewichts und seiner Kenntnis über Selbstverteidigungstechniken von Reyhaneh mit einem einzigen Messerstich getötet worden sei. Er sei sich sogar sicher, dass sie seinen Vater nicht getötet habe.

Ich konnte nicht glauben, was Jalal da gerade vor einem Richter, einem Anwalt und achtzig in der iranischen Gesellschaft anerkannten Persönlichkeiten gesagt hatte. Er hatte gesagt, dass unsere Tochter, die als Mörderin verurteilt worden war, seines Erachtens nicht die Mörderin war! Wie konnte er dann noch an der Blutrache festhalten?

Jalal fuhr fort, dass er sich sicher sei, dass Reyhaneh wisse, wer seinen Vater getötet habe, und sie ihn schützen würde. Sie habe aber die Verpflichtung, seinen Namen zu nennen. Bevor sich der Sturm in meinem Kopf legen konnte, schaltete sich Frau Haji ein, man solle nun Reyhaneh in den Saal bringen, damit sie selbst direkt auf die ungeklärten Fragen antworten könne. Sofort begann Sarbandis Frau zu schreien: »Nein, ich will sie nicht sehen.« Sie fiel fast in Ohnmacht, und einen Moment später stand die gesamte Familie Sarbandi auf und verließ unter herzzerreißenden Schreien den Saal. Das durfte nicht sein, wir hatten doch noch keine Lösung erreicht.

Ich lief ihnen nach. Ich musste eine Adresse von ihnen bekommen, einen Hinweis, ein Versprechen, um sie noch einmal persönlich treffen zu können. Als sie den Aufzug betraten, rief ich ihnen zu: »Bitte, warten Sie unten auf mich!« Die Ehefrau Sarbandis nahm meine Hand und zog mich in den Aufzug. Sie sagte: »Du kommst mit.«

Wir standen eng aneinandergedrängt, und mein Blick blieb auf dem jüngsten Sohn von Morteza hängen. Ich merkte, wie sich meine Gefühle gegenüber der Familie über die Jahre verändert hatten. Anfangs hielt ich die ganze Familie für genauso sündhaft und verdorben wie Morteza, denn sie verteidigten seine »Ehrenhaftigkeit« mit enormer Vehemenz, ohne auch nur einmal in Betracht zu ziehen, dass Reyhaneh die Wahrheit sagen könnte.

Als ich jedoch den jüngsten Sohn vor mir sah, zitterte mein Herz. Der kleine Bruder von Jalal war damals vielleicht 17 Jahre alt. Seine Augen waren voller Unruhe und Angst. Er erinnerte mich an Shahrzad, die in einem ähnlichen Alter war und auch immer ängstlich und gestresst war. Ich merkte, dass ich die Familie nicht mehr verachtete. Denn genauso wie wir selbst von den Vernehmungsbeamten und der Staatsanwaltschaft mit Falschinformationen, Lügen und Hoffnungen gefüttert worden waren, ging es ihnen sicherlich auch. Unser Schicksal war mit ihnen verbunden, ob wir es wollten oder nicht.

So sprach ich eindringlich auf sie ein: »Ich schwöre bei Gott, dass ich nicht eure Feindin bin. Lasst uns gemeinsam nach der Wahrheit suchen. Jalal hat selbst gesagt, dass Reyhanehs Messerstich Ihren Mann nicht getötet haben kann.« Ich bat sie um ein einziges Treffen, ohne die Anwesenheit von Fremden, und erzählte ihnen, dass wir seit Jahren versuchten, eine Einigung zu finden, sie aber nie direkt kontaktieren konnten und nur durch die Schwester Morteza Sarbandis um Vergebung bitten konnten. Wir würden sicherlich gemeinsam eine Lösung finden, die für beide Seiten befriedigend sei.

Als die Familie schweigend den Aufzug verließ, drückte mir Mortezas Ehefrau ihre Telefonnummer in die Hand. Jalal wandte sich ebenfalls zu mir um und sagte: »Ruf mich an, ich werde den Anruf annehmen.« Dann eilte er weiter. Dankbar blickte ich ihnen nach.

Als ich wieder zu der Versammlung zurückkehrte, betrat Reyhaneh den Saal, um mit Morteza Sarbandis Bruder, der geblieben war, zu sprechen. Reyhaneh legte ausführlich ihre Version des Geschehens dar und beantwortete alle seine Fragen. Sie betonte, dass sie und niemand anders Sarbandi aus Notwehr einmal in den Rücken gestochen habe und bis zu dem Moment, als Sheikhi die Tür öffnete, allein mit Morteza in der Wohnung gewesen war. Einen »Komplizen« habe es nicht gegeben.

Der Bruder Sarbandis beteuerte, dass er Reyhaneh glaube, und schwor auf seine vier Kinder, dass er sich dafür einsetzen werde, ihr Leben zu verschonen. Die Stimmung war euphorisch. Jalal hatte selbst mehrmals gesagt, dass Reyhaneh nicht die Mörderin sein konnte. Auf einen Papierbogen schrieb ich seine Worte und ließ seine Aussagen von den Anwesenden mit ihrer Unterschrift bezeugen. Aufgrund dieser Aussage verkündeten kurze Zeit später Sistani, Wahid Khorasani, dessen Tochter die Frau von Justizminister Sadegh Laridschani ist, und Bayat-Zanjani, drei der schiitischen Großayatollahs, die die wichtigsten Geistlichen in der schiitischen Welt sind, dass Reyhanehs Hinrichtung laut islamischer Auffassung nicht den Gesetzen Gottes entspreche. Denn auch wenn ein weltliches Gericht der Familie Sarbandi das Recht zur Vergeltung zugestanden hatte, durfte Reyhaneh nicht getötet werden, wenn die Familie Sarbandi nicht daran glaubte, dass sie Morteza Sarbandi ermordet hatte.

Reyhanehs Fall war rechtskräftig abgeschlossen, aber es gab den Artikel 18 im iranischen Gesetz, der besagte, dass das Urteil erneut überprüft werden kann, wenn neue Beweise oder Indizien gefunden werden. Ich war hoffnungsvoll, dass wir das Urteil mit der neuen Erkenntnis, dass Jalal Reyhaneh nicht als Mörderin ansah, aushebeln konnten. Das Schreiben wurde noch am selben Tag mit der Bitte um Prüfung zum Büro von Sadegh Laridschani, dem Chef der Justiz, gebracht.

Reyhanehs Anwalt Khorramshahi, der Nachfolger von Mostafaei, sah allerdings wenig bis keine Erfolgschance darin. Ich bat Mostafaei um seine Meinung, und er schlug vor, einen anderen Anwalt dafür zu engagieren. Nach einigen Recherchen beauftragten wir schließlich Rechtsanwalt Mohammad Ali Jadari Foroughi, der den Fall pro bono übernahm. Foroughi hatte zuvor schon auf Facebook über Reyhaneh geschrieben und war gut über ihren Fall informiert. Er war ein bodenständiger, erfahrener Jurist, der oft unentgeltlich politische Angeklagte vertrat. Unter ihnen waren Arbeitsaktivisten, Gewerkschaftsgruppen und religiöse Minderheiten wie die Bahá'ís, die systematisch verfolgt, diskriminiert und unterdrückt werden.

Noch am Abend des Vergebungstreffens bekam ich einen überraschenden Anruf von Frau Haji. Sie habe ein Geburtstagsgeschenk für mich. Am nächsten Tag könnten meine Familie und ich Reyhaneh im Sekretariat der Vollstreckungsbehörde ohne Schutzscheibe treffen. Ich war überrascht, dass Frau Haji sich meinen Geburtstag gemerkt hatte, und überglücklich. Seit Jahren hatten wir Reyhaneh nicht ohne Barriere besuchen können.

Voller Vorfreude fuhren wir am nächsten Morgen alle vier zur Staatsanwaltschaft, und in einem kleinen leeren Gebetsraum duften wir unter Aufsicht von Wärtern für 20 Minuten Reyhaneh sehen. Dieser 20-minütige Besuch tat uns allen gut, und wir genossen die Umarmungen nach so langer Zeit der Entbehrung. Zufrieden und voller Zuversicht ging ich an diesem Abend ins Bett und schlief seit Langem tief und fest.

Heimliche Aufnahme von Reyhaneh
im Shahr-e-Rey-Gefängnis

Am nächsten Tag, es war ein Dienstag, bekam ich einen Anruf von Sahar, der Mitgefangenen und Freundin Reyhanehs. Sie erzählte mir, dass Reyhaneh seit dem Morgen per Durchsage aufgefordert wurde, voll verschleiert zur Staatsanwaltschaft zu kommen.

Das war eine Furcht einflößende Nachricht, denn der Dienstag war ein gefährlicher Tag für Gefangene mit Todesurteil. An diesem Tag wurden sie in Einzelhaft genommen, um am nächsten Tag gehängt zu werden. Reyhaneh habe die Aufforderung ignoriert, sei aber in Alarmbereitschaft. Im Minutentakt rief mich Sahar an und unterrichtete mich, was gerade passierte. Ihre Stimme klang zunehmend panisch: Die Wärter würden Reyhaneh versichern, dass es sich lediglich um einen Routinebesuch handelt, aber Reyhaneh weigerte sich weiterhin, dem Aufruf Folge zu leisten. »Wir lassen sie nicht gehen«, habe Sahar trotzig den Wärtern entgegnet und Reyhaneh gebeten, sich im Waschraum zu verstecken, damit man es schwerer hätte, sie zu zwingen.

Ich konnte es nicht glauben. Wollten sie unsere Tochter wirklich hinrichten? Als Erstes rief ich Jalal Sarbandi an. Meine Frage, ob er Reyhaneh vergeben würde, verneinte er. Ich postete auf meinem Facebook-Account die beängstigenden Entwicklungen. Auch informierte ich alle Menschen in der Justiz, die ich kannte, darüber, dass man Reyhaneh möglicherweise zur Vollstreckung des Urteils abführen wollte. Alle behaupteten, alles in ihrer Macht Stehende zu unternehmen, um dies zu verhindern.

Sahar berichtete, dass die Wärter Reyhaneh gedroht hätten, sie würde ernsthafte Schwierigkeiten bekommen, wenn sie dem Befehl nicht Folge leistete. Aber nicht nur Sahar, sondern mehr als hundert Häftlinge stellten sich in der Halle vor dem Bad auf, in dem Reyhaneh war, und begannen, laut zu beten: *Ya Ali,* »Oh, Ali«, ein typisches Gebet, mit dem die

Schiiten den ersten Imam um Hilfe bitten. Das Gefängnis bebte von ihren Stimmen.

Sahar übermittelte: Reyhaneh würde nur gehen, wenn ich ihr das erlaube. Aber wie sollte ich diese Entscheidung treffen? Ich wusste, wenn die Wachen wollten, würden sie Reyhaneh mit Gewalt überallhin bringen, egal was ich sagen würde. Alle Beamten, mit denen ich gesprochen hatte, versicherten mir, dass Reyhaneh nichts geschehen würde, und ich befürchtete, dass ihre Befehlsverweigerung schwerwiegende Konsequenzen nach sich ziehen könnte. Also stimmte ich zögernd zu.

Kurz danach erhielt ich einen Anruf von Reyhaneh selbst. Mit fester Stimme informierte sie mich darüber, dass unser gestriger Besuch als letztes Treffen angesehen würde. Dieser Besuch stand der Familie der Verurteilten offiziell zu, um Abschied nehmen zu können.

Ich war erschrocken, und Angst durchflutete mich. Reyhaneh erzählte mir, dass man ihr Hand- und Fußschellen angelegt hatte. Ich war in Panik. War jetzt dieser schreckliche Moment gekommen?

Nachdem Reyhaneh aufgelegt hatte, rief ich wie eine Wahnsinnige alle Nummern von Staatsbediensteten an, die ich hatte oder ausfindig machen konnte. »Sie wollen meine Tochter zur Hinrichtung mitnehmen, aber ihr Fall soll doch neu untersucht werden. Helft mir, die Ausführung des Urteils zu stoppen!«

Kurze Zeit später rief mich Herr Ahmadzadeh aus der Judikative an. Er habe Hunderte Anrufe bekommen und sei richtig genervt davon. Er wolle mir persönlich mitteilen, dass meine Tochter nirgendwohin gebracht wird und ich mich beruhigen solle.

Erst nachdem Reyhaneh mir am Telefon bestätigt hatte, dass sie unverletzt in ihre Gefängnisabteilung zurückgebracht worden sei, konnte ich mich langsam beruhigen. Und ich war wütend. Frau Haji hatte uns in die Irre geleitet! Ich würde nicht ruhen, bis ich unsere Tochter gerettet hatte.

Zwickmühle

Mama, […] in diesen sieben Jahren habe ich weder geraucht, noch habe ich jemals Drogen genommen. Ich habe noch nicht einmal Beruhigungstabletten genommen. […] Ich habe keine Krankheit, und mein Körper ist gesund. Ich habe keine Narben von Selbstverletzungen oder Selbstverbrennungen. Ich hatte nie einen Streit oder eine Schlägerei im Gefängnis, und ich mische mich nie in Kämpfe ein. Auch habe ich keine Feinde hier.

Ich möchte, dass ihr wisst, dass die Beamten im Shahr-e-Rey-Gefängnis und die Justiz für mein Leben verantwortlich sind. Falls sie euch eines Tages erzählen, dass Reyhaneh Selbstmord begangen oder eine Überdosis Drogen genommen hat oder durch Medikamente unzurechnungsfähig wurde, sich geprügelt hat oder ihr etwas zugestoßen ist. Niemals! Nie und nimmer. Ich habe keine Angst vor dem Tod. Aber ich mag mein Leben, und ich werde nicht Selbstmord begehen.[101]

Nachdem ich diese Worte von Reyhaneh am Telefon aufgenommen hatte, fühlte ich mich hilflos. Meine Tochter hatte mich gebeten, dies als Beweis zu sichern, da sie sich bedroht fühlte, und ich konnte sie nicht schützen. Ich sagte ihr zwar, dass sie sich keine Sorgen machen solle, aber ich glaube, ich versuchte mich damit selbst zu beruhigen. Der Druck, der auf Reyhaneh lastete, war seit der versuchten Hinrichtung enorm gestiegen. Im Gefängnis kursierten Gerüchte, dass es

---

101 Reyhaneh Jabbari, Audioaufnahme vom 09.04.2014

Spione gab, die sich mit Reyhaneh anfreunden sollten, um ihr dann zu schaden und sie zu töten.

Es kam vor, dass unliebsame oder komplizierte Fälle einfach auf andere Art »gelöst« wurden – indem es beispielsweise auf einmal Kämpfe gab mit tödlichem Ausgang oder Gefangene plötzlich Suizid verübten. Sahar kümmerte sich die ganze Zeit liebevoll um Reyhaneh, die sich selbst nachts nicht mehr sicher fühlte. Der Leiter der iranischen NGO »Imam Ali Jamiat«, einer Organisation, die sich um mittellose Studierende kümmerte und der Regierung sehr nahestand, und sein Freund besuchten Reyhaneh im Gefängnis und forderten sie auf, den Namen ihres Komplizen zu nennen und somit die Geschichte zu beenden oder sich in Gottes Hände zu begeben und zu akzeptieren, »was auch immer mit ihr geschehen würde«. Reyhaneh hörte sich die Ausführungen an, schwieg aber dazu und fragte sich insgeheim, warum ihr Anwalt Foroughi vergeblich versuchte, sie im Gefängnis zu besuchen, obwohl er eine richterliche Verfügung hatte. Diese Leute aber konnten sie ohne Probleme treffen und ihr dann auch noch unterschwellig drohen?

Reyhaneh bat mich, dieser NGO nicht zu vertrauen. Obwohl sie sich um Menschen in Not und auf der Straße kümmerten, hieße das nicht, dass sie auch noch andere Ziele verfolgten.

All die Jahre zuvor hatte ich nie mit den Medien gesprochen und nie öffentlich die Ungerechtigkeit angeprangert, die meiner Tochter widerfahren war. Zu groß war meine Angst, dass ein Interview zu einer schnelleren Hinrichtung Reyhanehs führen könnte, falls sich die Machthaber angegriffen fühlten. Nun aber beschloss ich, einen anderen Weg einzuschlagen und durch eine breite Öffentlichkeit politischen Druck auf die iranische Regierung aufzubauen, damit sie Reyhaneh ein faires Verfahren ermöglichten.

Mein Schwager Feriborz, aber auch viele Freundinnen und Freunde unserer Familie lebten schon lange außerhalb des Iran und hatten gute Verbindungen zu Sendern, Zeitungen oder Menschenrechtsorganisationen wie Amnesty International. Durch ihre Unterstützung und die erfolgreiche Petition war schnell das Interesse der internationalen Presse geweckt. Ich gab Interviews über Reyhanehs Fall und die unzureichende Beweislage, die dem Gerichtsurteil zugrunde lag. Auch besuchten mich Reporterinnen und Reporter, machten sich ihr eigenes Bild vor Ort und berichteten über meinen verzweifelten Kampf.

Doch je lauter die Nachricht über Reyhaneh im Ausland verbreitet wurde, desto leiser wurde es im Inland. Die staatlichen Zeitungen, Radio- und Fernsehsender schwiegen. Das Regime unterdrückte offensichtlich die Meldungen über den Aufschrei im Ausland. Nachrichten finden jedoch immer ihren Weg. Wir waren mittlerweile in einem Zeitalter angekommen, in dem es dank Satellitenfernsehen und Internet nicht länger möglich war, die Menschen im Dunkeln zu lassen.

Nachdem »Fox News«, der konservative amerikanische Nachrichtensender, der als Sprachrohr der Republikanischen Partei gilt, mich interviewt hatte, klingelte es an unserer Haustür, ohne dass wir Besuch erwarteten. Ein Regierungsbeamter, ein gepflegter Mann mittlerer Statur, ungewöhnlich modern gekleidet, mit einem dunklen Bart, stand vor mir. Nach den üblichen Höflichkeitsfloskeln kam er auf sein Anliegen zu sprechen. »Sie reden mit einem Sender, der von Juden und Zionisten finanziert wird. Amerika ist unser Feind und macht sich solche Kritik zunutze.«

Ich antwortete: »Was soll ich tun? Ich kämpfe für mein Kind, und ich würde gern mit den Zeitungen und Sendern im Iran sprechen, aber keiner will ein Interview mit mir. So bin ich gezwungen, jede Möglichkeit bei anderen Sendern zu ergreifen, um auf den Fall meiner Tochter aufmerksam zu machen, damit ihr geholfen wird.« Und das war die Wahrheit. Ich kümmerte mich nicht darum, zu welchem politischen Lager die Zeitungen oder Sender gehörten. Ich wollte nur mit möglichst vielen Menschen über das Unrecht, das meiner Tochter widerfahren war, sprechen.

Der iranische Staat durfte unsere Tochter nicht foltern, ihre erzwungenen Geständnisse als Beweise gegen sie verwenden, sie ohne schlüssiges Motiv zur Todesstrafe verurteilen, damit einer seiner Geheimdienstmitarbeiter eine reine Weste behalten konnte, und mir dann sagen, dass Amerika meine Geschichte ausschlachten könnte. »Ich ermahne Sie nur ein Mal«, sagte der Beamte und erhob sich. Als ich die Tür hinter ihm geschlossen hatte, fragte ich mich, ob dieser Besuch nicht ein Zeichen dafür war, dass meine Interviews Wirkung zeigten.

Fereydoon war gegen meine Gespräche mit oppositionellen und internationalen Sendern. Immer wieder wurde ihm gesagt, dass das Regime mein Verhalten missbillige. Wir wussten, dass wir seit der Verhaftung Reyhanehs abgehört wurden; und seit Neuestem standen auch wieder stundenlang Wagen vor unserer Wohnung, in denen immer jemand saß. Natürlich machte sich mein Mann große Sorgen um mich und auch um Reyhaneh, denn man hatte ihn mehrmals gewarnt, dass es kontraproduktiv wäre, wenn der Fall international bekannt würde.

Diese Angst, dass man selbst den Strick für die Inhaftierte bindet, wenn man ausländische Presse oder Aktivisten einschaltet, wurde vom Regime immer wieder geschürt, um jegliche Kritik zu unterdrücken. Allerdings gab es genügend Gegenbeispiele, bei denen öffentlicher Druck eine Hinrichtung verhindert hatte.

Die staatsnahen Fernsehsender sprachen lediglich über Reyhanehs Fall, wenn sie zeigen wollten, dass ihn der Westen benutze, um Propaganda gegen den Islam zu machen, denn das Recht auf Blutrache ist in der Scharia verankert. Den Kampf gegen dieses unfaire Gerichtsverfahren als »islamfeindlich« zu bezeichnen, ist eine Argumentationsstrategie des islamistischen Regimes. Sie wird benutzt, um von der totalitären Herrschaft abzulenken. Aber sollte ich deswegen schweigen? Würden sie meine Tochter nicht hängen, wenn ich still wäre, wie ich es die ganze Zeit zuvor gewesen war? Würde das etwas ändern? Ich konnte nicht mehr still sein.

Natürlich waren wir in einer Zwickmühle. Das ist das Perfide an dem System der Blutrache, wenn der Staat die endgültige Auslegung des Rechts in die Hände der Opferfamilien legt. Denn je lauter man das Unrecht anklagt und betont, dass Reyhaneh in Notwehr gehandelt hatte, desto stärker wird die Ehre der Familie, die einem vergeben soll, angegriffen.

Deshalb war ich sehr bemüht, respektvoll über die Familie Sarbandi zu sprechen, und hielt mich oft bedeckt, wenn es um die Notwehr ging. Im Internet rief ich wiederholt dazu auf, es mir gleichzutun, und verurteilte scharf, wenn jemand Morteza angriff. Ich war überzeugt, dass man die Todesstrafe mit Liebe und Respekt bekämpfen musste. War die Familie Sarbandi, vor allem Jalal, nicht auch ein Opfer dieser Spirale aus Gewalt? Wie grausam ist ein Staat, der seine Bürger zwingt, über Tod und Leben zu entscheiden?

Zeitgleich hatte ich immer wieder versucht, Kontakt mit Jalal aufzunehmen, aber unsere Gespräche waren meistens kurz und blieben ohne Ergebnis. Ich rief seine Mutter, Morteza Sarbandis Ehefrau, an und hoffte, sie könnte Einfluss auf ihren Sohn ausüben. Als sie meinen Namen hörte, schrie sie mich an. Ich sagte kein Wort und hörte ihr zu. Sie

Während einer Protestaktion

beschimpfte Reyhaneh, dann mich und meine Familie, bevor sie auf einmal zu weinen anfing.

Nach einer Weile begann ich zu sprechen: »Sie sind eine Mutter, und ich bin eine Mutter, wir verstehen uns. Ich weiß, wie schwierig Ihre Situation ist, und ich weiß, dass Sie nicht wollen, dass Ihr Sohn die schreckliche Erfahrung macht, meine Tochter zu töten. Lassen Sie uns gemeinsam dafür sorgen, dass Ihr Kind nicht den Tod eines anderen verursacht und mein Kind überlebt.«

Wir sprachen eine Stunde lang. Am Ende des Telefonats versprach sie mir: »Lassen Sie uns morgen wieder reden.«

Ich rief am nächsten und am übernächsten Tag an. Sie ging nicht ans Telefon. Egal wie oft ich sie anrief, sie antwortete nicht. Aber ich gab nicht auf und rief weiter an – vergeblich.

Ich griff immer mehr zu den sozialen Medien, um über Reyhanehs Fall zu sprechen, da meiner Familie und mir das große Interesse der Bevölkerung und die vielen bekräftigen-

Ich spreche bei einer Protestaktion. Im Vordergrund sitzt Sharare

den Kommentare das Gefühl gaben, nicht mehr allein und hilflos zu sein. Auch wenn immer nur ich in der Öffentlichkeit sprach und schrieb, wurde ich in dem Kampf um Reyhanehs Leben von meiner gesamten Familie unterstützt. Meine Töchter recherchierten für mich, lasen sich meine Texte durch, besprachen sie mit mir und unterstützten mich, indem sie die Hausarbeiten übernahmen. Und auch wenn Fereydoon mit meinen Interviews nicht einverstanden war, respektierte er meine Entscheidung. Denn unser Ziel war das gleiche, wir versuchten es nur mit anderen Mitteln zu erreichen. Mein Weg war laut, seiner leise. Aber alles, was auch nur eine winzige Chance barg, unsere Tochter zu retten, unternahmen wir.

Doch nicht nur Reyhanehs Hinrichtung konnte jeden Moment vollstreckt werden, sondern auch die von Reyhanehs Freundin Sahar. Schon seit Jahren animierte uns Reyhaneh, uns für die Begnadigung ihrer Gefängnisgenossinnen starkzumachen, damit ihre Todesstrafen aufgehoben wurden und sie eine Chance auf ein Leben bekamen. Obwohl sie im Gefängnis lebte, begann Reyhaneh mehr und mehr, sich auch öffentlich Gehör zu verschaffen, indem sie Interviews gab und die Presse einschaltete: »Helft meinen Gefängnisgenossinnen, die hingerichtet werden sollen!«

Eines Tages bat mich Reyhaneh, bei der Familie von Sahars getötetem Ehemann um Vergebung für sie zu bitten. Obwohl ich meine gesamte Energie in den Kampf für Reyhanehs Leben stecken wollte, gab ich ihrem Wunsch nach, da ich merkte, wie wichtig es für sie war.

Sahars Schwiegermutter war in dem Fall die Entscheidungsträgerin. Aber vor allem Sahars jüngster Schwager, der noch bei seiner Mutter lebte, war entschlossen, durch Sahars Hinrichtung Genugtuung zu erlangen, und auch meine Besuche und Bitten konnten dies nicht ändern.

Ende Mai rief mich Reyhaneh aufgelöst an. »Sie haben Sahar in die Einzelhaft gebracht, um das Urteil an ihr zu vollstrecken!« Voller Furcht, dass eine ihrer mittlerweile engsten Freundinnen hingerichtet würde, bat sie mich, ihre Stimme aufzunehmen und zu veröffentlichen.

Heute, am Samstag, den 24. Mai 2014, um 7.30 Uhr wurde meine enge Freundin Sahar zur Staatsanwaltschaft geschickt. Sie bekam einen halbstündigen Besuch mit all ihren Familienmitgliedern: ihr Vater, ihre Mutter, ihre ältere Schwester und das Kind ihrer Schwester sowie ihre beiden Brüder und ihre jüngere Schwester. […] Als sie zurückkam und sagte, dass man ihre Hinrichtung für Mittwoch Morgen angesetzt hatte, wusste ich überhaupt nicht, was ich tun sollte. Sie hatte beschlossen, dass wir keinem anderen Häftling davon erzählen sollten, um niemanden traurig zu machen. Wie sie reagieren werden, wenn sie morgen davon erfahren, weiß ich nicht. Es ist schwer, diese Last zu tragen. Und wir sind so eingeschränkt, da wir nach 19.00 Uhr kein Telefon mehr haben.

Es ist zu schwer, dieses Geheimnis zu bewahren. Jetzt haben wir zwei nur uns selbst, die diese Last miteinander teilen können. Ich bitte also alle, die meine Stimme hören, für sie zu beten. Denn in all den schweren Tagen, da meine schwierige Situation ihren Höhepunkt erreichte und ich zur Hinrichtung abgeholt werden sollte, hat sie mir sehr geholfen. Und ich bin ihr wirklich zu größtem Dank verpflichtet. […] Ich hoffe, dass alles gut ausgehen wird und wir die Nachricht verkünden können, dass ihr verziehen worden ist. Bitte alle! Betet für sie.[102]

In der Aufnahme, die ich umgehend auf meinem mittlerweile hoch frequentierten Facebook-Profil veröffentlichte, bat ich eindringlich um Hilfe, Sahar vor der Vollstreckung ihrer Todesstrafe zu retten. Immer noch Reyhanehs schockierte Stimme im Ohr, begann ich, wie sicherlich viele andere auch, bei der Staatsanwaltschaft und im Justizministerium anzurufen und jedem zu erzählen, dass es möglicherweise eine Einigung über die Zahlung von Blutgeld geben könnte. Ich bat darum, Sahars Hinrichtung zu verhindern.

Ich weiß nicht, warum Sahar am darauffolgenden Tag nicht hingerichtet wurde, aber man brachte sie wieder in die Gemeinschaftshallen von Shahr-e Rey zurück.

Nachdem Sahars Hinrichtung ausgesetzt worden war, bat Reyhaneh ihren Anwalt Foroughi, Sahar ebenfalls pro bono zu vertreten. Denn obwohl das Urteil bereits rechtskräftig war, wollte Reyhaneh nichts unversucht lassen. Foroughi erklärte sich bereit, Sahars Fall zu übernehmen, und besuchte sie, um die Prozessvollmacht unterzeichnen zu lassen. Ein Anwaltsbesuch bei Reyhaneh wurde ihm aber weiterhin ver-

102 Reyhaneh Jabbari, Audioaufnahme, 24. Mai 2014

wehrt. Immer wieder beschwerte sich Foroughi, dass er seine Mandantin nicht treffen konnte, aber nichts geschah.

Eines Morgens schlug ich die druckfrische Zeitung auf und entdeckte ein Interview mit Jalal mit der Schlagzeile: »Familie Sarbandi vergibt unter Bedingungen«. Mein Herz klopfte, als ich den Telefonhörer ergriff und Jalals Nummer wählte, um nach den Bedingungen zu fragen. Er erklärte mir, dass er vergeben würde, wenn Reyhaneh den Vorwurf der versuchten Vergewaltigung zurücknähme. Sicherlich wollte Jalal die Ehre seiner Familie wiederherstellen, denn im Internet wurde viel darüber gesprochen, was für ein sittenloser Mensch sein Vater gewesen war. Ich war unendlich glücklich! Endlich hatten wir eine Lösung in den Händen, um Reyhanehs Leben zu retten!

Zuversichtlich rief ich Reyhaneh an und bat sie, Frau Hajis vorgeschlagenes Narrativ zu übernehmen: »Bitte, schreib einen Brief, dass du damals noch ein Kind warst und nicht wusstest, was eine Vergewaltigung ist; dass dieser Mann dich gar nicht vergewaltigen wollte und du sein Verhalten falsch interpretiert hast.«

Aber Reyhaneh weigerte sich. »Mama, wie kann ich sagen, dass er keine Absicht hatte, mich zu vergewaltigen? Es gab Kondome in der Wohnung, er hat meinen Körper angefasst, und die Tür war abgeschlossen. Ich wäre dumm, wenn ich das falsch verstanden hätte und behaupten würde, es gab keinen Vergewaltigungsversuch.«

Ich flehte sie an, diesen Brief zu schreiben. Dann wären wir endlich wieder vereint, und dieser Albtraum hätte ein Ende. Aber ihre Position war unerschütterlich: Sie werde nicht lügen, lieber gehe sie in den Tod.

Für meine Familie und mich war dies schwer zu ertragen. Wir stritten viel darüber. Ich konnte und wollte nicht verstehen, wie ein junger Mensch sein Leben einfach hergeben kann. Was ist denn schon dabei, diese paar Sätze zu schreiben? Nicht nur ich versuchte sie zu überzeugen, ihre Schwestern sprachen mit ihr, Mitgefangene, sogar die Gefängnisdirektorin wollte sie dazu überreden. Aber für Reyhaneh ging es mittlerweile um mehr.

Meine liebe Mutter, liebe Shole, meine Sicht auf die Welt hat sich geändert, und Du bist nicht dafür verantwortlich. Erinnerst Du Dich noch, wie Du uns die Geschichte von Nietzsche, dem Philosophen, erzählt hast? Du sagtest, er lehre uns, einen Wert zu erschaffen, dem man bis in den Tod treu bleiben müsse. Ich habe gelernt, dass man manchmal dafür kämpfen muss.[103]

All unsere Gespräche mit Reyhaneh drehten sich nur noch um diesen Brief. Ich setzte alle mütterlichen Druckmittel ein: »Ich habe alles für dich gemacht, damit du freigelassen wirst. Ich würde für dich sterben, wenn ich könnte. Alles hängt nun von diesen Sätzen ab. Schreib diesen Brief für mich.« – »Reyhaneh, mein Herz kann das nicht mehr ertragen. Dieser Zustand macht mich krank!«

Aber Reyhaneh blieb bei ihrer Meinung, sie werde nicht lügen.

Fereydoon verstand Reyhaneh und versuchte mir zu vermitteln, dass ich ihre Entscheidung akzeptieren müsse. Auch befürchtete er, dass die Familie Sarbandi trotz des Briefes keine Gnade gewähren würde. Wer könne uns das garantieren?

Aber ich hielt dagegen: »Fereydoon, sie werden sie umbringen. Minister und Anwälte haben gesagt, dass ihr vergeben wird, wenn sie diesen Brief schreibt. Dann kann sie wieder nach Hause kommen, und wir können unser Leben weiterleben.«

---

103 Reyhaneh Jabbari, Audioaufnahme, Brief an Shole vom 01.04.2014

In unserem Wohnzimmer

Aber Fereydoon zweifelte stark an der Aufrichtigkeit dieser Aussage. Doch was, wenn diese der Wahrheit entsprach?

Jede Mutter bringt ihrem Kind bei, den rechten Weg zu gehen und nicht zu lügen. Nachdem Reyhanehs Rettung nun an diesem einzigen Briefe hing, hatte ich das Gefühl, bei meiner Erziehung einen Fehler begangen zu haben. Ich wünschte, ich hätte weniger darauf beharrt, stets die Wahrheit zu sagen, sondern Reyhaneh beigebracht, ihre eigenen Interessen zu vertreten und um jeden Preis das Leben zu wählen. Welches Motiv war stärker als mein Betteln, die Liebe ihrer Schwestern, ihres Vaters und aller Menschen um sie herum? Welches Motiv war stärker als der Wille zu leben? Warum sagte sie Nein und lehnte das Angebot ab? Es fiel mir nicht leicht zu akzeptieren, dass meine Tochter ihren begonnenen Kampf um die Wahrheit und die Rechte der Frauen nicht aufgeben würde.

Die Gefängnisbehörde setzte Reyhaneh täglich unter Druck, diesen Brief zu schreiben. Sogar der Präsident der iranischen Psychologenvereinigung kam zu ihr ins Gefängnis und versuchte sie mit psychologischen Methoden davon zu überzeugen, die Vorwürfe gegen Morteza Sarbandi zurückzunehmen.

Eines Tages erhielt ich einen Anruf einer Dichterin, die auch Reyhaneh Jabbari hieß. Sie erzählte mir, dass ein Geheimdienstmitarbeiter sowie ein Mann von der Sicherheitsbehörde sie aufgefordert hatten, den Vergewaltigungsversuch im Namen meiner Tochter zu verneinen und sich bei den Sarbandis für ihre Falschaussage zu entschuldigen. Ein entsprechender Brief hätte dann mit ihrer Unterschrift veröffentlicht werden können. Aber die Dichterin war so aufrichtig, mich darüber zu informieren. Ich erzählte ihr, dass unsere Tochter bei der Wahrheit bleiben wolle und sich deswegen weigere, diesen Brief zu schreiben. Obwohl ich Reyhaneh unbedingt schützen wollte, war mir dieses Vorgehen zuwider, und ich bat die Dichterin inständig, sich an diesem Betrug nicht zu beteiligen. Sie verweigerte daraufhin das Ansinnen des Geheimdienstes, und der Brief wurde nie geschrieben.

Ich, Reyhaneh, 26, habe keine Angst vor dem Tod, da ich viel Schlimmeres erlebt habe als den Tod. Aber was ich nicht tolerieren kann, ist die Ungerechtigkeit, mit der ich behandelt worden bin. Sie ist schlimmer als der Tod selbst.[104]

Ich hoffte sehr, dass bei einem weiteren Treffen zwischen unserer Familie und den Sarbandis eine andere Lösung gefunden werden konnte, aber wir wurden immer wieder vertröstet oder abgeblockt. So wünschte ich wenigstens Jalal zu treffen. Egal, wie sehr er mich immer wieder vertröstete, nicht ans Telefon ging, ich rief immer wieder an. Er spielte mit mir, machte Verabredungen, zu denen er nicht auftauchte.

104 Reyhaneh Jabbari, Selbstverteidigungsbrief 13, 2014

Es war am frühen Abend einer lauen Sommernacht, als Jalal und ich uns im Gartencafé der Gesellschaft der persischen Kalligrafen verabredet hatten. Der Smog, der normalerweise über den Straßen von Teheran hängt, schien keinen Weg in die kleine Oase zu finden, die sich hinter den Backsteinmauern verbarg. Ich saß neben einer Art Pavillon mit seinen reich, in fröhlichem Gelb gehaltenen Fayencen und nippte an meinem zweiten Chai, als Jalal eintraf. Ich hatte gar nicht mehr mit seinem Erscheinen gerechnet, umso größer war meine Freude. Er habe seinen kleinen Sohn noch abholen müssen, entschuldigte er seine Verspätung. Er schien unsere Begegnung kurz halten zu wollen und bat den Kellner, sich zu entfernen, da er nichts bestellen wolle.

Mir war es wichtig, dass Jalal verstand, dass ich nicht gegen ihn oder seine Familie war und dass ich Verständnis für seine Lage hatte. Jalal schien sich ein wenig zu öffnen und sprach ganz konkret vom Ansehen seiner Familie, das durch Reyhaneh beschmutzt worden sei. Er war davon überzeugt, dass Reyhaneh, sollte sie freikommen, dauerhaft seinen Vater anprangern würde. Mit Nachdruck versuchte ich ihn zu überzeugen, dass wir ihm unser Wort geben, nie wieder über den Fall zu sprechen; dass wir umziehen, einen neuen Namen annehmen könnten, den Kontakt zu unseren Verwandten und Bekannten aufgeben würden. Mir war nur wichtig, mein Kind lebend aus dem Gefängnis zu bekommen. Jalal nickte skeptisch.

Ich wurde das Gefühl nicht los, dass für Jalal Vergebung einem Zugeständnis gleichkam, dass Reyhanehs Version, Morteza Sarbandi habe versucht, sie zu vergewaltigen, wahr sei. Wie sollte ich ihn überzeugen, dass Reyhaneh keine Bedrohung für die Ehre seiner Familie war? War nicht Reyhaneh die Einzige, die die Ehre seiner Familie wiederherstellen konnte? Die bezeugen konnte, dass die Familie Sarbandi einen moralischen Kompass besaß, indem sie nicht den Weg der Rache wählte?

Unter einem Vorwand verabschiedete sich Jalal höflich. Ich jedoch blieb noch für einen kurzen Moment sitzen. Ich beobachtete die jungen Menschen, die sich in dem Café trafen und lachten. Warum hat unsere Tochter dieses Schicksal?, schoss es mir durch den Kopf. Sie hatte Sarbandi kennengelernt, weil sie zur falschen Zeit am falschen Ort war, weil sie ehrgeizig war. Sie wollte ihre beruflichen Träume verwirklichen, auf eigenen Beinen stehen und sich ein Fundament für ihre Zukunft schaffen. All dies hatte ich mir immer für sie und für meine beiden anderen Töchter gewünscht. Dies waren auch meine eigenen Wünsche gewesen im Alter von Reyhaneh.

Es hätte jedes junge Mädchen treffen können. Ein Zufall, der so vielen Leben eine schreckliche Wendung gegeben hatte. Wie oft hatte ich mit meinen Töchtern in Cafés gesessen, hatte Chai getrunken oder Eis gegessen, gelacht. Reyhaneh mochte am liebsten Schokoladen-, Bananen- und Nescafé-Eis. Ich ließ meinen Blick über all die jungen Frauen streifen, die keine Ahnung hatten, dass meine Tochter an keinem so friedlichen Ort wie diesem war und jeden Tag mit der Angst vor ihrer Hinrichtung konfrontiert war.

Es gab eine Gruppe, die sich »Friedensmütter« nannte und darauf spezialisiert war, für zum Tode Verurteilte um Gnade zu bitten. Zur Zeit von Justizminister Ayatollah Mahmud Haschemi Schahrudi[105] hatten sie einen Schreibtisch in

---

105 Ayatollah Mahmud Haschemi Schahrudi war von 1999 bis 2009 Oberster Richter und damit Vorsitzender der Justiz des Iran. 2018 wurde er während einer Krebsbehandlung in einer Privatklinik in Hannover von mehreren Exil-Iranern (unter anderem mir), Aktivisten sowie deutschen Politikern wegen Vergehen gegen die Menschlichkeit angezeigt. Überstürzt reiste er ab und verstarb wenig später im Iran.

der Abteilung »Bürgerrechte« in der Judikative. Dort wurden sie über die Urteile mit Todesstrafe informiert und gingen zu den Familien und ersuchten sie um Gnade. Fereydoon und ich baten diese Gruppe, sich bei der Familie Sarbandi für Reyhaneh einzusetzen.

Eine der Friedensmütter hieß Mahboube Ramezani und kam durch ein persönliches Erlebnis zu dieser Gruppe: Ihr Bruder war ermordet worden, und sein Mörder wurde zur Blutrache verurteilt. Und auch wenn die Entscheidung über Leben und Tod in der Hand ihres Vaters lag, hatte sie doch großen Einfluss. Immer wenn es um das Thema Vergebung ging, sagte sie: »Außer der Hinrichtung möchte ich nichts. Wir brauchen überhaupt nicht über Vergebung zu sprechen.«

Der Tag der Hinrichtung kam, und sie begleitete ihren Vater zum Galgen, um den Mörder ihres Bruders hängen zu sehen. Nachdem der Vater verkündet hatte, dass sie nicht vergeben würden, bat der zum Tode verurteilte Mann, als letzten Wunsch noch einmal Flöte spielen zu dürfen. Man gewährte ihm diesen Wunsch, und sein trauriges Flötenspiel traf Mahboube und ihren Vater ins Herz. Da fällten Vater und Tochter eine Entscheidung: Sie würden dem jungen Mann das Leben schenken.

Mahboube merkte, dass die Vergebung ihr Frieden gebracht hatte, und als sie andere Menschen traf, die sich für die Hinrichtung entschieden hatten, merkte sie, dass sie sich im Vergleich viel besser fühlte, weil sie die Rache, die ihr zugestanden hätte, nicht ausgeübt hatte.

So begann sie ihr Engagement für Vergebung. Sie erzählte den Familien, die sich entscheiden mussten, von ihrem eigenen Hass und darüber, wie befreit und stark sie sich nach der Vergebung gefühlt hatte.

Mahboube nahm Kontakt mit der Familie Sarbandi auf und besuchte mehrmals das Haus von Mortezas Mutter, leider ohne Erfolg. Aber nach jeder Enttäuschung tat sich eine neue Tür auf, die uns wieder hoffen ließ. Wir waren wie Schiffbrüchige, die sich in stürmischer See an jedes noch so kleine zerbrochene Brett klammerten und hofften, dass es uns retten werde.

Vor Sonnenaufgang

Die ausladenden Bäume in den Alleen Teherans färbten sich und leuchteten in allen Gelb- und Rotschattierungen. Und auch wenn es tagsüber noch immer sehr warm war, kühlte es abends schon angenehm ab. Es roch nach Herbst.

Mir war eine Rolle in einem Theaterstück angeboten worden, die wie für mich geschrieben war. Ich sollte die Mutter eines jungen Soldaten namens Jola spielen, die alles unternahm, bis hin zur schlimmsten Erniedrigung, damit ihr Sohn von der Kriegsfront nach Hause zurückkehren konnte. Immer wenn ich in dem Stück den Namen Jola aussprach, ersetzte ich ihn innerlich mit Reyhaneh. Ohne zu zögern, hatte ich die Rolle angenommen und mit dem Regisseur vereinbart, dass ich im Anschluss an die Aufführungen das Publikum über Reyhanehs Situation informieren durfte.

Zu der Zeit, als wir das Stück auf der Bühne des Arasbaran-Kulturzentrums aufführten, erhielten Fereydoon und ich eine Einladung in das Haus der Theater-Gewerkschaft. Der Leiter begrüßte uns und bat uns in einen Raum, in dem zwei in Tschadors gehüllte Frauen sowie ein Mann, der wie ein hoher Regierungsbeamter aussah, auf uns warteten. Während Chai und süßes Gebäck gereicht wurden, stellten sie sich als Mitarbeiter des Büros des Obersten Führers, Ali Chamenei, vor. Sie teilten uns mit, dass Mohammad Javad Zarif, der iranische Außenminister, ziemlich ungehalten war wegen meiner Aktionen im Fall Reyhaneh.

Javad Zarif verhandelte damals über das Nuklearabkommen. Diplomaten und Politiker westlicher Staaten und des Iran konnten aus diesem Anlass in Kontakt treten. Der Fall meiner Tochter setze Zarif bei den Atomgesprächen unter Druck. Vor jedem Treffen nähme EU-Chefdiplomatin Catherine Ashton Reyhanehs Fall als Vorwand, um über die Menschenrechte im Iran zu sprechen, bevor sie sich auf die Diskussion über das Nuklearabkommen einließ. »Wollen Sie die Rechte unserer Nation verletzen? Wie können Sie die nationalen Interessen von achtzig Millionen Iranern ignorieren?«, fragte mich der Beamte.

Natürlich könne ich das nicht, antwortete ich ihm. Ich sei ja selbst Angehörige des Volkes. Aber meiner Tochter wurde Unrecht angetan. »Was würden Sie an meiner Stelle tun?«, fragte ich ihn. Mir wurde nahegelegt, die Berichterstattung über Reyhaneh auf jede erdenkliche Weise zu verhindern, damit der Westen keinen Vorteil aus dem Fall ziehen könne. Außenminister Zarif habe auch gesagt: »Mir ist egal, wie ihr dieses Problem löst, aber löst es. Tötet sie oder lasst sie frei.«

Nach diesen Worten erhoben sich die drei Beamten und verließen uns. Ich sah Fereydoon an und konnte sehen, dass er genauso viel Angst hatte wie ich.

Wieder zu Hause, versammelten wir unsere gesamte Familie, um gemeinsam zu beschließen, wie wir weitermachen. Sollten wir wirklich aufhören, mit der Presse zu sprechen, und damit dem Wunsch der Regierung folgen? Oder den Kampf fortführen? Gemeinsam beschlossen wir, weiter für Reyhaneh zu kämpfen, im Inland wie auch im Ausland. Wenn die Regierung wollte, dass wir aufhörten, sollte sie Reyhaneh eine faire Verhandlung gewähren.

Foroughis Antrag an den Justizminister, Reyhanehs Fall aufgrund von Jalals Aussage, dass sie nicht die Mörderin seines Vaters sei, wieder aufzunehmen, wurde trotz wiederholter Nachfrage nicht beantwortet. Akribisch suchte Foroughi nach weiteren Indizien, die belegen konnten, dass Reyhanehs Rechtsfall in mehrfacher Weise manipuliert worden war. Er hatte herausgefunden, dass Richter Tardast einen handschriftlichen Brief an die Richter in Qom geschickt hatte, und auch, dass in seinem Urteil die Seite 18 fehlte, die nicht auffindbar war. Warum verschwanden in dem Fall immer wieder Schriftstücke und Beweise?

Bis zum heutigen Tag ist diese Seite aus dem Urteil verschollen. Foroughi veröffentlichte all diese Details auf seiner Facebook-Seite, was eine Flut von Kommentaren auslöste, die dieses Vorgehen der Justiz scharf kritisierten und die Fairness des Verfahrens in Zweifel zogen.

Um diese »Unstimmigkeiten« zu beseitigen, wurde uns ein Mann namens Sharifi vorgestellt, der für den damaligen iranischen Präsidenten Hassan Rohani arbeitete. Rohani wurde 2013 als siebter iranischer Präsident gewählt und galt damals politisch als moderater Reformer. Später sollte sich herausstellen, dass unter seiner Präsidentschaft ein Rekord an Hinrichtungen stattgefunden hatte.[106]

Sharifi, ein gepflegter, etwas pummeliger Mann mit einem gestutzten Bart, erklärte uns, dass er zwischen dem Präsidenten, der Exekutive und der Judikative in Reyhanehs Fall vermitteln solle, um zu einer Einigung zu gelangen. Die Regierung und die Justiz seien gewillt, den Fall mit einer Gruppe von Richtern neu zu überprüfen. Allerdings habe dieses Unterfangen nur Erfolgschancen mit einem Anwalt, der mit dem System verbunden war. Ein Anwalt wie Foroughi, der sich in aller Öffentlichkeit gegen die Regierung stellte, sei kontraproduktiv. Er könne die ambitionierte Anwältin Parisa Ghanbari vorschlagen, die gute Beziehungen habe.

106 Aus den Jahresberichten von Amnesty International 2013–2020

Ich bat um etwas Zeit, um Rücksprache mit Reyhaneh zu halten. Wir sollten uns aber nicht zu viel Zeit lassen, betonte Sharifi, denn die Möglichkeit auf eine Überprüfung des Falles könne auch wieder zurückgezogen werden.

Voller Unbehagen verließ ich dieses Gespräch. Einerseits war ich wild entschlossen, alles zu tun, um Reyhaneh zu retten. Jetzt schien durch Sharifi endlich die Justiz aktiv zu werden. Andererseits war mir unwohl bei dem Gedanken, denn ich wusste, dass Sharifi all unsere Schritte der Regierung melden würde. Und bisher waren wir so oft angelogen und hinterlistig getäuscht worden. War dies eine weitere Intrige oder die erhoffte Hilfe?

Reyhaneh wollte Foroughi auf keinen Fall entlassen und weigerte sich strikt. In mir aber wuchs die Hoffnung, dass die Regierung aufgrund des internationalen politischen Drucks den Fall noch einmal gründlich aufarbeiten wollte. Mehrere Tage lang flehte ich Reyhaneh an, bis sie meinen Bitten und Tränen nachgab und die vorgeschlagene Anwältin akzeptierte.

Wir trafen Parisa Ghanbari, eine junge, ungefähr dreißigjährige Anwältin, in ihrem geräumigen, aber spartanisch eingerichteten Büro, das nur aus einem Tisch und einer in der Ecke des Raumes platzierten Sitzgruppe bestand. Bei dem Gespräch fiel mir auf, dass sie sehr unsicher agierte, sich kaum Notizen machte und nur lustlos Fragen zu dem Fall und dem bisherigen Verfahren stellte. Nach dem Gespräch fragte ich Sharifi sofort: »Wie soll so eine unerfahrene Juristin einen so heiklen und komplizierten Fall übernehmen?«

Verwundert beruhigte mich Sharifi. Es spiele keine Rolle, ob es eine exzellente Anwältin sei, es gehe lediglich darum, wer sie unterstütze. Ich könne mir sicher sein, dass durch Parisa Ghanbari der Fall zu einem guten Ende gelangen würde. Ich rief mir ins Bewusstsein, wie stark unser Land von Korruption durchzogen war, sodass sogar die Gerichte nicht unabhängig agierten und man über Bestechung und die richtigen Beziehungen fast alles erreichen konnte. Vielleicht konnten wir diese Schwachstelle des Systems zu unseren Gunsten nutzen.

Frau Ghanbari musste von Reyhaneh die Prozessvollmacht unterschreiben lassen und bat mich, sie nach Shahr-e Rey zu begleiten. Da an diesem Tag sowieso unser Besuchstag war, stimmte ich zu und fuhr schon früher als meine Familie mit Frau Ghanbari zum Gefängnis. Als wir im Büro von Frau Mahmoodi, der stellvertretenden Staatsanwältin in Shahr-e Rey, auf das Treffen mit Reyhaneh warteten, sagte Frau Mahmoodi plötzlich: »Frau Pakravan, wenn Ihre Familie etwas schneller hier sein könnte, würde ich einen barrierefreien Besuch ermöglichen.«

Sofort war ich hin- und hergerissen zwischen Vorfreude, dass meine Familie Reyhaneh in die Arme schließen konnte, und dem Zweifel an der Aufrichtigkeit des Angebots. Mir kam sofort die Geschichte mit Frau Haji in den Sinn, die vorgegeben hatte, mir ein Geburtstagsgeschenk zu machen, und dabei den letzten Besuch geplant hatte. Misstrauisch fragte ich Frau Mahmoodi, ob das nicht nur ein Vorwand sei, einen letzten Besuch zu verschleiern. Sie versicherte mir jedoch, dass es keinen Hintergedanken gebe.

Nachdem ich sie auf ihre eigenen Kinder hatte schwören lassen, war ich beruhigt. Doch auch die Schwüre und der unerwartete Genuss, Reyhaneh umarmen zu können, besänftigten Fereydoons Gefühl nicht, dass etwas nicht mit rechten Dingen zuging. Wie recht er hatte, erfuhren wir schon am nächsten Tag.

Am 29. September 2014 bereitete ich mich gerade auf die Theateraufführung am Abend vor, als mein Telefon klingelte. Es war Sahar, die unruhig berichtete, dass Reyhanehs Name ständig ausgerufen werde. Sie solle zum Staatsanwalt gehen. Das sei seltsam und bedeute normalerweise nichts Gutes. Ich versuchte Sahar zu beruhigen, es sei sicherlich nichts Ernsthaftes. Erst am Tag zuvor hatte Reyhaneh die Prozessvollmacht unterschrieben, und ihre neue Anwältin Ghanbari hatte versichert, dass der Fall neu überprüft werden würde. Doch der Druck auf unsere Tochter erhöhte sich. Kurze Zeit später klingelte wieder das Telefon. Reyhaneh war am Apparat. Ich schaltete den Lautsprecher ein und nahm das Gespräch auf:

»Mama, jetzt ist es 16.15 Uhr. Seit kurz vor halb drei schicken sie mir ständig Nachricht, zum Staatsanwalt zu gehen. Sie werden nicht aufgeben. [...] Die Staatsanwältin sagte, ich hätte einen Hinrichtungsstopp bekommen. Aber dieses Beharren ist sehr seltsam. Ich vermute, sie werden die Telefone abschalten. Tu alles, was du kannst, damit wir wenigstens einen letzten Besuch bekommen, bevor... Ich hoffe, dass alles wieder gut wird, so Gott will. Ich liebe dich sehr, sehr, sehr. Bleib bitte ruhig.«

»Reyhaneh, mein Herz, sag mir, wollen sie dich mit Gewalt mitnehmen? Ist es wirklich das, was du denkst...? Ich meine, wollen sie dich wirklich zur Hinrichtung mitnehmen?«

»Ich denke schon. So viel Hartnäckigkeit ist seltsam. [...] Ich denke, es ist sehr ernst.« [...]

»Meine Liebe! Glaubst du, dass sie dich wirklich hinrichten wollen?«

»Ja, das glaube ich.« [...]

»Weißt du, wo sie dich für die Hinrichtung hinbringen?« [...]

»Rajai Shahr.[107]«

---

107 Das Rajai-Shahr-Gefängnis wird auch Gohardasht-Gefängnis genannt und liegt in Karadsch nahe Teheran.

»Okay. Ich benachrichtige Frau Haji. Ich wünschte, ich könnte für dich sterben. Reyhaneh! Ich liebe dich, mein Schatz, bis zum letzten Augenblick …«[108]

Dann wurde die Verbindung unterbrochen. Mein Herz setzte aus.

Noch nie in meinem Leben hatte ich eine Theatervorstellung abgesagt. Aber nun zögerte ich keinen Moment. An diesem Abend blieben die Scheinwerfer aus. Sofort rief ich Fereydoon an, der für einen Geschäftstermin in den Nordiran gefahren war, erzählte ihm, was geschehen war, und bat ihn, sofort umzukehren.

Auf dem Weg zum Gefängnis informierte ich alle engagierten Personen, die Presse sowie einflussreiche Bekannte. Obwohl das iranische Recht vor der Hinrichtung einen letzten Besuch der Familie vorschreibt, wurde uns der Zugang zu Reyhaneh verwehrt. Das Treffen mit Ghanbari sei das letzte Treffen gewesen. Fereydoon hatte mit seinem mulmigen Gefühl recht behalten.

Weltweit gab es einen Aufschrei von politisch aktiven Menschen, der Presse und Politik, die Medien berichteten.

Meine Töchter, Familie, Bekannte, Unterstützer und ich fuhren an der endlos erscheinenden sandfarbenen Mauer des Rajai-Shahr-Gefängnisses entlang, um zu dessen Eingang zu gelangen. Alle 100 Meter gab es einen Wachturm mit Soldaten, das Maschinengewehr im Anschlag. Im Hintergrund ragten die massiven Bergrücken des Elburs-Gebirges auf.

Mehr und mehr Menschen versammelten sich vor den Gefängnismauern. Ich schrie Reyhanehs Namen in der Hoff-

108 Audioaufnahme: Telefonat Reyhaneh Jabbari und Shole Pakravan, 29.09.2014

Mit Unterstützern vor dem Rajai-Shahr-Gefängnis

nung, dass sie meine Stimme hörte und wusste, dass ich für sie kämpfte, dass ich da war, dass ich sie liebte, dass sie nicht allein war in diesen schrecklichen Stunden. Sharare und Shahrzad waren sprachlos vor Sorge. Sie versuchten mich zu beruhigen. Eine Frau, die ich nicht kannte, gab mir etwas zu trinken und eine Dattel.

Immer wieder versuchten die Gefängnisaufseher uns zu vertreiben. Einer der Wärter dementierte, dass Reyhaneh in dem Gefängnis sei, und erklärte mir nüchtern, wie eine Exekution vonstattengehe. Immerhin würden hier wöchentlich durchschnittlich zwanzig Hinrichtungen vollstreckt.

»Immer um vier Uhr morgens finden sich zwei Richter, zwei Mullahs, ein Aufseher und zwei weitere Beobachter ein. Die Familie des Geschädigten und die des Verurteilten werden mit dem Hinzurichtenden in einen Raum gebracht. Hier kann noch einmal zehn Minuten um Vergebung gebeten werden. Nachdem die geschädigte Familie ihre Entscheidung gefällt hat, wird entweder gehängt, zurück ins Gefängnis gebracht – um die Haftstrafe, die nach der Vergebung vom Gericht auf maximal zehn Jahre festgelegt werden kann, abzusitzen –, oder der Verurteilte wird seiner Familie übergeben. Heute habe um 4.00 Uhr niemand das Gefängnis betreten.«

Ich bat ihn, noch etwas bleiben zu dürfen. Während wir vor dem Gefängnis standen, schrien und klagten, schrieb Reyhaneh in der Einzelhaft ihre Gedanken und Gefühle auf.

Wird die Familie Sarbandi mit meinem Tod Frieden finden? Wird es schnell enden oder nicht? [...] Ich bin sehr besorgt um meinen Vater. Letzte Nacht ist er in den Norden gefahren. Jetzt haben sie ihn sicher informiert, und er wird sehr schnell fahren. Ich hoffe, dass ihm nichts passiert. [...] Und was ist mit der Theateraufführung meiner Mutter? [...]

Es tut mir sehr leid für all die Not, die ich verursacht habe für meine Familie. Ich weiß überhaupt nicht, wie ich das wiedergutmachen kann, und ich hoffe, dass ich eine Chance dazu haben werde.

Ich liebe meine Schwestern so sehr. [...] Obwohl mein Schicksal einige Einschränkungen für sie gebracht hat, haben sie mich all die Jahre nie missachtet. [...] Ich hoffe, sie werden immer gute Tage haben. [...]

Aus tiefstem Herzen vergebe ich den Verhörbeamten von Büro 10, obwohl sie keine Folter an mir ausließen. Die Narben sind immer noch auf meinem Körper. Aber ich vergebe ihnen, und ich hoffe, dass sie Frieden finden werden. Ich vergebe Inspektor Shamloo, obwohl er mir falsche Vorwürfe gemacht und mein Leben auf diese Weise ruiniert hat. [...] Ich vergebe Richter Tardast, obwohl er mir keine Chance gegeben hat, indem er seinen Empfehlungsbrief auf das Urteil legte und an den Obersten Gerichtshof schickte: »Verwehre mein Urteil nicht.« Ich habe auch ihm vergeben. […] Ja, ich vergebe all denen, die bei diesem Fall hinterhältig waren und jede Art von Druck auf mich ausgeübt haben. Und ich bitte auch Euch, mein Vater, meine Mutter und meine Familie, ihnen zu vergeben – weil Vergebung uns Frieden bringt. […] Ich hörte den Azaan [Gebetsruf], der sehr traurig war. Ich weiß nicht, ob es mit meiner misslichen Lage zusammenhing, dass ich diesen Azaan als traurig empfand. In diesem Moment fing ich schließlich an zu weinen. Ich weinte viel und dachte, auch wenn die ganze Welt behaupten würde: Du hast diesen Mord mit Absicht und Vorsatz begangen, und er hatte keine Vergewaltigungsabsicht. Ich weiß, dass ich keine andere Wahl hatte, als ihn mit dem Messer zu stoppen. Es reicht also, dass ich es selber weiß. Gott weiß es auch.[109]

Fereydoon traf endlich ein. Er war wie ein Wahnsinniger stundenlang ohne Pause durchgefahren. Der Gedanke, seinen Töchtern und mir in dieser schwierigen Situation nicht beistehen zu können, war ihm unerträglich gewesen. Eine große Menschenmenge stand vor dem Gefängnistor und forderte, Reyhanehs Hinrichtung aufzuhalten. Der Polizeichef traf ein und rief in einen Lautsprecher: »Verschwindet!« Aber niemand rührte sich.

Der Leiter von Rajai Shahr rief mich an und sagte, dass Reyhaneh nicht mehr im Gefängnis sei. Ich antwortete: »Wir stehen schon seit Stunden vor dem Tor. Bis jetzt wurde es nicht geöffnet, und niemand kam heraus. Sie lügen! Ich glaube Ihnen erst, wenn Reyhaneh mich selbst von der mir bekannten Nummer aus Shahr-e Rey anruft.«

Ich vertraute niemandem von der Gefängnisverwaltung mehr. Inmitten dieses Aufruhrs kam eine Frau auf mich zugerannt. Es war Rahele, Reyhanehs Freundin, von der ich

109 Reyhaneh Jabbari, Brief an ihre Familie, 30.09.2014

seit so vielen Jahren gehört hatte und die wegen ihrer schweren Krebserkrankung unter Hausarrest stand. Sie umarmte mich und erzählte, dass sie ihre Auflagen verletzt habe, um hier vor dem Gefängnis gegen Reyhanehs Hinrichtung zu demonstrieren. Sie hätte einfach nicht in Isfahan bleiben können und sei sofort losgefahren, nachdem sie diese furchtbare Nachricht gehört habe. Dankbar drückte ich ihre Hand.

Unsere Beharrlichkeit sowie die vielen internationalen Aufforderungen für ein gerechtes Verfahren zeigten Wirkung: Gegen zwei Uhr klingelte mein Telefon, die wohlbekannte Rufnummer aus Shahr-e Rey wurde mir angezeigt, und ich hörte Reyhanehs Stimme. Ich rief: »Das ist Reyhaneh!« Die Demonstranten begannen im Chor zu rufen: »Reyhaneh, wir lieben dich! Reyhaneh, wir lieben dich!« Ich sagte: »Reyhaneh, kannst du die Stimmen hören? Sie alle haben für dich gekämpft, obwohl wir die meisten der Leute nicht kennen!«

Fereydoon, Sharare, Shahrzad und ich lagen uns glücklich und erleichtert in den Armen.

Die versuchte Vollstreckung von Reyhanehs Todesstrafe trat in den Tagen darauf eine weltweite Protestwelle los. Überall gab es nun Demonstrationen und Protestmärsche, bei denen man Reyhanehs Freilassung forderte. Deutschland, Frankreich, Italien, England, Australien, USA …

Der Justizminister Mostafa Pour-Mohammadi, der durch seine »Ein-Minuten-Gerichtsverhandlungen« und die darauf folgenden Massentötungen im Jahr 1988[110] bekannt wurde,

110 Die Massenhinrichtung politischer Gefangener im Iran während der Regierungszeit von Premierminister Mir Hossein Mussawi begann am 29. Juli 1988. Die Hinrichtungen erstreckten sich über einen Zeitraum von fünf Monaten. Die genaue Zahl ist nach wie vor unbekannt. Sicher ist, dass mehrere Tausend Menschen ohne eine faire Gerichtsverhandlung hingerichtet wurden.

Weltweiter Protest für die Unterstützung von Reyhaneh

setzte eine Zehn-Tages-Frist an, in der Reyhaneh nicht hingerichtet werden und der Fall noch einmal überprüft werden sollte.

Von da an rannte ich nur noch von hier nach dort. Ich tat alles, was dazu führen konnte, Reyhaneh zu retten, auch wenn es nur eine winzige Chance hatte. Gleichzeitig gab es weltweit immer mehr Menschen, die eine Hinrichtung zu verhindern suchten. Täglich berichtete ich auf dem Facebook-Kanal »Save Reyhaneh« über den Fall, und die mitfühlenden Kommentare und Aufmunterungen gaben uns allen immer wieder Kraft, weiter zu kämpfen. Ich versuchte, mich nur auf das Positive zu konzentrieren und daran zu glauben, dass wir es schaffen konnten. Noch dazu stand Muharram vor der Tür, der heilige Monat, in dem Muslimen das Töten verboten ist und somit auch die Vollstreckung der Todesstrafe.

Mein Cousin und seine Freundin, die mich schon seit geraumer Zeit bei dem Kampf um Reyhanehs Leben sehr unterstützten, begannen, ein Vergebungsvideo zu drehen. Sie hofften, Jalal Sarbandis Herz erweichen zu können, wenn berühmte Persönlichkeiten des Iran um Reyhanehs Leben baten. Und obwohl auf den Straßen von Teheran alle über Reyhanehs Fall sprachen, ließen sich in dieser aufgeheizten Phase nur sehr wenige Iranerinnen und Iraner filmen. Denn die Befürworter Reyhanehs mussten mit Repressalien rechnen. Trotzdem stärkte es mich zu wissen, dass so viele Menschen alles gaben, um das Leben meiner Tochter zu retten.

Jalal Sarbandi hatte sich bis dahin zu Reyhanehs Fall nicht öffentlich geäußert, aber Masih Alinejad, eine iranisch-amerikanische Journalistin und Frauenrechtsaktivistin, schaffte es, ihn am Telefon zu interviewen. Sie wollte wissen, was er von Reyhaneh erwartete, um ihr zu vergeben. Jalal betonte: »Mein Standpunkt spielt keine Rolle. Sie soll die Wahrheit gestehen. Wenn Sie lesen, was sie gesagt hat, werden Sie sehen, dass es voller Lügen und Ungereimtheiten ist. [...] Mehr als 13 Richter dieses Landes haben den Fall geprüft und sind zu dem Schluss gekommen, dass sie lügt.« [...]

»Die Familie von Reyhaneh Jabbari bittet Sie um Vergebung.«

»Vergebung ist für diejenigen, die nicht gelogen und keine falschen Anschuldigungen erhoben haben.« [...]

Alinejad fragte weiter: »Ist es wahrscheinlich, dass Sie Reyhaneh vergeben werden, um zu vermeiden, dass eine weitere Familie den Verlust eines geliebten Menschen betrauert?«

»Die Familie Jabbari ist eine respektable und würdige Familie. Bis heute haben sie jedoch nicht den richtigen Weg gewählt, um um Vergebung zu bitten. Das ist jetzt fast siebeneinhalb Jahre her. Meiner Meinung nach haben sie immer die falschen Wege beschritten. Sie hätten sich leicht damit befassen und es stoppen können, bevor es zu diesem Stadium kam. Wir sind jetzt an einem Punkt angelangt, den wir nicht hätten erreichen dürfen.«[III]

Ich habe genug von diesem anstrengenden Krieg für die Freiheit. Der Krieg zwischen mir und der Familie Sarbandi, die ich nicht mehr hasse. Nach all den Jahren, die seit dem Vorfall vergangen sind, ist mir klar geworden, dass Sarbandi zwar kein junger Mann mehr war, aber viele Lektionen des Lebens nicht gelernt hatte. Zum Beispiel, dass er kein Recht hatte, mich an einen Ort zu locken, und dass er kein Recht hatte, sich mir aufzudrängen. Er hatte keine Rechte an mir. Warum musste das passieren? Ich habe Tag und Nacht darüber nachgedacht. Warum griff er mich an? Wie konnte ein Mann solchen Formats auf ein so niedri-

III Interview von Masih Alinejad mit Jalal Sarbandi vom 30.09.2014, manoto TV *ges Niveau sinken? Wir waren die entgegengesetzten Seiten des Schicksals. Er wollte nichts anderes als sein Vergnügen, und zwar mit Gewalt, und ich wollte nichts anderes, als mich von ihm zu lösen, mit Gewalt.*[112]

Der Direktor der Staatsanwaltschaft Shahriari organisierte auf unsere Bitte hin ein weiteres Vergebungstreffen im engsten Kreis mit Jalal Sarbandi. Jalal und zwei Begleiter setzten sich an den Tisch zu Fereydoon, Shahrzad und mir. Ich nahm neben Jalal Platz, der unruhig schien, und ich befürchtete, dass er jeden Moment wieder gehen werde. In den letzten Monaten war meine Beziehung zu Jalal durch viele Nachrichten und Gespräche etwas vertrauter geworden. Reyhaneh wurde in Handschellen, die man ihr das ganze Treffen über nicht abnahm, in den Raum geführt. Ihr Fußgelenk war immer noch wund von den schweren Fußschellen, die man ihr am Tag ihrer versuchten Hinrichtung angelegt hatte.

Shahriari eröffnete das Gespräch und erinnerte Jalal daran, dass er, als Besitzer des Blutes, unsere Familie an einem Strick in der Hand halte. Empört fragte Jalal, warum Shahriari so etwas Unhöfliches sage. Verwundert über Jalals Reaktion, fragte Shahriari, was Jalal von Reyhaneh wissen wolle.

»Ich möchte nichts von Reyhaneh hören außer der Wahrheit«, war seine Antwort.

Reyhaneh erwiderte ihm: »Du kennst die Wahrheit. Was soll ich noch sagen?«

Jalal entgegnete ihr irritiert: »Mein Vater hatte nie einen solchen Ruf. Wenn du mir nicht die Antwort gibst, die ich hören will, werde ich dich hängen lassen.«

Ich fürchtete, dass wieder keine Einigung gefunden wurde, und fing an zu weinen: »Um Gottes willen, habt Erbarmen

112 Reyhaneh Jabbari, Selbstverteidigungsbrief 13, 2014

mit mir! Dieses Treffen ist dazu da, dass ihr zu einem Ergebnis kommt!«

Reyhaneh wandte sich an Jalal, zeigte auf mich: »Wie kannst du ihre Tränen ertragen?«

Als sie dies sagte, begann auch Jalal zu weinen. »Was soll ich denn tun? Lass mich nicht noch mehr leiden!«

Einer seiner Begleiter boxte ihm in die Seite, ein Zeichen, dass er aufstehen und gehen solle, was er auch sofort tat. Das Gespräch sei beendet, verkündete er und verließ den Raum. Wieder lief ich ihm nach und versuchte ihn dazu zu bewegen, umzukehren, aber er verließ das Gebäude.

Die Tränen, die Jalal vergossen hatte, gaben mir das Gefühl, dass er in einem großen Zwiespalt steckte. Ich stellte mir vor, dass er sicherlich von verschiedenen Seiten – der Regierung, dem Geheimdienst und seiner Familie – dazu gedrängt wurde, nicht zu vergeben, solange Reyhaneh an der versuchten Vergewaltigung festhielt. Gleichzeitig merkte ich an Jalals Reaktionen, dass er ein mitfühlender Mensch war, und ich konnte mir einfach nicht vorstellen, dass er Reyhaneh wirklich hinrichten lassen wollte. Er war Ingenieur, jemand, der aufbaut, und nicht jemand, der zerstört. Deswegen begann ich nun verstärkt, mit Jalal Textnachrichten hin- und herzuschreiben.

14.35 Uhr, Shole: Die Mauer zwischen uns kann nur durch deine Hand eingerissen werden. Gib mir Reyhaneh zurück, und ich werde für immer in deiner Schuld stehen.
14.49 Uhr, Jalal: Gib du mir meinen Vater zurück, dann gebe ich dir dein Kind zurück.
14.54 Uhr, Shole: Mein Lieber, wenn Rache das Einzige ist, was dir Frieden bringt, dann nimm mich an ihrer Stelle.[113]

113 Nachrichtenverlauf zwischen Shole Pakravan und Jalal Sarbandi vom 13.10.2014

Nachdem ich Jalal wieder und wieder um das Leben meiner Tochter gebeten hatte, sagte er mir bei einem Treffen: »Erst wenn du mich wie deinen eigenen Sohn betrachtest und mir gegenüber das Gefühl hast, dass ich genauso wie Reyhaneh dein Kind bin, dann darfst du mich um Vergebung bitten.«

Auch wenn ich mir nicht vorstellen konnte, wie das gehen sollte, nahm ich seine Forderung ernst. Ich hörte auf, Jalal zu beknien, und versuchte, mich in ihn hineinzuversetzen. Wie sah es in ihm aus?

Schmetterling

Der 24. Oktober war ein sonniger Freitag. Schon beim Aufwachen merkte ich, dass die Anspannung der letzten Monate langsam aus meinem Körper entwich. Wir hatten es geschafft, Reyhaneh vor der drohenden Hinrichtung zu bewahren. Am nächsten Morgen begann der heilige Monat Muharram. Ein Monat ohne dauernde Angst und Anspannung lag vor uns, da die Vollstreckung der Todesstrafe in dieser Zeit verboten ist.

In der Zeitung las ich ein Interview mit dem Justizminister, in dem er versicherte, dass der Fall Jabbari ein gutes Ende nehmen werde.[114] Auch ein Telefonat mit Sharifi bestätigte, dass endlich der erste Anhörungstermin für die Aufnahme von Reyhanehs Fall im Gericht anberaumt wurde.

Am Abend zuvor war das lang verlorene Lachen von Sharare und Shahrzad durch unsere Wohnung geschallt. In unserer Familiengruppe auf dem Chat-Dienst Viber hatten sie eine lustige Sprachnachricht erhalten, die Shahrzad so laut zum Lachen brachte, dass Sharare aus ihrem Zimmer kam. »Bist du verrückt?«, herrschte sie sie an. Doch dann musste auch sie lachen. Ihr Lachen war so ansteckend, dass auch Fereydoon und ich nicht anders konnten, als aus vollem Herzen loszuprusten.

Da der Freitag im Iran der wöchentliche Feiertag ist, hatten Sharare und Shahrzad beide frei und verließen das Haus

114 *Ensaf news* vom 23.10.2014

früh am Morgen. Sie wollten mit ihrer Freundin Maryam, der Ältesten der *five kids*, zu einer Brautshow, bei der verschiedene Make-ups und Frisuren präsentiert wurden. Sharare wollte ihren damaligen Freund heiraten, sobald Reyhaneh aus der Haft entlassen war. Überhaupt drehten sich unsere Gespräche in diesen Tagen viel darum, wie wir Reyhaneh den Einstieg ins Leben nach dem Gefängnis erleichtern konnten. Shahrzad, die schon immer sehr quirlig und gesprächig war, sollte sich mit Reyhaneh ein Zimmer teilen, um sie von möglichen düsteren Gedanken abzulenken.

Shahrzad hatte schon genau geplant, wo Reyhaneh ihre Sachen verstauen konnte. Sie hatte Reyhanehs Schmuck, der im Gefängnis verboten war, bereits auf der Kommode arrangiert und zusammen mit Sharare eine Liste mit den Orten erstellt, die sie mit ihrer Schwester gemeinsam besuchen wollten.

Für ein spätes gemeinsames Mittagessen bereitete ich Äsch vor, eine eintopfartige Suppe aus Bohnen, Kräutern und Fleisch. Die Küche roch nach gebratener Minze, Knoblauch und Zwiebeln, die man zum Schluss über das Gericht streut. Gerade füllte ich für Fereydoon und mich eine kleine Portion in zwei Schüsseln, um den ersten Hunger zu stillen, als das Telefon klingelte. Es war Reyhaneh, ihre Stimme klang aufgeregt. Sie werde unter Druck gesetzt. Heute Abend solle sie verlegt werden, damit die Todesstrafe morgen vollstreckt werden könne.

Ich versuchte sie zu beruhigen, indem ich darauf hinwies, dass an einem Feiertag keine Hinrichtungen stattfinden, und bestärkte sie darin, alles zu versuchen, um sich zu wehren. Sie versprach, sich bald wieder zu melden, und legte auf.

Ich konnte es nicht glauben. Das war nicht möglich! Die Akte sei laut Sharifi gerade zurück ans Gericht gegangen, um die Wiederaufnahme zu prüfen. Und Hinrichtungen werden doch bei dem ersten *azān*, dem islamischen Gebetsruf, des Tages vollstreckt. am nächsten Morgen begann aber schon Muharram!

Kurz darauf erhielt ich einen Anruf der Gefängnisdirektion. Wir sollten zum Gefängnis kommen, um unserer Tochter den letzten Besuch abzustatten. Diesmal dürften auch die näheren Verwandten mitkommen. Ich zitterte, versuchte mich zu beruhigen. Während Fereydoon mit unseren Töchtern telefonierte, benachrichtigte ich Reyhanehs neue Anwältin, meine Eltern und Schwester.

Als unsere Töchter zu Hause eintrafen, zogen sie sich schnell um. Keiner von uns verspürte Appetit, und so verließen wir, ohne gegessen zu haben, das Haus, um nach Shahr-e Rey zu fahren. Auf dem Weg klingelte wiederholt mein Handy. Die Nachricht von Reyhanehs bevorstehender Hinrichtung verbreitete sich wie ein Lauffeuer innerhalb wie außerhalb des Gefängnisses. Eine der Anruferinnen war Sahar, die mir äußerst nervös erzählte, dass sie einen Helikopter höre, der über dem Gefängnis kreise. Sehen könne sie ihn allerdings nicht. Wir sollten so schnell wie möglich zum Gefängnis kommen, da sie befürchte, dass man Reyhaneh mit dem Hubschrauber abtransportieren werde. Fereydoon drückte das Gaspedal bis auf den Boden durch.

Als wir am Gefängnis ankamen, saß meine Mutter auf dem Boden vor dem Eingangstor und weinte. Noch nie hatte ich meine Mutter, die stets sehr auf Hygiene achtete, auf dem Boden sitzend gesehen. Ich zog sie hoch und umarmte sie. Dann bat ich alle, während des Besuchs möglichst nicht zu weinen, um Reyhaneh nicht noch zusätzlich mit unserer Trauer zu belasten.

Da der letzte Besuch ein Kontaktbesuch ist, wurden wir gründlich durchsucht. Man kopierte sogar unsere Ausweise.

Nichts durften wir mit reinnehmen, sogar ihr Asthmaspray musste Shahrzad zurücklassen.

Man führte uns in einen Raum, in dem schon der Gefängnisdirektor Herr Yousofi, seine Assistentin, drei oder vier weitere Wärterinnen, die stellvertretende Staatsanwältin des Gefängnisses, Frau Mahmoudi, die Abteilungsleiterin der Frauenabteilung und einige Soldaten und Offiziere warteten.

Dann brachten sie Reyhaneh herein. Ein blauer Tschador mit kleinen weißen Blumen hüllte sie ein, und sie trug einen cremefarbenen Schal, den ihre Handarbeitslehrerin im Gefängnis für sie mit kleinen Schmetterlingen bestickt hatte. Ich umarmte sie. Ihr Körper war heiß. Sie glühte, hatte leichtes Fieber. Ein freundliches Lächeln umspielte ihre Lippen. Sie war sehr ruhig, so, als wären wir zu Besuch bei ihr zu Hause. Es wurde Chai gereicht.

Nachdem jeder von uns sie umarmt hatte, richtete meine Mutter ein paar religiöse Worte an sie. Wir setzten uns, und Shahrzad kuschelte sich auf Reyhanehs Schoß, küsste sie und begann von ihren Plänen nach Reyhanehs Entlassung zu erzählen. Wir hielten alle unsere Trauer zurück, aber in einem Moment liefen Reyhaneh Tränen hinunter. Da begannen wir alle zu weinen. Shahrzad tupfte Reyhaneh mit einem Taschentuch die Tränen einzeln weg, während Sharare uns aufzumuntern versuchte: »Am Montag, wenn wir Reyhaneh wieder besuchen, werden wir über diese Tränen lachen.«

Reyhaneh versuchte uns zu beruhigen: Irgendwann müsse jeder Mensch sterben, und vielleicht hätte sie ohnehin nur noch zehn Jahre zu leben. Vielleicht wären es auch dreißig oder sechzig, aber am Ende würde sie sterben wie jeder andere Mensch auch. Es gehe nicht um die Länge des Lebens, sondern um die Tiefe.

Reyhaneh sprach mit jedem Einzelnen von uns. Als die Reihe an mir war, rang sie mir das Versprechen ab, dass ich diesmal nicht versuchen sollte, die Hinrichtung zu verhindern. Sie halte diesen Schwebezustand nicht mehr aus und wolle nun endlich die Entscheidung: Wird ihr in letzter Sekunde vergeben oder nicht? Kommt sie frei, oder wird sie getötet?

Schweren Herzens versprach ich, ihren Wunsch zu respektieren. Ich umarmte sie. Ich küsste ihre Lippen. Ihre Wangen glühten.

Eine Stunde lang durften wir Abschied nehmen, umringt von all den Beamten und Aufsehern. Als Reyhaneh gehen musste, umarmten wir sie alle und sagten ihr auf unterschiedliche Art und Weise, dass sie sich keine Sorgen machen und stark bleiben solle. Alles würde sich zum Guten wenden. Als sie Fereydoon umarmte, flüsterte sie ihm ins Ohr: »Papa, ich werde dich nie wiedersehen. Diesmal werde ich nicht wieder zurückkommen, denn Vergebung kennen meine Ankläger nicht. Bitte, pass auf meine Schwestern und Mama auf.«

Shahrzad rief ihr noch nach: »Mitbewohnerin! Du musst nach Hause kommen und dir deinen Ring holen, den ich für dich aufbewahrt habe!«

Reyhaneh lächelte milde, wickelte ihren Tschador eng um ihren Körper und verließ, flankiert von zwei Wärterinnen, den Raum. Ich schüttete, einem Ritus folgend, Wasser hinter sie, denn die Reisende sollte gesund nach Hause zurückkehren. Doch sogleich ergriff mich ein unbändiges Verlangen, und ich rief Reyhaneh zurück, um sie noch einmal zu umarmen, zu küssen. Nachdem sie sich von allen noch einmal verabschiedet hatte und wieder zwei Schritte Richtung Ausgang gegangen war, bat ich sie wieder: »Bitte, komm zurück! Ich will dich noch einmal umarmen und küssen. Nur noch ein einziges Mal!«

Sie kam zu mir, umarmte mich fest und flüsterte mir ins Ohr: »Mama, bitte ruf mich nicht mehr zurück. Wir bekommen nur Ärger.« Ich drückte sie und nickte. Dann ging sie. Ein letztes Mal drehte sie sich um, bevor sie im Hauptgebäude verschwand. Sie schaute uns aufmerksam an. Ich starrte die Stahltür, die sich hinter ihr schloss, sekundenlang an, wollte nicht glauben, dass dies vielleicht der letzte Blick auf meine Tochter gewesen war. Ich hatte immer noch ihren Geruch in meiner Nase, spürte ihre fiebrige Hitze an meiner Wange.

Während des Treffens hatte Fereydoon sich mehrmals bei dem Gefängnisdirektor Yousofi erkundigt, wann und wo wir uns für das vorgeschriebene letzte Vergebungsgespräch mit Jalal und seiner Familie einfinden sollten. Doch Herr Yousofi teilte uns den Ort nicht mit, das sei ihm nicht erlaubt. Meine Mutter erinnerte ihn an die Gesetze der Scharia, die es zu befolgen gelte. Er entgegnete, er habe Anweisungen und müsse diese befolgen. Ich flehte: »Bitte, Sie sind doch auch ein Vater! Sagen Sie mir wenigstens, ist es ein Gefängnis im ehemaligen Stadtgebiet von Teheran, oder wird sie in eine entfernte Stadt gebracht?«

»Das Erstere«, antwortete er und verabschiedete sich rasch.

Die Tränen liefen uns die Wangen herunter, und trotzdem waren wir alle von einer großen Hoffnung und Zuversicht ergriffen. Reyhaneh hatte lange auf diesen Moment gewartet, sie hatte ihn sich in den letzten Monaten ersehnt, den Moment der Wahrheit. Im Morgengrauen des kommenden Tages, beim ersten Gebetsruf, würde sich herausstellen, ob Jalal meiner Tochter das Leben schenken würde. Und wenn er vergab, wie ich glaubte und hoffte, dann wäre unsere Tochter bald wieder bei uns. Die siebeneinhalb Jahre Gefängnis würden vielleicht reichen, um Reyhanehs Schuld zu begleichen. Sie würde bald nach Hause kommen. Vielleicht schon morgen?

Als wir wieder auf die Straße traten, begann es schon zu dämmern. Sofort rief ich Jalal an: »Heute Nacht wird die Hinrichtung vollstreckt.« Er hatte noch keine Nachricht erhalten, versprach mir aber, mich über den Ort der Vollstreckung zu informieren. Seine Worte beruhigten mich.

Wir fuhren auf die Rückseite des Gefängnisses und warteten im Auto mit ausgeschaltetem Licht auf den Hubschrauber, der Reyhaneh möglicherweise abtransportieren würde. Die nahe gelegene Schnellstraße war so laut, dass wir kein Wort sprachen und angestrengt versuchten, mögliche Geräusche eines Helikopters auszumachen. Immer wenn ein schwerer Lastwagen an uns vorbeidonnerte, erschauderten wir. Unterdessen baten Shahrzad und Sharare per SMS Verwandte und Bekannte, die in der Nähe der infrage kommenden Gefängnisse wohnten, hinzufahren und uns zu benachrichtigen, falls sie einen Helikopter sahen. Nach geraumer Zeit gaben wir auf und fuhren nach Hause.

Gegen acht Uhr am Abend kamen wir wieder in unserer Wohnung an. Reyhanehs Anwältin, Parisa Ghanbari, wartete schon auf uns, genauso wie einige Verwandte. Ich war müde und verstört. Ich hatte die erfolgreiche Verhinderung der Vollstreckung am 29. September der Anwesenheit der vielen Demonstranten vor dem Gefängnis zugeschrieben, die sich trotz der Drohung der Polizei nicht hatten vertreiben lassen. Und nun wollte Reyhaneh, dass ich nichts unternahm. Das fiel mir unendlich schwer.

Obwohl ich Reyhaneh eine Stunde zuvor noch im Arm gehalten hatte, vermisste ich sie sehr. Mein Durst nach Nähe zu ihr war nicht gestillt worden. Ich sagte mir: Egal, wo auf der Welt Reyhaneh ist, meine Liebe begleitet sie. Mein Atem ist mit ihr. Ihr Atem ist mit mir.

Entgegen den offiziellen Bestimmungen wurde es uns wiederholt verwehrt, noch ein letztes Mal um das Leben unserer Tochter zu bitten. Auch die Anwältin konnte nichts ausrichten. Zudem wurde uns nach wie vor nicht mitgeteilt, in welchem Gefängnis Reyhaneh hingerichtet werden sollte. Erfolglos versuchte ich diese Information von Jalal zu bekommen. Er nahm meine Anrufe nicht entgegen und beantwortete meine Nachrichten nicht. Ich bat ihn, mich vor der Urteilsvollstreckung zu treffen. Keine Antwort.

Zweifel machte sich in mir breit, und ich fürchtete, dass ihn nun die falschen Leute beraten würden. Herr Yousofi hatte gesagt, dass sich das Vollstreckungsgefängnis in Teheran oder dem ehemaligen Stadtgebiet von Teheran befand. In meinem Kopf spannte sich ein geografisches Netz auf. Die Stadt Karadsch gehörte ehemals zu Teheran, also zählten auch die drei dort befindlichen Gefängnisse Ghezel Hesar, Rajai Shahr und das Zentralgefängnis Kadhoui zu den möglichen Orten, genauso wie das Evin-Gefängnis, das in Teheran liegt. Vier Orte, die sich in einem Radius von 56 Kilometern befanden.

Wir hielten es nicht mehr aus, zu Hause zu warten, und beschlossen, als Erstes zum Evin-Gefängnis zu fahren. Die Nacht war sternenlos und schwarz. Kälte umhüllte uns. Knapp dreißig Verwandte, befreundete Personen, Arbeitskollegen standen mit uns vor dem Haupteingangstor der Haftanstalt. Man sagte uns, dass sie nicht hier sei. Sollten wir warten? Gehen?

Dauernd blickte ich auf mein Handy in der Hoffnung, Jalal würde sich melden. Plötzlich, um 22.04 Uhr, antwortete er: »Meine Augen sind offen. Mein Herz bezeugt, dass deine Tochter lügt.«

Eine Welle von Panik überflutete mich. Trotzdem beherrschte ich mich und bettelte nicht um das Leben meiner Tochter. Ich antwortete ihm: »Okay, mein Lieber, hör auf dein Herz. Wirst du mir sagen, wohin ich gehen soll?«

Seine Antwort kam ein paar Minuten später: »Das kann ich nicht.«[115]

Wir fuhren von Gefängnis zu Gefängnis in der Hoffnung, herauszufinden, wo Reyhaneh war. Nach Evin ging es nach Rajai Shahr, aber auch dort wurde uns gesagt, dass Reyhaneh nicht da sei, wir sollten zum Ghezel-Hesar-Gefängnis fahren. Und dort hieß es ebenfalls, dass sie nicht da sei …

Irgendwann beschloss ich, meiner Intuition zu folgen und vor dem Rajai-Shahr-Gefängnis zu warten. Als wir vor dem eisernen Haupteingang des Gefängnisses ankamen, standen dort mehrere andere Familien, die wie wir darauf warteten, ob in dieser Nacht ihre verurteilten Angehörigen gehängt werden würden oder nicht. Ich sah zwei Kinder mit Tränen in den Augen vor dem Tor stehen. Das Mädchen war vielleicht fünf Jahre alt, der Junge acht. Farkhondeh, eine der Friedensmütter, kam zu mir und bat mich, für den Vater der Kinder, der am nächsten Morgen ebenfalls gehängt werden sollte, um Vergebung zu bitten.

Ich wusste nicht, wie ich es schaffen sollte, mich dieser Geschichte anzunehmen, während meine ganzen Gedanken nur um Reyhaneh kreisten. Doch dann sah ich diese kleinen, unschuldigen Kinder und die großen Tränen in ihren Augen. Ich umarmte sie und fragte den Jungen, der mir als Abolfazl vorgestellt wurde, ob er mich begleiten wolle, um noch einmal um das Leben seines Vaters zu bitten. Er bejahte.

Ich nahm den Jungen an die Hand, und wir gingen gemeinsam zum Bruder des Opfers. Als der Junge ihn sah, fing er an zu weinen. Ich umarmte ihn und fühlte, wie sein Brustkorb unter meinen Armen zitterte. Wir begannen mit dem Bruder des Opfers zu sprechen und versuchten, ihn davon zu überzeugen, den Weg der Vergebung einzuschla-

115 SMS-Verlauf zwischen Jalal Sarbandi und Shole Pakravan, 24.10.2014

gen. Nach einer Weile sagte er, dass er seine Mutter, die in diesem Fall entscheiden konnte, bitten werde zu vergeben, damit diese Kinder nicht zu Waisen würden.

Die wohltuende Hoffnung, dass das Gute im Menschen existierte, durchströmte mich. Wenn diesem Mann vergeben werden konnte, dann auch meiner Tochter. Ich bat ihn, falls er vor der Urteilsvollstreckung auf Jalal Sarbandi treffen sollte, diesen zu bewegen, Reyhaneh zu vergeben. Der Mann versprach, sein Bestes zu versuchen. Wir brachten den Jungen wieder zu seiner Schwester zurück und wünschten ihm Glück.

Es war weit nach Mitternacht, der 25. Oktober war angebrochen. Von Jalal kamen seit Längerem keine weiteren Nachrichten. Wir sahen weder ihn noch weitere Familienangehörige der Sarbandis auf dem Areal. Ich steckte das Handy weg. Die Nacht war bitterkalt. Fereydoon, Sharare, Shahrzad, meine Eltern und ich hatten alle denselben Kummer, aber wir waren wie einzelne einsame Inseln, die in sich gekehrt in unseren eigenen Gedanken versanken. Irgendwann hatte ich keine Kraft mehr und setzte mich in das Auto meines Cousins und seiner Freundin. Ich hatte für Reyhaneh ihre Lieblingsfrüchte mitgebracht, einen roten Apfel und einen Pfirsich. Manchmal, wenn sie im Gefängnis einen Apfel hatte auftreiben können, hatte sie ihn sich beim Schlafen neben ihr Kopfkissen gelegt, damit der Duft sie einhüllte und ihre Träume erfüllte.

Es begann zu dämmern. Plötzlich war mir kalt, extrem kalt. Es fühlte sich an, als ob mein Gehirn einfrieren würde. Der Boulevard vor dem Gefängnistor war voller Autos und Menschen. Freundinnen, Bekannte, Verwandte, Familien. Mit etwas Abstand standen in Zivil gekleidete Sicherheitsbeamte. Ein Polizeiauto hatte das Blaulicht eingeschaltet.

Im Takt meines Herzens erhellte und verdunkelte sich das Innere des Autos. Mein Kopf fühlte sich an, als würde die Kälte hineinkriechen und alles erstarren lassen. Erschöpft und ängstlich, aber immer noch mit einem Rest Hoffnung, warteten wir auf ein Zeichen.

Ich erzählte meinem Cousin, wie ich Jalal umarmen würde, nachdem er meiner Tochter das Leben geschenkt haben würde; wie die Gefängnistür aufgehen würde und Reyhaneh endlich wieder nach Hause kommen könnte. Ich stellte mir vor, wie sie genüsslich den Pfirsich und den roten Apfel essen würde. Ein Lächeln huschte über meine Lippen bei dem Gedanken daran.

Dann sah ich, wie ein silberner Krankenwagen das eiserne Gefängnistor am Hinterausgang hinter sich ließ. War in diesem Wagen der Leichnam meiner Tochter? Oder der Leichnam eines anderen zum Tode verurteilten Menschen? Doch niemand außer mir schien diesen Wagen zu sehen. Alle Augen waren auf den Haupteingang gerichtet. Dann wurde die Autotür von einer mir unbekannten Frau geöffnet. Die Frau konnte nicht sprechen, brauchte sie auch nicht, denn ich verstand sofort: Reyhaneh war gehängt worden.

Mond auf einem Lilienzweig

Ich weiß nicht, wie ich vom Gefängnis nach Hause gelangt war. Noch immer hatte ich keine einzige Träne geweint. Als ich aus dem Fenster sah, parkte dort ein Auto mit zwei Männern darin, die uns vom Gefängnis aus gefolgt waren und unser Haus beobachteten.

Unsere Wohnung füllte sich über den Tag hinweg mit Menschen: Familienangehörige, Freundinnen, Bekannte, Unterstützer, Gesichter, die ich noch nie gesehen hatte. Meine kurdischen Angehörigen waren gekommen. Eine alte Frau mit einem Stock begann die Wehklagen anzustimmen. Die Frauen begannen sich die Haare zu raufen, zu schreien, wie es in der kurdischen Tradition verwurzelt ist.

Meine Mutter setzte sich neben sie, begann sich mit ihnen zu wiegen und zu schlagen. Shahrzad umarmte sie und flüsterte ihr ins Ohr: »Großmutter, wenn du mich magst, schlag dich bitte nicht.« Schmerzverzerrt drehte sie sich um. »Wie kann ich nicht? Ich bin Schmerz.« Shahrzad, die nicht akzeptieren konnte, dass man ihre Schwester hingerichtet hatte, verließ wütend das Zimmer. Da begann ich zu weinen. Ich weinte um die drei Schwestern, die nun zu zweit waren und ihr Leben lang eine Lücke neben sich spüren würden. Ich hörte, wie Sharare versuchte, ihre Schwester zu beruhigen.

Wir hatten alle so sehr an dem Gedanken festgehalten, dass man Reyhaneh begnadigen würde, dass wir auf ihren Tod nicht vorbereitet waren. Im Islam beerdigen wir unsere Toten innerhalb eines Tages, sodass wir schnell eine Grabstätte und die Feierlichkeiten vorbereiten mussten. Ich war wie gelähmt und zu nichts fähig, sodass Sharare die Vorbereitungen übernahm, einkaufen ging und all die Trauergäste bewirtete.

Der Mann, den ich vor dem Gefängnis gebeten hatte, Jalal um das Leben von Reyhaneh anzuflehen, rief mich an. Auf meine Frage, ob seine Mutter Abolfazls Vater vergeben habe, verneinte er schuldbewusst. Dennoch wollte er mir von der Nacht berichten. Ein Wärter habe ihm erzählt, dass man Reyhaneh in Rajai Shahr noch ungefähr anderthalb Stunden verhört habe. Dabei sei sie geschlagen worden, man habe sie sogar auf den Boden geworfen, und Jalal habe sie angeschrien.

Mein Herz zog sich zusammen, und ich unterbrach ihn: »Bitte, beschreiben Sie mir diesen Moment nicht. Was auch immer gewesen ist, ist nun zu Ende. Unsere Tochter hat keine Schmerzen mehr.« Ich legte mechanisch den Hörer auf.

Mir wurde ein Beruhigungsmittel gegeben, und ich fiel in einen unruhigen Schlaf.

Ich schlief noch, als Sharare mit Fereydoon, Onkel Behrouz und meiner Schwester im Morgengrauen des nächsten Tages über die Körper unserer engsten Verwandten stiegen, die überall in unserer Wohnung verteilt schliefen. Sie fuhren zum Friedhof Behesht-e Zahra, um dort die Genehmigung zu erhalten, Reyhaneh in das Grab ihrer Urgroßmutter legen zu dürfen.

Mein Körper fühlte sich bleiern an, als mein Bewusstsein aus dem traumlosen Schlaf erwachte. Während ich mich fertig machte, gingen mir immer wieder die Worte aus Reyhanehs Testament durch den Kopf: Ich solle ihre Organe spenden, es solle kein Grab geben, an dem ich weinen kann; ich solle an ihrer Beerdigung kein Schwarz tragen; ich solle sie vergessen und sie dem Wind übergeben.

Obwohl ich monatelang versucht hatte, eine Organspende nach der Hinrichtung zu ermöglichen, hatte ich es nicht geschafft, die Sondergenehmigung dafür zu erhalten. Reyhaneh hatte es irgendwann akzeptiert und mich gebeten, aufzuhören, eine Lösung zu suchen. »Aber es wird ein Grab geben«, flüsterte ich, »bitte verzeih mir, dass ich deinen Wunsch ignoriere. Aber du hast ihn gehegt, ohne zu wissen, was es bedeutet, eine Mutter zu sein.« In meinem Herzen versprach ich ihr, heute ruhig und besonnen zu sein. Reyhaneh hatte Dramen und Hysterie verabscheut und wäre sicherlich nicht glücklich darüber gewesen, wenn ich, wie im Iran üblich, in die Trauerschreie der Frauen eingestimmt hätte. Innerlich versprach ich ihr, ihr einen würdevollen Abschied zu bereiten.

Ich öffnete meinen Kleiderschrank, aber alle Kleider darin schienen schwarz zu sein. Als ob sich die Farbe meiner Kleider der Farbe meiner Tage angeglichen hätte. Ich wählte einen langen dunklen Rock und Mantel aus, der von belutschischen Frauen, einem vor allem im Osten des Iran lebenden Volk, mit Handarbeiten verziert worden war. Ich wickelte den türkisfarbenen Schal um, den ich die gesamten letzten Monate getragen hatte, in der Hoffnung, dass das Motiv des Schals Realität werde. In feinen Stichen war dort ein Käfig aufgestickt, dessen Tür offen steht, und die Vögel fliegen frei im Himmel herum.

Während Shahrzad die ganzen Verwandten auf die unterschiedlichen Autos verteilte, saß ich bei meinem Cousin und seiner Freundin im Auto, und wir fuhren an den langen Reihen des Gräberfeldes des Behesht-e-Zahra-Friedhofes entlang. Vor der Leichenwaschhalle sammelten sich schon die ersten Trauergäste. Alle starrten auf die Tafel, auf der die Namen der Leichen aufgerufen wurden, die als Nächstes die rituelle Waschung erhielten. Ich hoffte darauf, dass wenigstens ich bei der Waschung dabei sein durfte. Ich wollte unbedingt noch einmal das Gesicht meines Kindes sehen. Fereydoon rief mich an und informierte mich, dass er mittlerweile in der Warteschlange stand, um die Waschung und Beisetzung unserer Tochter bezahlen zu können. Erst dann würde die Zeremonie beginnen. Immer mehr Menschen trafen ein. Wir trugen alle kein Schwarz, so wie es sich Reyhaneh gewünscht hatte.

Meine Schwester, die sehr religiös ist, wurde ungeduldig und beschloss, zu Reyhanehs Grab zu gehen, um dort in Ruhe den Koran zu rezitieren. Sharare begleitete sie. Ein paar Minuten später bekam ich einen Anruf von ihr. Ihre Stimme überschlug sich. Ich solle sofort zur Grabstätte kommen. Man habe Reyhanehs Leichnam durch die Hintertür aus dem Waschhaus herausgebracht, sie mit einem Krankenwagen zum Grab gefahren, um sie heimlich zu beerdigen.

Das Atmen fiel mir schwer. Ich spürte einen enormen Druck auf meiner Brust, fühlte mich schwach und ohnmächtig. Reyhaneh wäre nicht die Erste, die klammheimlich verscharrt worden wäre. Kurz darauf erreichte ich die Südseite des Friedhofs von Abschnitt 98. Dort hatten sich schon ungefähr dreißig Geheimdienstagenten in Zivil und Spezialeinheiten des Regimes, Disziplinarbeamte sowie Bereitschaftspolizei versammelt, etwas im Hintergrund entdeckte ich auch uniformierte Polizisten.

Meine sonst so friedliche, gebildete und gesittete Schwester stand mit trockenem Mund und weißen Lippen vor dem Krankenwagen, hinderte die Männer daran, die Tür des Wagens zu öffnen, um Reyhanehs Leichnam herauszuholen, und schrie mit schriller Stimme: »Ich lasse Sie nicht die Tür öffnen, bevor nicht Reyhanehs engste Familie eingetroffen ist.« Der Stabschef herrschte sie an: »Wir besitzen diesen

Körper!« Aber meine Schwester wich keinen Millimeter von der Tür zurück.

Ich versuchte Fereydoon zu erreichen. Keine Verbindung. Sharare rannte mit ihrem klingelnden Handy auf mich zu. Ich bat meinen Schauspielkollegen, der anrief, alle Trauergäste vor den Friedhofstoren sofort zum Abschnitt 98 zu bringen. Sofort! Reyhaneh sei schon hier. Ich gab Sharare ihr Handy zurück, sie solle weiterhin versuchen, ihren Vater und auch Shahrzad zu informieren, und rannte zum Krankenwagen. Der leitende Beamte stritt sich immer noch mit meiner Schwester. Sie zeigte auf mich und schrie: »Das ist ihre Mutter. Sprechen Sie mit ihr!«

»Wir haben den Befehl, den Leichnam schnellstmöglich zu begraben«, informierte er mich.

Ich bat ihn, mit der Beisetzung zu warten, bis die Angehörigen eingetroffen seien. Warum der Vater noch nicht hier sei, fragte er verächtlich. Beruhigend erklärte ich ihm, dass Fereydoon noch in der Schlange vor dem Beerdigungsbüro stehe, um die Formalitäten der Waschung und der Beerdigung zu klären.

»Ich gebe euch fünf Minuten, dann wird sie beerdigt«, warf er mir zu.

Ich versuchte Fereydoon zu erreichen. Mein Handy hatte immer noch keinen Empfang.

Allmählich trafen bekannte Gesichter ein. Meine Schwester stand weiter vor dem Krankenwagen und schlug sich auf die Brust. Sie schrie: »Reyhaneh, Reyhaneh!« Die Agenten um sie herum waren nervös. Ich versuchte meine Schwester zu beruhigen.

»Sie töten das Kind und wollen es dann schnell ohne die Familie begraben. Da soll ich ruhig sein?«

Der Stabschef kam auf uns zu. Die fünf Minuten seien um. Sie würden nun mit der Beerdigung beginnen. Ich versuchte Zeit zu gewinnen und fragte ihn zweifelnd, ob die religiösen Rituale durchgeführt worden seien. Er bejahte. Ich bat ihn: »Mein Vater und meine Mutter sind auf dem Weg hierher. Bitte erlauben Sie ihnen, Reyhanehs Totengebet zu sprechen.«

Plötzlich erschien wie aus dem Nichts ein junger Mullah, mit einem hellen Mantel bekleidet. Der leitende Beamte zeigte auf ihn und sagte, dass er das Totengebet sprechen würde. Und als wäre die Ankunft des Geistlichen eine Aufforderung zu besonderer Eile, liefen die Agenten nun zum Krankenwagen. Ich blickte mich um und sah, dass mittlerweile fast alle Verwandten eingetroffen waren.

»Lass uns das Totengebet anstimmen«, sagte ich zu meiner Schwester und schob sie sanft beiseite, um eine Eskalation zu verhindern. Die Agenten öffneten die Wagentür, und ich sah den langen, schmalen Körper Reyhanehs in einen Kaftan gewickelt. Er wurde herausgezogen, und die Agenten legten Reyhanehs Leichnam auf den Boden. Meine Mutter, die inzwischen bei uns war, warf ein Stück Stoff, das mit vielen Gebeten beschrieben war, über das Leichentuch. Die Agenten trieben die Beerdigungsgäste an, das Gebet zu beginnen. Die Menge stellte sich auf der Straße neben dem Grab in Reihen auf und begann zu beten.

Ich stellte mich in die erste Reihe. Meine Schwester hatte sich auf den Boden geworfen und schlug sich selbst. Sie schrie: »Rooleh, Rooleh, Rooleh, Rooleh«, was auf Kurdisch »liebstes Kind« bedeutet. Der Hauptoffizier kam und sagte: »Wir werden sie sofort begraben.« »Warten Sie bitte auf meinen Mann, ihren Vater«, flehte ich. Dieser Moment konnte nicht wahr sein. Ich starrte auf das Leichentuch, das im Staub lag, mit dem Körper meiner Tochter darin. Das Gebet endete abrupt, da die Agenten den Leichnam plötzlich schnell zu der ausgehobenen Grube trugen. Meine Mutter schrie: »Ehrenwertes Mädchen, Reyhaneh. Würdelose Justiz. Ehrenwertes Mädchen, Reyhaneh. Unehrlicher Mann, Sarbandi. Ehrenwertes Mädchen, Reyhaneh. Schamlose Männer, Shamloo und Justizminister Laridschani …«

Die Menge folgte dem Leichnam Richtung Grab. Meine Beine gehorchten mir nicht mehr. Meine Mutter, obwohl sie nicht gut zu Fuß war, rannte schnell und schrie. Ich dagegen konnte nicht rennen. Langsam ging ich an den Grabreihen vorbei. Mein Knöchel verdrehte sich. Ich strauchelte, stützte mich auf dem Boden auf, zog mich langsam wieder hoch, hörte die Geräusche der Menge wie aus der Ferne zu mir herüberbranden. Es wurde nach Fereydoon gerufen.

Langsam bahnte ich mir einen Weg durch die Menschenmenge und kam an der Grube an. Die Agenten hatten indessen den Leichnam neben die Grube gelegt und nun ihre Kameras auf die Beerdigungsgäste gerichtet und fotografierten sie aus sicherer Distanz. Das Klicken der Auslöser machte die Trauergäste nervös. Ein Fotograf war mutiger als die anderen und wagte sich direkt in die Menge, um frontale Aufnahmen zu schießen. Jedem, der sein Handy herausholte, sei es zum Telefonieren oder Filmen, wurde es abgenommen und konfisziert und der Besitzer unter Gewalt des Platzes verwiesen.

Nur die Freundin meines Cousins schaffte es, diesen Moment der Gewalt und Willkür filmisch festzuhalten, ohne dass jemand es merkte. Empörung wurde laut. Einige weinten und riefen Reyhanehs Namen. Einige verfluchten den Staat. Meine Mutter klagte weiter den Richter an, der dieses Urteil verhängt hatte. Mir wurden Drohungen in die Ohren gezischt. »Später kümmern wir uns noch um deine Verwandten!« – »Wenn du deine Familie nicht aufhältst, dann wirst du es bereuen!«

»Bitte wartet, bis ihr Vater hier ist!«, wiederholte ich und sah eindringlich in die Augen des Mannes.

»Gut, zwei Minuten.«

Plötzlich löste sich aus dem Gewirr die Stimme von Shahrzad heraus. Meine jüngste Tochter war endlich am Grab angekommen, schrie und beschimpfte aufs Übelste einen Agenten. Sie war außer sich. Es schien, als ob alle Wut, die sich in den letzten siebeneinhalb Jahren in ihr angestaut hatte und die sie nie offen artikulieren durfte, um die Situation nicht schlimmer zu machen, aus ihr herausbrach. Ihr Gesicht war rot angelaufen vom Schreien.

»Badook! Weine nicht so! Woher weißt du, ob wir nicht gerade zu dritt sind? Drei Schwestern bleiben immer drei Schwestern. Nichts kann uns trennen«, versuchte Sharare sie zu beruhigen.

Ein Sturm wütete in meinem Kopf: Was zum Teufel wirst du tun? Besänftige sie alle! Wo ist Fereydoon?

Wie in Trance ging ich auf den leitenden Beamten zu: »Bitte, hören Sie auf, die Leute noch nervöser zu machen. Hören Sie auf zu fotografieren, verhaften Sie niemanden, und nehmen Sie keine Telefone mehr ab. Deeskalieren Sie!«

Ich wusste nicht, ob er mich hörte. Immer mehr Menschen drängten sich um die Grube. Verwandte, Freundinnen, Bekannte, Arbeitskollegen, aber auch viele Fremde. Polizisten auf Motorrädern fuhren heran und positionierten sich auf der anderen Seite des Grabes. Der Protest nahm mehr und mehr zu. Rufe wurden laut: »Nieder mit der Unterdrückung!«

Der leitende Beamte schrie: »Der Leichnam gehört mir! Wer sich beschwert, bekommt ebenfalls ein Grab!«

Ich wollte schreien. Aber ich schrie nicht, sondern ging zu ihm und sagte ruhig: »Ich will sie sehen.«

Der Beamte wollte etwas erwidern, aber ich unterbrach ihn: »Nein. Ich möchte sie sehen.«

»Gut. Beeilen Sie sich.«

Ich kniete mich neben das Leichentuch. Meine Tante

hielt ihren Tschador über meinen Kopf. Plötzlich tat sich ein Raum auf, in dem nur Reyhaneh und ich waren. Wir waren allein, nahe beieinander. Es war einen Tag her, dass wir uns das letzte Mal gesehen hatten. Nur mit Anstrengung konnte ich mich aufrecht halten. Ich löste die Schnüre um ihren Kopf. Kein Geräusch drang an mein Ohr. Vorsichtig öffnete ich eine Stoffschicht nach der anderen, bis ihr blasses Gesicht zum Vorschein kam. Man hatte ihr ein Gebetssiegel aus der irakischen Stadt Karbala auf die Stirn gelegt, wie die Tradition es für religiöse Schiiten vorsieht. Dieses Gebetssiegel ist aus gepresster Erde hergestellt, auf dass man bei der Niederwerfung beim Gebet die Stirn auf reine Erde lege.

Ich entfernte das Siegel vorsichtig, um Reyhanehs Gesicht besser sehen zu können. Fast hätte ich sie nicht erkannt. Nie war sie so schön gewesen. Sie hatte lange Wimpern, ihre Augenbrauen waren perfekt geschwungen und voll. Ihr Gesicht glänzte, so als würden kleine Goldpartikel auf ihrer Haut sitzen. Ich schob das Baumwolltuch weiter nach oben, um ihren Haaransatz zu sehen. Die Haare am Haaransatz standen aufrecht. Reyhaneh hatte immer gesagt, dass Gott, als er sie geschaffen hatte, gewusst haben musste, dass sie Tiere so sehr liebte. Deswegen habe der kleine Hund im Paradies ihr die Stirn geleckt, und deswegen stünden ihre Haare am Haaransatz ab. Sie nannte diesen Teil ihres Vorderhaars »vom Hund geleckt«.

Nun war ich mir sicher, dass dies meine Tochter war. Zwei oder drei kleine Strähnen ihres Haars waren gelockt und umrahmten ihre Wangen. Ich berührte ihr Gesicht. Ihre Haut war weich. Ich war überrascht, denn ich hatte einen harten Körper erwartet, aber er war samtweich. Es sah aus, als ob etwas in ihrem Mund steckte. Ich nahm an, dass ihre Zunge beim Erhängen aufgedunsen war und nun ihren Kiefer auseinanderdrückte.

Später erfuhr ich über Sharare, die mit einer der Totenwäscherinnen gesprochen hatte, dass Reyhaneh schon in der Nacht vor der Beerdigung, außerhalb der regulären Arbeitszeit, gewaschen worden war. Normalerweise nehmen eine bis zwei Frauen die rituellen Waschungen vor, aber als die Totenwäscherinnen sahen, dass es sich um Reyhanehs Leichnam handelte, wollten sie ihr alle die Ehre erweisen. Sie führten gemeinsam alle religiösen Rituale aus, wie man es für einen hochrangigen religiösen Würdenträger tun würde. Anstatt einer aufgedunsenen Zunge hatte Reyhaneh ein spezielles Turbah-Gebetssiegel im Mund gehabt, das aus der Erde aus Imam Husseins Grab hergestellt war.

Ich küsste ihre Stirn und ihre Lippen. Ich öffnete heimlich das Leichentuch ein wenig mehr. Um Reyhanehs Hals zog sich eine lila gefärbte Linie. Ich wurde mutiger und öffnete das Tuch noch weiter, wollte endlich wissen, warum man uns den Blick auf den Körper unserer Tochter verwehrt hatte. Ich sah frische blaue Flecken auf ihrem Arm, einen großen frischen Bluterguss auf ihrer Brust, der sich über die Schulter bis zum Rücken zog. Ich hob ihren Körper leicht an. Ich sah die blassen Narben. Meine Tochter hatte keine Gnade auf dieser Welt erfahren dürfen. Ich konnte nicht weinen. Ich wollte dieses schöne Gesicht, diesen schönen Hals und diese Schultern bis zum Ende der Welt betrachten. Sie war wie der Mond auf einem Lilienzweig.

Plötzlich wurde ich durch einen brüllenden Offizier aus meiner Welt gerissen. Ein Streit war in vollem Gange. Angst erfüllte mich. Ich hatte keine Kraft zum Aufstehen. Jemand griff nach meiner Hand und zog mich hoch. Die Schreie der Gäste vermischten sich mit den Schreien der Agenten und der Polizisten auf den Motorrädern. Sie schwollen an. Einige Agenten zogen sich vom Grab zurück. Die Angst hielt mich nun vollkommen gefangen. Was, wenn Reyhanehs Leichnam von den Agenten getreten würde, das Leichentuch aufginge und unsere Tochter unbekleidet in die Grube rutschte?

Laut befahl ich: »Bedeckt ihr Gesicht und verschnürt sie wieder. Geht weg von ihrem Leichnam.«

»Beerdigt sie!«, schrie der Offizier. Sofort wurde das Leichentuch von Agenten angehoben. Meine Cousine hielt die Jacke des Offiziers fest und sagte: »Wenn dieses Mädchen heiraten wollte, würden Sie sie ohne die Anwesenheit ihres Vaters heiraten lassen?«

»Nein«, sagte der Mann.

»Wieso wollen Sie sie dann in Abwesenheit ihres Vaters beerdigen?«

Zögernd lenkte er ein: »Ich gebe Ihnen noch fünf Minuten.« Nach ein paar Sekunden rief er erneut: »Begrabt sie!«

Die Menge brodelte. Laute Schreie. Die lautesten kamen von Shahrzad: »Wartet! Wartet auf meinen Vater!«

Ihre Schreie waren unerträglich. Da Fereydoon und mein Vater immer noch nicht da waren, zog ich meine Schuhe aus, um ins Grab zu steigen, um Reyhanehs Leichnam entgegenzunehmen. Alle Augen waren auf mich gerichtet. Ich befürchtete, dass mein Körper zu schwach war, um Reyhanehs Körper zu halten. Genau in dem Moment, da ich begann, in die Grube zu steigen, kamen Reyhanehs jüngster Onkel Fardin und mein Vater am Grab an. Ihre Gesichter waren blass. Mein Vater bot sich an, ins Grab zu steigen und Reyhaneh dort in Empfang zu nehmen. Mein Herz zitterte. Ich ertrug die Vorstellung nicht, dass wir Reyhaneh ohne Fereydoon begraben sollten, und flüsterte dem Offizier flehend ins Ohr: »Warten Sie bitte noch einen Moment, bis ihr Vater kommt.«

Endlich, die Menge teilte sich, und Fereydoon rannte abgehetzt auf uns zu. Er hatte herausgefunden, dass man ihn mit nutzloser Bürokratie aufhielt, und nachdem er uns lange nicht hatte erreichen können, stahl er sich heimlich davon. Er sah, dass keiner mehr vor den Waschräumen stand, und rannte hierher.

Fereydoon lief auf die schreiende Shahrzad zu und drückte sie fest in seine Arme. Sie klammerte sich an ihn. Sie hustete, zitterte. »Keiner von uns kann damit umgehen«, tröstete sie Fereydoon. Shahrzad rang nach Luft. Fereydoon zog sie beiseite und gab ihr ihr Asthmaspray. Dann gingen sie gemeinsam zu Reyhanehs Leichnam. Fereydoon presste die Lippen zusammen und versuchte, seine Trauer mit einem künstlichen Lächeln zu verbergen. Er kniete sich neben Reyhaneh und öffnet die Oberseite des Leichentuchs. Shahrzad starrte ihre ältere Schwester an. Sie sagte: »Wie schön sie ist. Schöner als je zuvor.«

Er bückte sich, um ihre Wangen zu küssen. Shahrzad berührte sie: »Baba, sie ist heiß. Vielleicht ist sie noch lebendig.«

»Nein, Liebe«, sagte Fereydoon. »Sie ist nicht warm. Sie ist kalt.«

Er küsste sie auf die Stirn. Da schrie einer der Agenten, dass er die Beerdigung nicht noch länger aufhalten solle. Shahrzad schrie ihn sofort an, er solle gefälligst dem Vater Zeit geben, sich in Ruhe zu verabschieden. Aber Fereydoon, mein ruhiger, besonnener Mann, stand auf, nahm Shahrzad in den Arm und bat sie: »Lass gut sein. Sag nichts. Sie sind es nicht wert. Bleib ruhig, Badook.«

Mein Vater und Fereydoons jüngerer Bruder Fardin stiegen ins Grab. Ich beobachtete, wie die faltigen Hände meines Vaters auf dem Boden des Grabes Erde zu einem kleinen Kissen zusammenschoben, damit Reyhanehs Kopf darauf gebettet und ihr Gesicht gen Mekka zeigen werde. Die Agenten ließen niemanden in die Nähe des Grabes kommen und hoben die Leiche an. Einige Frauen schrien: »Ich bin Reyhaneh! Ich bin Reyhaneh!« Die Agenten brüllten. Der leitende Offizier schrie den Frauen zu: »Ich werde euch mit der Leiche zusammen ins Grab legen!«

Das Einzige, was ich wollte, war, unsere Tochter in Ruhe und Würde zu begraben. Ich sammelte meine ganze Kraft und rief der Menge zu: »Wir alle protestieren gegen die Unterdrückung. Aber lasst uns in diesem Moment in Stille sein, damit Reyhaneh in Frieden beerdigt werden kann.«

Meine Worte zeigten schnell ihre Wirkung, und es wurde ruhig. Langsam wurde Reyhanehs Leichnam in die Grube gelassen. Mein Vater und mein Schwager empfingen sie und legten sie achtsam auf die Seite in ihrer letzten Ruhestätte. Dann begann mein Vater das Totengebet zu sprechen. Nachdem er fertig war, stützte er sich mit der Hand an der Grubenwand ab. Sein Körper bebte. Jemand griff nach seiner Hand und zog ihn aus der Grube.

Während der Totengräber die vorgeschriebenen Betonplatten auf Reyhanehs Körper legte, auf ihre Beine und auf ihren unteren Rücken, ihren Hals, warfen wir einen Hochzeitsschleier in das Grab. Alle Frauen stimmten in den Freudenschrei ein, der einer Braut bei ihrer Hochzeit gebührt. Eine Hochzeit, die unsere Tochter nie erleben würde.

Als man die letzte Betonplatte auf ihr Gesicht legte, flüsterte ich ihr in meinem Herzen zu: »Reyhaneh, ich werde dich nie vergessen. Ich werde deinen Kampf weiterkämpfen. Meine Hand ist deine Hand. Mein Fuß ist dein Fuß. Meine Zunge ist deine Zunge. Meine Augen sind deine Augen. Mein Leben ist dein Leben.«

Reyhanehs Grabinschrift: »Hier liegt eine Welt der Hoffnung«

Versuch, den Himmel zu erreichen

Ich blickte aus dem Fenster. Teherans Häuserschluchten zogen an mir vorbei. Die letzten vier Monate seit Reyhanehs Hinrichtung hatte ich das Haus selten verlassen. Manchmal kam Fereydoon zu mir, umarmte mich, und wir legten unsere Köpfe auf die Schulter des anderen und weinten leise. Am liebsten war ich allein und sprach nur wenig mit meiner Familie. Insgeheim flehte ich Gott an, mich auch sterben zu lassen. Nachts, wenn alle schliefen, ging ich auf die Terrasse und betrachtete das Mondlicht, die Straßenlaternen und rauchte eine Zigarette nach der anderen. Der Schatten der Terrassenzäune fiel auf die Hauswand und sah aus wie Gefängnisgitter. Ich war in meinem Leben gefangen, ohne überleben zu wollen.

Nun saß Shahnaz Akmali neben mir im Auto. Während der Grünen Bewegung war ihr Sohn getötet worden. Obwohl wir uns nicht kannten, kondolierte sie mir aus Solidarität nach Reyhanehs Hinrichtung und schaute immer wieder bei mir zu Hause vorbei, um zu sehen, wie es mir ging. An diesem Tag hatte sie mich überredet, eine alte Frau namens Behkish zu besuchen.

Frau Behkish war 93 Jahre alt, sie war gebrechlich und hatte schlohweißes Haar. In den 1980er-Jahren waren fünf ihrer Kinder hingerichtet worden, vier Söhne, eine Tochter, und ihr Ehemann. Sie und eine ihrer überlebenden Töchter erzählten uns von ihren beiden jüngsten Söhnen, die sie jahrelang vor der iranischen Revolutionsgarde SEPAH versteckt gehalten hatten. Wenn Gefahr lauerte, schaltete Frau Behkish im Garten das Licht an, damit sie nicht nach Hause kamen.

Eines Tages durchsuchte die SEPAH wieder ihr Haus. Ein besonders beflissener Beamter beobachtete, wie Frau Behkish, obwohl es Tag war, das Licht im Garten angemacht hatte, und wunderte sich darüber. Während Frau Behkish erleichtert war, dass ihre Söhne das Zeichen rechtzeitig gesehen hatten, stellte der Beamte eine kleine Truppe hinter dem Haus ab. Als sich Frau Behkish in Sicherheit wiegte, schaltete sie das Licht im Garten wieder aus, damit ihre Söhne nach Hause kommen konnten.

Als sie das vertraute Geräusch hörte, wie die Söhne über die Gartenmauer stiegen, ging sie ihnen entgegen. So musste sie mit ansehen, wie eine bewaffnete SEPAH-Truppe ihre beiden Söhne von der Mauer zerrte, brutal zusammenschlug und mitnahm. Sie sah ihre Söhne nie wieder. Der jüngste war gerade einmal 19 Jahre alt geworden.

Auf dem Rückweg starrte ich gedankenverloren aus dem Fenster. Wenn ich auch so alt werden würde wie Frau Behkish, würde ich mein ganzes Leben damit verbringen, Gott anzuflehen, mich sterben zu lassen? Was brachte mir das?

Diese Frau hatte ein viel härteres Schicksal als ich. Sie hatte einen Sohn in dem Alter verloren, in dem Reyhaneh ins Gefängnis gekommen war. Sie hatte weniger Jahre mit ihrem Sohn verbringen dürfen als ich mit Reyhaneh. Ich war mit meinem Schicksal nicht allein. So viele Mütter hatten ähnlichen Schmerz erleiden müssen. Sollte ich Jahrzehnte passiv bleiben?

Als ich an diesem Abend zu Hause auf meinem Sofa saß, flog ein Schmetterling auf meine Hand. Er erinnerte mich an den Schmetterling auf Reyhanehs Schal, den sie bei unserem letzten Besuch getragen hatte. Zum ersten Mal seit

Mit Shahnaz Akmali (rechts) bei Frau Behkish (Mitte)

ihrem Tod überkam mich ein leises Gefühl der Hoffnung. In diesem Moment beschloss ich, aufzustehen, den Schmutz und Staub der Trauer von meiner Seele und meinem Körper zu schütteln und nach Müttern zu suchen, die wie ich den Schmerz der Hinrichtung ihres Kindes erlitten hatten.

Ich lebte in einem Land, in dem vor über 2500 Jahren von Kyros dem Großen die ersten Menschenrechte der Welt in einen Tonzylinder eingraviert worden waren. Mit all meiner Energie wollte ich Reyhanehs Kampf für die Frauen und gegen die Todesstrafe fortsetzen, damit der Iran wieder ein Land wird, in dem Menschenrechte geachtet werden.

So begann ich Mütter und Familien zu besuchen, deren Kinder entweder hingerichtet, erschossen oder während der Proteste auf den Straßen umgebracht worden waren. Ich merkte, dass diese Frauen alle Gefühle und Abgründe, durch die ich in den letzten Jahren gegangen war, aus eigenen Erfahrungen kannten. Manche von ihnen hatten noch mehr Unrecht erfahren als meine Familie.

Ich traf Familien, deren Angehörige in den Städten Karadsch, Qazvin und den Städten und Dörfern im Norden Irans hingerichtet wurden. Ein paar Tage in der Woche besuchte ich sie und wurde von Familie zu Familie weitervermittelt. Damals wurden viele Hinrichtungen vollstreckt, und jeden Tag kamen weitere Familien hinzu.

Der Iran ist weltweit das Land mit den meisten Hinrichtungen pro Jahr, gemessen an der Bevölkerungszahl. Amnesty International geht von einer noch höheren Dunkelziffer aus, weil die iranischen Behörden verhängte und vollstreckte Todesurteile oftmals geheim halten. Im Iran wurden

2014 mindestens 743 Menschen hingerichtet
2015 mindestens 977 Menschen hingerichtet
2016 mindestens 567 Menschen hingerichtet
2017 mindestens 507 Menschen hingerichtet
2018 mindestens 253 Menschen hingerichtet
2019 mindestens 251 Menschen hingerichtet und
mindestens 1500 während der Proteste[116] getötet
2020 mindestens 276 Menschen hingerichtet
2021 mindestens 314 Menschen hingerichtet

Nach dem zuletzt veröffentlichten Bericht von 2022 wurden bis Ende Juni schon mindestens 251 Menschen hingerichtet, mehr als ein Mensch pro Tag.

Es ist schmerzhaft zu wissen, dass nicht nur im Iran, son-

116 Bei den Protesten von 2019 und 2020 handelte es sich um eine Reihe landesweiter Bürgerproteste, die zunächst durch einen Anstieg der Kraftstoffpreise um das Dreifache ausgelöst wurden. Sie führten zu Aufrufen zum Sturz der iranischen Regierung und des obersten Führers Ali Chamenei. Die Proteste begannen als friedliche Versammlungen im November, breiteten sich aber innerhalb von Stunden auf 21 Städte aus und wurden schließlich gewaltsam vom iranischen System zerschlagen.

dern in 56 Ländern der Welt immer noch die Todesstrafe vollstreckt wird. In Deutschland, dem Land, das mich aufgenommen hat, wurde die letzte Todesstrafe am 26.06.1981[117] vollstreckt und 1987 für alle Straftaten gesetzlich abgeschafft.

Während der Feierlichkeiten zum Jahrestag von Shahnaz' Sohn Mustafa gründete ich mit sechs Müttern, die mittlerweile wie Schwestern für mich waren, eine Gruppe, die wir *Madaraneh*, »Mutterschaft«, nannten. Anfangs redeten wir nur über unsere Kinder. Doch schon bald sprachen wir auch über andere Themen, wie zum Beispiel über politische Gefangene, wir teilten unsere Erfahrungen mit Behörden, schrieben auf Social Media über anstehende Hinrichtungen und starteten Petitionen. Wir sprachen über den Kampf um faire Bezahlung für Arbeiterinnen und die Hungerstreiks in den Gefängnissen. Unsere Telefonnummern begannen unter den Gefangenen zu kursieren, und sie riefen uns an. Auf diese Weise wurde *Madaraneh* in weniger als einem Jahr für viele Familien von Gefangenen und Getöteten zu einer Institution, die ihnen eine Stimme geben konnte.

Ich hatte wieder angefangen, die Familie des von Sahar getöteten Ehemanns zu besuchen, um Vergebung für sie zu erwirken. Sahars Schwiegermutter öffnete sich langsam bezüglich einer Möglichkeit der Vergebung. Nach Verhandlungen einigte man sich auf ein Blutgeld von 100 000 000 Toman, damals ungefähr 50 000 Euro, um Sahar von der Todesstrafe zu verschonen – eine Summe, die anfangs unmöglich zu beschaffen zu sein schien. Zu dieser Zeit lag das jährliche Durchschnittseinkommen laut Weltbank im Iran bei 13 620 Dollar. Sahars Vater war ein Schafhirte und hatte nicht

117 Am 26.06.1981 wurde in der zentralen Hinrichtungsstätte der DDR in Leipzig Werner Teske, Offizier der Staatssicherheit, wegen versuchten Hochverrats mit einem Genickschuss hingerichtet.

viel Geld, aber ich versprach, ihm zu helfen, diese Summe aufzubringen.

Einer meiner Freunde besaß ein Theater und erlaubte mir, gemeinsam mit Sahars Vater nach der Vorstellung zum Publikum zu sprechen. So konnten wir auf Sahars Fall und die Spendenaktion aufmerksam machen, die ich zusammen mit ihrem Anwalt Foroughi ins Leben gerufen hatte. Auf Facebook hatte ich über Sahars Fall geschrieben, und eine Flut von Hilfsangeboten ging ein. Sahars Vater verkaufte alles, was er im Laufe seines Lebens erworben hatte, um seine zum Tode verurteilte Tochter zu retten. Mit dem von uns Aktivisten gesammelten Geld konnte er schließlich, nach sechs Jahren und sechs Monaten, am 31. Oktober 2015 seine Tochter von der Blutschuld befreien.

Einige Tage nach dem ersten Jahrestag von Reyhanehs Hinrichtung fuhren Fereydoon und ich zum Shahr-e-Rey-Gefängnis, um den Moment mitzuerleben, da Sahar freigelassen wurde und ihren Vater, ihre Mutter und ihren geliebten kleinen Bruder umarmen konnte. Den letzten Teil des Weges hielt ich meine Augen geschlossen. Ich wollte unbedingt vermeiden, dass mein Blick auf die hohe Mauer mit ihrer Eisentür und den Wachtürmen fiel. Erst als wir am Gefängnis ankamen, öffnete ich die Augen.

Sahars Vater hatte eine Schachtel mit Süßigkeiten in der Hand. Eine seltsame Eifersucht breitete sich in meinem Herzen aus. Ich hatte so sehr gehofft, wie Sahars Vater mit einer Leckerei unsere Tochter willkommen zu heißen. Die Dämmerung brach an, als die Gefängnistür geöffnet wurde. Sahars Eltern liefen schnell auf ihre Tochter zu und küssten sie. Als Sahar zu mir kam, umarmte ich sie lange und fest. Ich war so glücklich, dass sie überlebt hatte, und gleichzeitig so traurig, dass ich es nicht geschafft hatte, meine eigene Tochter zu retten.

Sahar und ich bei ihrer Freilassung aus dem Shahr-e-Rey-Gefängnis

Wir stiegen alle wieder ins Auto und fuhren zum Haus von Sahars Vater, das ihm nicht mehr gehörte. Auf der Autobahn gestand mir Fereydoon, der in den letzten Jahren genauso wie ich stark gealtert war, wie sehr er sich wünschte, dass man Reyhaneh wie Sahar freigelassen hätte. Aber trotz unserer Trauer waren wir beide glücklich, dass ein weiterer Mensch gerettet worden war. Es hätte Reyhaneh extrem gefreut, dass eine ihrer besten Freundinnen nun in Freiheit war. Nach ein paar gemeinsamen Stunden, in denen wir Sahars Befreiung feierten und sie mit uns viele Erinnerungen an Reyhaneh teilte, kehrte Sahar in ihr neu geschenktes Leben zurück.

Ich erhielt eine Einladung, in die Provinz Kurdistan zu reisen, und Shahnaz begleitete mich. Vor Kurzem waren in einer Nacht dreißig kurdische Männer hingerichtet worden. Keiner von ihnen durfte seine Familie ein letztes Mal treffen. Man hatte die Angehörigen zwar zu einem letzten Besuch gebeten, aber noch auf dem Weg von Kurdistan nach Teheran teilte man ihnen telefonisch mit, dass die Hinrichtungen schon stattgefunden hatten und sie direkt zum Behesht-e-Zahra-Friedhof fahren sollten. Dort wartete schon ein Krankenwagen voller Leichen auf sie. Jeder Leichnam wurde, über den gesamten Friedhof verstreut, begraben, und anschließend wurden die Angehörigen sofort von den Gräbern vertrieben.

Shahnaz und ich saßen einer halbseitig gelähmten Frau gegenüber, die zwei Fotos in der Hand hielt. Ihre Tränen fielen wie Regen auf die Bilder. Neben ihr lag ein großes rotes Taschentuch, um ihr Gesicht und die tränennassen Fotos zu trocknen. Ihre beiden Söhne waren unter den dreißig Männern gewesen. Wir trafen auf eine Mutter, die noch nicht einmal ein Grab hatte, an dem sie weinen konnte. Ihren Sohn, der Lehrer gewesen war, hatte man hingerichtet und wie so viele andere ohne Beisein der Familie irgendwo verscharrt. Seine Mutter erzählte, dass die Menschen aus Protest gegen die Hinrichtung ihres Sohnes eine Menschenkette von seinem Haus bis zur Schule gebildet hatten. Ihr Sohn sei in den Herzen der Menschen immer noch lebendig. Ein Lebender brauche kein Grab, und sie bewahre ihren Sohn in ihrem Herzen.

Eine der Familien war besonders hart betroffen. Schon seit zwei Generationen wurden alle Männer unter ihnen hingerichtet. Nun mussten die Frauen mit einigen kleinen Kindern ein schwieriges Leben ohne Brot und ohne ihre Ehemänner weiterführen. Wir nahmen ihre Geschichten auf, damit sie nicht in Vergessenheit gerieten.

Kurz nach unserer Rückkehr aus Kurdistan wurden sowohl

Shahnaz als auch ich verhört. Die Regierung akzeptierte keine Protesthaltung. Zunächst beobachteten sie einen, aber wenn man zu laut war wie wir, zu viele Kontakte besaß und keine Drohungen halfen, wurde man vorgeladen.

Vier Stunden wurde ich von einem Mann mittleren Alters, der sich als Hadavi vorstellte, verhört. Ich war erstaunt, wie viel der Geheimdienst über meine Aktivitäten wusste. Man forderte mich auf, nicht die gesamte Regierung wegen des Schicksals meiner Tochter infrage zu stellen und meine öffentlichen Aussagen gegenüber der Justiz und der Regierung zu unterlassen. Vielleicht würde ich am nächsten Tag auf der Straße von einem Auto angefahren und sterben.

»Drohen Sie mir?«, fragte ich.

Es sei besser, alles, was ich für Reyhaneh unternehmen wolle, für Sharare und Shahrzad zu tun, die noch leben. Denn auch sie könnten bei einem Unfall oder Autounfall ums Leben kommen …

»Ich betrachte Ihre Worte als Drohung.«

»Ja, betrachten Sie sie als Drohung.«

In den zwei Jahren seit Reyhanehs Hinrichtung war ich viele Male am Telefon verhört worden, hatte Drohungen erhalten und meinen Job als Schauspielerin verloren. An beiden Gedenktagen von Reyhanehs Hinrichtung wurde die Veranstaltung durch Agenten gestört, die Tische und Stühle umwarfen, gegen die Blumen traten, die für die Zeremonie vorbereitet worden waren, brennende Kerzen rund um das Grab und auf Gäste warfen, sodass deren Kleidung voller geschmolzenem Wachs war. Man verhaftete viele der Gäste, auch meine Mutter und mich.

All das hatte mir keine Angst gemacht, da ich durch die Erzählungen der anderen Familien wusste, dass Protest einen teuer zu stehen kam: Verhaftung, Schläge, Arbeitslosigkeit und Ähnliches. Aber jetzt wurden meine Töchter von Hadavi bedroht. Ich konnte es nicht ertragen, ein weiteres Kind zu verlieren.

Kurz darauf wurde Shahnaz verhaftet. Agenten hatten ihr Haus gestürmt, sie verhaftet und ihr Handy und Laptop sowie andere Unterlagen mitgenommen. Der Oberstaatsanwalt beschuldigte sie der »Verschwörung gegen die nationale Sicherheit« und der »Verbreitung von Lügen« in der Gesellschaft. Shahnaz wurde später vor Gericht gestellt: Die Anschuldigungen waren an den Haaren herbeigezogen und lächerlich, aber angesichts eines maroden Justizsystems, das seine Unabhängigkeit verloren hatte, wurde sie schuldig gesprochen und zu drei Jahren Haft verurteilt.

Durch meine Töchter fühlte ich mich verwundbar. Deshalb beschloss ich, unter dem Vorwand einer Kurzreise nach Istanbul den Iran zu verlassen. Shahrzad sollte sofort mit mir mitkommen und Sharare und Fereydoon später nachkommen.

Fünf Tage nach Shahnaz' Verhaftung fuhren Shahrzad und ich zum Flughafen. Fereydoon begleitete uns, und obwohl wir wussten, dass wir uns vielleicht sehr lange nicht mehr in den Armen liegen würden, verabschiedeten wir uns nur flüchtig, als würden wir uns ein paar Tage später schon wiedersehen.

Am Flughafen wurden Shahrzad und ich abgefangen und so lange verhört, dass wir unser Flugzeug verpassten. Hadavi wollte mich nicht einfach so gehen lassen. Wieder und wieder versuchte ich ihn davon zu überzeugen, dass ich wirklich nur eine Reise in die Türkei machen wolle. Plötzlich öffnete sich die Tür, und Shahrzad trat mit einigen jungen Männern ein, von denen ich nie gedacht hätte, dass sie Vernehmungsbeamte waren, wenn ich sie auf der Straße gesehen hätte. Sie trugen keinen Bart, hatten trendige Frisuren, Jacken und

Jeans und sahen sehr modern aus. Aus einer E-Mail von mir wussten sie, dass wir ein Hotel gebucht und ein Rückflugticket in den Iran hatten. Nach vier oder fünf Stunden ließen sie uns frei, und wir nahmen den nächsten Flug nach Istanbul.

Im Flugzeug erzählte Shahrzad, dass ihre Verhörer jede Einzelheit über unser Privatleben wussten. Sie wussten sogar, wer von uns welches Geschenk zum Geburtstag bekommen hatte. Das ängstigte sie sehr. Am Ende habe man sogar versucht, sie als Spitzel gegen mich anzuwerben. Ihr wurde gesagt, dass ihr Vater und ihre Schwester in Gefahr seien, wenn sie nicht kooperiere.

Das Leben hat mich gelehrt, dass der Kampf für Gerechtigkeit und Freiheit nicht aufhört. Sogar das Konzept der Zeit hat für mich eine neue Bedeutung erlangt. Manchmal ist eine kurze Zeit so mit Schmerz erfüllt, dass sie sehr lang erscheint, und manchmal vergeht eine sehr lange Zeit wie ein Wimpernschlag. In Deutschland, dem Land, dass Shahrzad und mich am Ende aufgenommen hat, musste ich mich an neue Lebensbedingungen gewöhnen. Die Abgeschnittenheit von meiner restlichen Familie und das Leben in einer neuen Umgebung, das Erlernen der deutschen Sprache und aufenthaltsrechtliche Fragen waren neue Aufgaben, die ich zu bewältigen hatte.

Einige Monate nach meiner Ankunft in Deutschland wurde Ayatollah Mahmud Haschemi Schahrudi in einer Privatklinik in Hannover gesehen, in der er sich wegen eines Hirntumors behandeln ließ. Neben mir hatten damals viele Angehörige von Folter- und Hinrichtungsopfern, die im Exil in Europa leben, sowie deutsche Politiker, Aktivistinnen und Aktivisten Anzeige gegen den ehemaligen Obersten Richter und damit Vorsitzenden der Justiz des Iran wegen Verbrechen gegen die Menschlichkeit erstattet. Schahrudi hatte während seiner Amtszeit Minderjährige und Homosexuelle hängen lassen, Vergewaltigungsopfer wegen außerehelichen Geschlechtsverkehrs zum Tode verurteilt und auch das fragliche Urteil gegen unsere Tochter Reyhaneh für rechtskräftig erklärt.

Doch bevor der deutschen Staatsanwaltschaft genügend Beweise für eine Inhaftierung vorlagen, war Schahrudi unbehelligt durch eine Hintertür der Klinik zum Flughafen und außer Landes gebracht worden. Er wusste, dass er im Falle seiner Verhaftung durch die deutsche Polizei für 2000 Hinrichtungen, mehrere Steinigungen und die Enthauptung einer Person verantwortlich gemacht werden würde. Das war ein Sieg. Denn obwohl Schahrudi nicht verhaftet wurde, zeigte seine Flucht, dass er sich seiner Verbrechen gegen die Menschlichkeit bewusst war. Und dies machte deutlich, dass Rechtsstreitigkeiten und der Kampf für Gerechtigkeit wichtig und notwendig sind.

Dreieinhalb Jahre nachdem ich in Deutschland angekommen war, schaffte es Sharare endlich, ebenfalls den Iran zu verlassen, und reiste zu uns nach Deutschland. Man hatte Fereydoon und ihr den Reisepass abgenommen, damit sie das Land nicht verlassen konnten. Nur Fereydoon lebt immer noch im Iran, da ihm die Ausstellung eines gültigen Ausweises bis heute verweigert wird. Nachdem ich mehrere anonyme Todesdrohungen erhalten hatte, fragte ich mich, ob wir in Deutschland, wohin Schahrudi und viele Agenten des Regimes reisen, sicher genug sind.

Ich stelle diese Frage meinen deutschen Freunden und Freundinnen. Eine von ihnen ist Steffi, eine Filmemacherin, die ich über meinen Cousin in der Türkei kennengelernt habe. Schon längere Zeit half er mir, eine iranische Filmemacherin oder einen Filmemacher zu finden, um einen Dokumentarfilm über Reyhaneh zu drehen. Aber so ein Film kann für meine Landsleute sehr gefährlich sein, und so lehnten alle, die wir fragten, ab. Zwischen Souk und Tee mit Blick auf den Bosporus begann ich langsam Vertrauen zu Steffi aufzubauen. Lange Gespräche mit ihr über die schwierige Zeit, die ich durchgemacht habe, waren der Beginn einer neuen Phase meines Lebens. Gemeinsam sahen wir alle Dokumente und Videos, die ich von Reyhaneh oder aus dieser Zeit hatte, an und begannen an dem Dokumentarfilm »Sieben Winter in Teheran« zu arbeiten.

Hunderte von Stunden sprachen wir miteinander, und sie wurde zu einem der engsten Menschen, die ich in Deutschland habe. Sie lernte meine Familie und Bekannte kennen, und ich erzählte ihr die Lebensgeschichten vieler Mütter. Und nun hat Steffi mir geholfen, dieses Buch zu schreiben. Denn auch sie ist der Meinung, dass das geschriebene Wort eine friedliche Waffe im Kampf gegen die Todesstrafe und für die Frauenrechte im Iran ist.

Obwohl ich jetzt schon seit fünf Jahren in Deutschland lebe, treffe ich immer noch die Familien der Überlebenden von Hinrichtungen. Mütter, Schwestern und Brüder, die über die Zeiten weinen, da ihre Lieben am Galgen hingen. Die Online-Treffen mit Müttern im Iran dauern bis heute an. Die bittere Geschichte der Hinrichtungen im Iran geht weiter. Menschen wie Hasan Tardast fällen Todesurteile und bringen Eltern zum Trauern. Dann kommen sie nach Europa und besuchen ihre Kinder – und sind beruhigt, dass ihre Kinder in Europa in Sicherheit leben und ihr Schicksal nicht dem vieler Henker gleicht, die die unmenschlichen Gesetze im Iran anwenden.

Ich habe mehr verloren, als ich mir jemals habe vorstellen können, und trotzdem bin ich dankbar, dass ich vom Exil aus daran arbeiten kann, mein Land zu einem besseren zu machen. Ich hoffe sehr, dass wir Iranerinnen und Iraner eines Tages unseren eigenen Weg zu Freiheit und Gerechtigkeit finden und in einem Land werden leben können, in dem kein Mensch mehr hingerichtet wird. Bis zu diesem Tag werde ich nicht still sein und der Welt zeigen, was in iranischen Gefängnissen und Gerichtssälen geschah und immer noch geschieht. In der Hoffnung, verhindern zu können, dass sich eine derartige Brutalität wiederholt.

Während ich die letzten Zeilen verfasse, riskieren die Menschen im Iran bereits seit Wochen ihr Leben auf den Straßen. Am 16. September 2022 starb die iranische Kurdin Mahsa Jina[118] Amini in Teheran. »Mahsa«, die vom Regime so genannt wurde, hieß eigentlich Jina. Ihr kurdischer Name durfte nicht in ihrem Pass stehen. Drei Tage vorher warf die Sittenpolizei ihr vor, sie trage ihren Hijab nicht richtig, und nahm sie fest. In Polizeigewahrsam starb sie. Ihr Tod war wie ein Funke in einem Pulverfass der unterdrückten Forderungen iranischer Frauen und Männer. Eine von Frauen geführte Bewegung formierte sich, und tausend Menschen demonstrieren landesweit gegen den repressiven Kurs der Regierung sowie den Kopftuchzwang.

Diesen Frauen schlossen sich Schulmädchen an, genauso wie die Studentenschaft, die Mittelschicht und sogar die Arbeiterschaft aus dem Öl- und Petrochemiesektor, dem Herzstück der iranischen Wirtschaft. In allen Teilen der Welt, von Berlin bis Toronto, gehen Frauen auf die Straßen, verbrennen ihre Hijabs, tanzen aus Trotz und schneiden solidarisch ihre Haare ab, um die tapferen Frauen im Iran zu unterstützen. Denn die islamischen Gesetze verletzen die Rechte der Iraner, vor allem der Frauen.

Die Gegenreaktion der iranischen Regierung auf die Pro-

---

118 Auch »Gina« oder »Zhina« geschrieben.

teste war heftig. Das Regime reagierte mit verstärkter Repression bis hin zu Angriffen auf Demonstrantinnen mit Artillerie und Drohnen. Sogar Jugendliche wurden mit gezielten Schüssen oder mit Schlagstöcken ermordet oder inhaftiert.

Ich wünsche mir von ganzem Herzen, dass diese neue Revolution im Iran siegt. Denn auch wenn Reyhaneh nicht wieder lebendig wird – keine andere Frau soll ein ähnliches Schicksal erleiden wie sie. Viele der Slogans auf den Plakaten der Demonstrierenden sind auch Reyhanehs Visionen gewesen. *Zan, Zendegi, Azadi!*[119] – »Frau, Leben, Freiheit!« Wenn diese neue Revolution siegt, werden hoffentlich Reyhanehs Wünsche in Erfüllung gehen.

Jetzt ist Reyhanehs Traum nicht nur meiner, sondern der vieler Menschen geworden:

> *Ich wünsche mir den Tag, an dem kein Mädchen mehr vergewaltigt wird.*
> *Ich wünsche mir den Tag, an dem niemand mehr seine Machtposition ausnutzt.*
> *Ich wünsche mir den Tag, an dem die Rechte der Schwachen nicht verletzt werden, nur weil sie schwach sind.*
> *Ich hoffe, dass all diese Wünsche eines Tages in Erfüllung gehen.*[120]

119 Auf Kurdisch lautet der Ausruf »*Jin, Jiyan, Azadi!*«.
120 Reyhaneh Jabbari, Audioaufnahme vom 30.09.2014

Foto-Collage von Reyhaneh Jabbari in Freiheit.
Ein Foto, das so nie gemacht werden konnte

Dank

Danke an meine Familie, die mit mir durch dieses unendliche Leid gegangen ist und es in ihrem Herzen trägt.

Danke an all die Mütter, die trotz ihrer gebrochenen Herzen meine blutigen Wunden berühren.

Dank an Steffi Niederzoll, ohne die dieses Buch nicht möglich gewesen wäre.

Dank an Kathrin Liedtke, Franziska Günther, Sina Ataeian Dena, Julia Daschner, Florian Günzel, Ulrike und Michael Niederzoll, die mir mit Freundlichkeit und Einfühlungsvermögen in verschiedenen Stadien des Lesens, Redigierens und Druckens geholfen haben, dieses Buch zu veröffentlichen.

Es ist der Wind, der meine Tochter auf den Flügeln trägt.

Bildnachweis

Asal Aghajanbeygloo 166
Mina Ahadi 220
Frauenkomitee des Nationalen Widerstandsrates des Iran (NCRI): große Versammlung am Vorabend des Internationalen Frauentages mit dem Titel »Pledge for Parity: Frauen vereint gegen Fundamentalismus« 220
Mohamed Amin Kamangar 220
Mehdi Pakravan 220
Mohsen Pakravan 220
Shole Pakravan, Fereydoon Jabbari, Shahrzad Jabbari, Sharare Jabbari Fotografien und Dokumente aus dem Familienarchiv 16, 17, 20, 21, 27, 30, 39, 83, 94, 104, 119, 161, 188, 197, 198, 203, 216, 250, 253, 257
Raza Syed, Awaaz TV UK 220